方言与文化丛书

湖南方言与文化

陈立中 著

中国国际广播出版社

图书在版编目（CIP）数据

湖南方言与文化 / 陈立中著.—北京：中国国际广播出版社，2014.9
（方言与文化丛书）
ISBN 978-7-5078-3732-2

Ⅰ.①湖… Ⅱ.①陈… Ⅲ.①湘语－通俗读物②文化史－湖南省－通俗读物 Ⅳ.①H174-49②K296.4-49

中国版本图书馆CIP数据核字（2014）第088549号

湖南方言与文化

著　　者	陈立中
责任编辑	杨　桐　张淑卫
版式设计	国广设计室
责任校对	徐秀英

出版发行	中国国际广播出版社（83139469　83139489[传真]）
社　　址	北京复兴门外大街2号（国家广电总局内）
	邮编：100866
网　　址	www.chirp.com.cn
经　　销	新华书店
印　　刷	北京广内印刷厂

开　　本	640×940　1/16
字　　数	220千字
印　　张	27
版　　次	2014年9月　北京第一版
印　　次	2014年9月　第一次印刷
书　　号	ISBN 978-7-5078-3732-2/H・425
定　　价	80.00元（含光盘）

版权所有
盗版必究

目 录

第一章 湖南方言的分布、形成和特点 …… (1)

第一节 三湘四水多方言 …… (1)
第二节 湖南方言的分布 …… (7)
　一、湘语的分布 …… (7)
　二、湖南境内西南官话的分布 …… (13)
　三、湖南境内赣语的分布 …… (17)
　四、湖南境内客家话的分布 …… (19)
　五、湘南土话的分布 …… (21)
　六、乡话的分布 …… (22)

第三节 湖南方言的形成 …… (23)
　一、上古时期的楚语 …… (23)
　二、汉代的南楚语 …… (25)
　三、湘语的形成 …… (27)
　四、西南官话在湖南西部和南部的出现 …… (29)
　五、湖南赣语的形成 …… (34)
　六、湖南客家话的形成 …… (36)

七、湘南土话的形成 …………………………………… (38)

　　八、乡话的形成 ……………………………………… (39)

第四节　湖南方言的主要特点 ………………………………… (42)

　　一、古全浊声母在湖南方言中的读音 ………………… (42)

　　二、"猫乳"是何乳？ ………………………………… (44)

　　三、福蓝是哪个省的？ ………………………………… (48)

　　四、栏里有草 …………………………………………… (50)

　　五、益阳如此多 [1] …………………………………… (52)

　　六、古老的方言词语今日犹存 ………………………… (58)

　　七、丰富的"子"尾词 ………………………………… (62)

　　八、"XA（的）"式状态形容词 ……………………… (69)

　　九、通用型量词"隻" …………………………………… (73)

　　十、颇具特色的长沙方言动态助词 …………………… (76)

　　十一、韵味十足的长沙方言语气词 …………………… (86)

　　十二、湖南方言的特殊语序 …………………………… (96)

第二章　熟语、禁忌、行话及女书 ………………………… (102)

第一节　熟语 …………………………………………………… (102)

　　一、谚语 ………………………………………………… (102)

　　二、歇后语 ……………………………………………… (117)

第二节　方言禁忌和谐音民俗 ………………………………… (122)

　　一、方言禁忌 …………………………………………… (122)

　　二、谐音民俗 …………………………………………… (127)

第三节　行话和隐语 …………………………………………… (129)

2

第四节　女书 …………………………………………… (133)

第三章　湖南方言与民间歌谣 ………………………… (144)

第一节　湖南方言与民歌近似色彩区的划分 ………… (144)
第二节　劳动号子 ……………………………………… (150)
　一、澧水船工号子 …………………………………… (153)
　二、酉水船工号子 …………………………………… (155)
　三、洪江排工号子 …………………………………… (157)
　四、罗子山高腔号子 ………………………………… (158)
　五、硪歌 ……………………………………………… (162)

第三节　山歌和田歌、渔歌 …………………………… (168)
　一、新化山歌 ………………………………………… (168)
　二、浏阳客家山歌 …………………………………… (175)
　三、田歌 ……………………………………………… (181)
　四、洞庭渔歌 ………………………………………… (186)

第四节　儿歌和牧歌 …………………………………… (189)
　一、湖南民间传统儿歌 ……………………………… (189)
　二、牧牛歌 …………………………………………… (194)

第五节　仪式歌 ………………………………………… (200)
　一、上梁歌 …………………………………………… (200)
　二、嘉禾伴嫁歌 ……………………………………… (203)
　三、湘西土家族哭嫁歌 ……………………………… (216)
　四、丧歌 ……………………………………………… (218)

第四章　湖南方言与本土戏曲 ……………………（228）

第一节　湘剧 …………………………………（230）
第二节　祁剧 …………………………………（235）
第三节　花鼓戏 ………………………………（247）
一、湖南花鼓戏概况 ……………………………（247）
二、长沙花鼓戏的舞台语言 ……………………（251）
第四节　巴陵戏 ………………………………（262）
一、巴陵戏概述 …………………………………（262）
二、巴陵戏的舞台语言 …………………………（265）

第五章　湖南方言与本土曲艺 ……………………（279）

第一节　丝弦 …………………………………（279）
一、湖南丝弦概况 ………………………………（279）
二、常德丝弦 ……………………………………（282）
三、武冈丝弦 ……………………………………（293）
第二节　渔鼓 …………………………………（295）
一、湖南渔鼓概况 ………………………………（295）
二、常德渔鼓 ……………………………………（300）
第三节　弹词 …………………………………（304）
一、长沙弹词 ……………………………………（304）
二、益阳弹词 ……………………………………（311）
第四节　小调 …………………………………（318）
第五节　本土相声 ……………………………（327）

第六章　湖南方言与文学创作和方言电视节目 …………（338）

第一节　湖南方言与文学创作 ……………………（338）

一、沈从文 ………………………………………（340）

二、周立波 ………………………………………（352）

三、韩少功 ………………………………………（359）

四、何立伟 ………………………………………（367）

五、何顿 …………………………………………（380）

六、现当代湘籍作家方言话语的出场方式 …………（387）

七、方言写作的优点与缺憾 ………………………（393）

第二节　湖南本土方言电视节目 …………………（399）

第一章　湖南方言的分布、形成和特点

第一节　三湘四水多方言

2002年第8期的《语文建设》杂志（第13页）上发表了一篇题为《都是方言惹的祸》的短文，讲了一个笑话：

> 长沙某学校举行迎新联欢会。来自娄底地区的一名新生朗诵他自己写的诗歌。大家听到的第一句是："马褂，马褂，冯马褂！"台下窃窃私语："什么意思？""说马褂干吗？"……有脑筋转得快的人提醒："他是用长沙话朗诵吧？"语码转换为长沙话，那应该是："青蛙，青蛙，红青蛙！"台下依然糊涂："怎么出来个'红青蛙'？什么意思？"报幕人走到前台，一看他的诗稿，上面写的是："玫瑰，玫瑰，红玫瑰！"

坊间还有更多类似的笑话，再举一例：

> 我（按：身份为媒体记者）先到桃源县委宣传部，联系去

人事局采访的事情。宣传部的人打电话替我预约，用免提。

宣传部："喂，你人是猪（人事局）吗？"

对方："不是，你搞错了。我不是人是猪（人事局），我娘是猪（粮食局）。"

我拼命忍住笑，肚子都疼了。

第二天参加一个县政府的汇报会。会前点名。

主持人："哪些单位到了？"

于是参会者一个个地自报家门：

"我是公阉猪（公安局）。"

"我叫肉猪（教育局）。"

"我有点猪（邮电局）。"

"我是典型猪（电信局）。"

原来，桃源话很有特色。入声字声调为高平调（调值55），泥（娘）、来母不分等语音特点，正是桃源话与外地方言的差别，在故事讲述者夸张下，演绎出了这一令人捧腹的笑话。

一些对湖南和湖南方言（俗称湖南话）并不很了解的外地人简单地把湖南方言理解为湘语，甚至将其等同于长沙话，这是一种误解，至少是有失偏颇的。诚然湘语是湖南境内的代表性方言，而长沙话则是湘语的代表。但是，湖南是一个多方言地区，并且由于各方言相互之间的影响、渗透和特殊的历史人文地理因素，方言的分布（特别是在那些边缘地带）呈现出非常复杂的状态。广义的"湖南方言"可以理解为湖南境内各地城乡居民所使用的汉语方言的总称。从这个意义上说，湖南方言不等于湘语，其外延远大于后者。湖南方言不仅包括湘语，也包括湖南境内的西南官话、赣方言、客家方言，此外，还有湘南土话、平话、乡话之类的尚未确定归属的方言。

人们对湖南方言复杂性的认识经历了一个相当长的过程。

章太炎是最早给汉语方言分区的近代学者，他把汉语方言分为十类，尽管他注意到了湘西地区说西南官话的事实，把湖南的沅州与四川、云南、贵州、广西合为一种（音类湖北），但是他把湖南其他地区的方言一概地"自为一种"，过于笼统（《章太炎文钞》卷二）。他在《检论》卷五《方言》中又把汉语方言分为九类，虽然强调"湖南之沅州，亦与贵州同音"，但把湖南与河南汝宁、南阳等处及江之中、湖北、江西合为一种①，更是与湖南方言的实际情况相差甚远了。

后来黎锦熙把汉语方言分为十二系。湖南方言被分为东、西二部：东部与湖北东南角、江西南部归为江湖系；西部与四川、云南、贵州、广西北部归为金沙系。②

1934年赵元任为上海《申报》60周年纪念印行的《中国分省新图》中所提供的"语言区域图"把汉语方言分为九区，湖南方言除湘南部分区域划归客家方言和北方官话外，其余全都被划归为上江官话区。③

王力先生于20世纪40年代把汉语方言分为五大支系，每一

---

① 章太炎. 章太炎全集（第3册）[C]. 上海：上海人民出版社，1984：487.
② 转引自王力. 汉语音韵学[M]. 北京：中华书局，1955：572.
③ 丁文江，翁文灏，曾世英. 中国分省新图（第4版）[M]. 上海：申报馆，美商哥伦比亚出版有限公司，1939：14.

支系下面再分若干小系，湖南东部与江西西部的方言被划归官话之下的所谓"湘赣系"，湖南西部与四川、云南、贵州、广西北部的方言被划归官话之下的所谓"川滇系"，散布于湖南、四川等处的客家话被归为客家话之下的所谓"川湘系"。① 把湖南境内大部分地方的方言一股脑儿并入"官话"显然过于笼统。

1935年秋天赵元任等所作的调查终于使人们开始认识到湖南全省的方言"是相当复杂"的："一般人总觉着长沙话就是湖南话"，其实，"湖南话并不全是长沙话"。②

1937年李方桂把汉语方言分成八区，"湘语"第一次被作为独立的一区正式提出。1973年他在美国《中国语言学报》（Journal of Chinese Linguistics）创刊号上再次发表他的八大方言说，指出"湘语群主要使用于湖南"，并且还提到除了上述八大方言外，还有"某些孤立的语群，这里可以提到的有……湖南和广西东北部的某些方言"。③ 赵元任也在20世纪40年代以后对自己在1934年提出的九区说作了修订，把"湘方言"作为独立的一区。④ 1955年丁声树、李荣提出新的"八大方言"说，沿用了李方桂、赵元任"湘方言"自成一区的观点。⑤ 董同龢20世纪50

---

① 王力. 汉语讲话［A］. 王力文集（第3卷）［C］. 济南：山东教育出版社，1985：578—580.

② 杨时逢. 湖南方言调查报告［R］·赵元任序，历史语言研究所集刊（六十六），1974.

③ 李方桂. 中国的语言和方言［J］. 民族译丛. 1980，(1)：1—7.

④ YuenRen Chao：*Cantonese Primer*（粤语入门）［M］, Greenwood Press Publishers, NewYork, 1969, P. 13.

⑤ 现代汉语规范问题学术会议秘书处. 现代汉语规范问题学术会议文件汇编［C］. 北京：科学出版社，1956：80—88.

年代在台湾讲授语言学时，把汉语方言分为九区，"分布在湖南湘江资水与沅江流域"的"湘语"居其一。他把湖南西部的方言归入西南官话，还指出湖南有一小部分地方说客家话。① "湘方言"地位的确立使人们能正视湖南方言内部的差异性，有助于研究工作的深入。

1960 年 9 月湖南师范学院在 20 世纪 50 年代方言普查的基础上编写并石印出版了《湖南省汉语方言普查总结报告（初稿）》，根据多地方音特点的比较和综合印象，把湖南方言分为三个区：第一区主要包括湘水流域和资水流域，第二区分布在湖南西北部和南部一带，第三区在湖南东部形成一个狭长地带。第三区的划分说明人们已经意识到了赣语（及客家话）与湘语、西南官话的区别。

1974 年杨时逢在《湖南方言调查报告》中根据 12 项特征条件，把湖南省的汉语方言分成五个区：第一区是"典型的湖南话"，第二区"大都跟第一区差不多"，第三、四两区"难以命名"，第五区"接近西南官话"。对这个分区结果，杨先生自己认为"不很理想"。② 方言学界也议论纷纷。鲍厚星等认为《湖南方言调查报告》把长沙和慈利、平江、浏阳等地划一区，把衡阳和常德划为一区都是不合适的。③ 周振鹤、游汝杰认为《湖南方言调查报告》的"分区图有些支离破碎，难于令人满意"。④ 不过，

---

① 丁邦新编. 董同龢先生语言学论文选集［C］. 台北：食货出版社，1974：354—356.
② 杨时逢. 湖南方言调查报告［R］. 历史语言研究所集刊（六十六），1974.
③ 鲍厚星执笔. 湖南省汉语方言地图三幅［J］. 方言. 1985，（4）：273—276.
④ 周振鹤，游汝杰. 湖南省方言区画及其历史背景［J］. 方言. 1985，（4）.

这第一、二区的分立说明人们对湘语内部新、老两派的分歧有了初步的认识。日本学者辻伸久在《湖南诸方言の分类と分布——全浊声母の变化に基く初步的试み》(1979)中利用杨时逢《湖南方言调查报告》的材料，以单一的语言特征将湖南汉语方言分为四种类型，即江西型、北方型、老湘型、新湘型。①

1985年湖南省的方言工作者以《湖南省汉语方言普查总结报告（初稿）》的分区为基础，参考《湖南方言调查报告》，把湖南省的汉语方言分为湘语区、西南官话区、赣客方言区、西南官话与土话双语区、瓦乡话区等五区。② 同年，周振鹤、游汝杰在《湖南省方言区画及其历史背景》一文中根据杨时逢《湖南方言调查报告》的材料，参照数学上的集群方法，先找出各方言点之间方言特征的接近程度并初步分区，然后再参考较重要的语音特征与历史人文地理因素进行局部调整，把湖南方言划分为西南官话片、湘语北片、湘语南片、赣客语片、混杂方言片五个片。③

1986年鲍厚星、颜森发表《湖南方言的分区》一文，把湖南方言分为湘语、赣语、客家话、江淮官话、西南官话、乡话六区，文中还指出：“客家话区有的地方夹杂别的方言（如汝城有粤语）”；西南官话区"湘南片内许多地方是双语区，双语区的人一般都能说官话和当地的土话。官话属西南官话。土话往往一县之内就有几派，差别大的甚至妨碍通话。土话的特点尚待研

---

① 辻伸久.湖南诸方言の分类と分布——全浊声母の变化に基く初步的试み [J].中国语学.1979,(226).
② 鲍厚星执笔.湖南省汉语方言地图三幅 [J].方言.1985,(4)：273—276.
③ 周振鹤,游汝杰.湖南省方言区画及其历史背景 [J].方言.1985,(4).

究"。① 后来在《中国语言地图集》正式出版时，原来被归入江淮官话常鹤片的方言改属西南官话。②

1994年李蓝在《湖南方言分区述评及再分区》一文中仍以杨时逢的《湖南方言调查报告》为主要依据，采用一种"声韵调系统三重投影法"，把湖南方言归纳为湘语型方言、赣语型方言、西南官话型方言、混合型方言、独立型方言五种类型。

2007年陈晖、鲍厚星在《湖南省的汉语方言（稿）》一文中将湖南方言分为湘语、西南官话、赣语、客家话、土话、乡话六类。③

此外，在湘西南的怀化、邵阳、永州三市南部的通道、绥宁、宁远、道县等县境内还有所谓"平话"。

第二节 湖南方言的分布

一、湘语的分布

湘语又称湘方言，是湖南省境内最具代表性的方言。在湖南，湘语的使用人口超过3000万，约占全国人口的3.2%。湖南境内的湘语主要分布在湘江流域、资江流域、沅江中游少数地区以及洞庭湖滨部分地区。

湘语在湖南省外也有分布：

---

① 鲍厚星，颜森. 湖南方言的分区 [J]. 方言. 1986，（4）：273—276.
② 中国社会科学院和澳大利亚人文科学院合编. 中国语言地图集 [M]·图B11及其文字说明. 香港：朗文出版（远东）有限公司，1987.
③ 陈晖，鲍厚星. 湖南省的汉语方言（稿）[J]. 方言. 2007，（3）：250—259.

广西境内的湘语集中分布于东端，全州、资源、灌阳及兴安的大部分地区。① 广西龙胜的部分地区及其周边一些地方也有湘语分布。②

四川境内存在大量的湘方言岛，它们主要分布在四川盆地中部，点状散布于沱江、涪江、长江和嘉陵江沿岸，包括江油、安县、绵阳、绵竹、三台、德阳、广汉、中江、金堂、简阳、仁寿、乐至、安岳、资阳、资中、威远、内江、隆昌、宜宾、南溪、纳溪、合江、古蔺、雅安、荣昌、永川、大足、潼南、遂宁、蓬溪、仪陇、南部、西充、营山、蓬安、广安、邻水、达县、开江、开县、梁平、犍为、天全、什邡、彭县 45 个县市的局部地区。③

陕西南部也有湘语分布。"陕南湘语分布于陕西省安康市汉阴县、石泉县、宁陕县、汉滨区（原安康县）的秦巴山区，不包括县城，离城镇越远湘语特色越浓厚。"④

贵州境内的湘方言分为相隔很远的东西两部分：东部指的是"黔东南苗族侗族自治州天柱县境内远口、蓝田、白市三区的苗族同胞所说的"的所谓"酸汤话"，主要分布在清水江沿岸，和湖南锹里地区的"酸汤话"连成一片。⑤ 西部指的是"主要分布

---

① 中国社会科学院和澳大利亚人文科学院合编．中国语言地图集 [M]．图 B14 及其文字说明．香港：朗文出版（远东）有限公司，1987．
② 唐琦珊．广西龙胜境内湘方言语音研究 [D]．长沙：湖南师范大学硕士学位论文，2010．
③ 崔荣昌．四川方言与巴蜀文化 [M]．成都：四川大学出版社，1996．
④ 张德新．陕南湘语文白异读 [J]．安康师专学报．2006，(3)：1—3．
⑤ 贵州省地方志编纂委员会．贵州省志·汉语方言志 [M]．北京：方志出版社，1998：123—130．

在黔西南布依族苗族自治州晴隆县的中云、鲁打、长流、新民、花贡、纳屯、河塘七个乡，普安县的龙吟、丫口、石古、毛坪四个乡以及六盘水市六枝特区的郎岱等面积约三百平方公里的村落"的所谓"喇叭话"，使用"人口有近十万人"。①

安徽南部"广德清溪乡新屋及北乡丘村，宁国南极乡半山、银峰乡李家村，南陵峨岭、三里店，青阳酉华乡、丁桥乡等地的湖南移民，多来自湖南岳阳、益阳一带，说湘语"。②

湘语内部分歧严重。人们习惯上根据其内部语音差异区分为新湘语和老湘语两大类。老湘语广泛流行于湖南中部邵阳、娄底、衡阳、永州等地市，"新湘语通行在长沙等较大城市，受北方方言的影响较大"③。

1986年鲍厚星、颜森在《湖南方言的分区》一文中根据古全浊声母"清音化的步调各地不一致"的情况把湘语分为长益、娄邵、吉溆三片。④ 这一分区方案后来写进了1988年出版的《中国语言地图集》。⑤ 三大方言片的涵盖范围概括如下：

（1）长益片：长沙市、长沙县、湘潭市、湘潭县、株洲市、株洲县、平江（岑川）、浏阳（永安、跃龙、柏加、镇头、北星、

---

① 贵州省地方志编纂委员会．贵州省志·汉语方言志［M］．北京：方志出版社，1998：130—135；范朝康．喇叭话的语音系统［J］．贵州大学学报（社会科学版）．2002，（4）：86—90．
② 郑张尚芳．皖南方言的分区（稿）［J］．方言．1986，（1）：8—18．
③ 黄伯荣，廖旭东主编．现代汉语（增订四版）［M］．北京：高等教育出版社，2007：5．
④ 鲍厚星，颜森．湖南方言的分区［J］．方言．1986，（4）：273—276．
⑤ 中国社会科学院和澳大利亚人文科学院合编．中国语言地图集［M］·图B11及其文字说明．香港：朗文出版（远东）有限公司，1987．

官桥、普迹、金乡等乡及葛家、枨冲乡的一部分)、宁乡、望城、湘阴、益阳市、益阳县、桃江、沅江、汨罗、岳阳市、岳阳县(部分)、南县、安乡(东南部)、安化(东部)、衡阳市、衡阳县、衡南、衡东、衡山、邵东、新邵、黔阳、洪江市、会同、绥宁(南部)。

(2)娄邵片：娄底市、湘乡、双峰、涟源、冷水江市、新化、安化(县城及西部)、邵阳市、邵阳县、洞口(东部的黄桥镇和金田、杨林两乡)、隆回(南部)、武冈、祁东、祁阳、城步、新宁、麻阳。①

(3)吉溆片：吉首市、保靖、花垣、古丈、泸溪、辰溪、溆浦、沅陵等市县。

2007年陈晖、鲍厚星在《湖南省的汉语方言(稿)》一文中，对20世纪80年代的湘语分区方案进行了较大的调整，将湖南境内的湘语分为五个片，与20世纪80年代分区的主要不同之处是从长益片中析出衡州片，吉溆片改称辰溆片，并将永州大部的湘南土话和原属于娄邵片的祁阳、祁东与广西境内的湘语合称永全片。具体的分区方案如下：②

(1)长益片，又被称为"新湘语"或"湘语北片"，主要分布在湘江、资江的中下游地区，是当今湘语内部使用人口最多的片区。下分三个小片：

长株潭小片：长沙市(市辖岳麓区、芙蓉区、天心区、开福

---

① 广西的全州、资源、灌阳、兴安(东北部)境内的湘语也被划归本片。
② 陈晖,鲍厚星.湖南省的汉语方言(稿)[J].方言.2007,(3):250—259.

区、雨花区)、长沙县、望城县、宁乡县(下宁乡地区)、浏阳市(西乡镇头区、城郊区葛家、枨冲一部分及北乡北盛区永安的大部分)、株洲市(市辖天元区、荷塘区、芦淞区、石峰区)、株洲县、湘潭市(市辖雨湖区、岳塘区)、湘潭县、汨罗市、湘阴县(大部分)、平江县(岑川、时丰、三和、向家等地)、南县、安乡县(南部安宏、安武、安康等区乡的绝大部分和安龙、安昌等区乡的部分地区)。

益沅小片:益阳市(市辖赫山区、资阳区)、沅江市、桃江县。

岳阳小片:岳阳县(包括县城在内的部分地区)。

(2)娄邵片,又称"老湘语"或"湘语南片",主要分布在湘中丘陵及湘西南原宝庆府、靖州府一带,是当今湘语内部使用人数第二多的片区。下分五个小片:

湘双小片:湘乡市、韶山市、娄底市(市辖娄星区)、双峰县、安化县(东坪镇)、衡山县(后山地区,即县境西北部的白果镇、东湖镇和岭坡、望峰、松柏桥、贯塘、新桥、贯底、江东、马迹、东湘九个乡)、衡阳市(南岳区的拜殿乡、岳林乡北部)。

涟梅小片:涟源市、冷水江市(东部,包括渣渡、铎山、岩口等地)、安化县(梅城镇)、宁乡县(上宁乡地区)。

新化小片:新化县、冷水江市(包括县城在内的大部分地区)。

武邵小片:邵阳市(市辖双清区、大祥区、北塔区)、邵阳县、邵东县、新邵县、武冈市、洞口县(南部及东南部的黄桥、金田、杨林)、隆回县(包括县城在内的南部地区)、新宁县、城步苗族自治县（大部分）。

绥会小片：绥宁县（包括县城在内的南部地区）、会同县（包括县城林城镇在内的大部分地区）。

(3) 衡州片，主要分布在旧衡州府的北部地区。

衡阳小片：衡阳市（市辖雁峰区、珠晖区、石鼓区、蒸湘区）、衡阳县、衡南县。

衡山小片：衡阳市（南岳区的南岳镇、岳林乡南部）、衡山县（包括城关在内的大部分地区）、衡东县（包括城关在内的大部分地区）。

(4) 辰溆片，主要本片分布于沅江中游，核心区为辰溪、溆浦和泸溪三县包括县城在内的大部分地区，湘西州南部和怀化市北部县市的方言也时常被划入此片。

(5) 永全片，主要分布于湖南永州大部、祁东以及广西北端湘、资两江的源头地带。下分两个小片：

东祁小片：永州市（市辖冷水滩区普利桥镇、花桥街镇和岚角山镇部分地区，芝山区接履桥一带）、东安县（花桥、南镇、大盛、大水、易江等地；中田、新圩；井头圩、石期市、白牙市镇、大江口、台凡市等地；高峰、紫溪市、狮子铺、横塘等地）、祁阳县、祁东县。

道江小片：道县（西部、北部、西北、西南，以祥霖铺话、寿雁话为代表）、江永县（主要分布在城关、夏层铺、桃川、松柏等地）、江华瑶族自治县（主要指分布在岭西、小圩、码市三片的"梧州话"和上五堡片的七都话、白芒营片的八都话）、新田县（主要分布在"南乡"的茂家、知市坪、大坪塘、十字、枧头、三井、新圩、高山、新隆、金盆圩、石羊、陶岭以及"北乡"龙泉镇的个别村落）。

目前关于湘语的分片问题仍然存在许多争论。一些处在边缘地带的方言也存在归属争议，如吉首、芷江一带的方言究竟是归入西南官话还是湘语，岳阳市、县的方言究竟是归入赣语还是湘语。诸如此类的问题尚待更进一步的研究。

二、湖南境内西南官话的分布

西南官话主要分布在湘北、湘西和湘南。

1987年出版的《中国语言地图集》① 在图 B11 中将西南官话分为 12 片，其中与湖南相关的有五片：西南官话在湖南主要分布在湘西北、湘西和湘南。湘西北的常德市、常德、汉寿、桃源、安乡、津市市、临澧、澧县、石门、慈利、桑植 11 个市县与湖北的鹤峰、松滋、公安、石首四县组成常鹤片。湘南的郴州市、郴县、宜章、桂阳、临武、嘉禾、新田、蓝山、宁远、江华、江永、道县、双牌、永州市、零陵、东安 16 个市县为湘南片，是西南官话与当地土话并用的双方言区。湘西有几个小块西南官话区，与四川（今属重庆市）、贵州的西南官话相连：龙山、永顺、大庸属成渝片，凤凰、新晃、芷江、怀化市属黔北片，靖县、通道属岑江片。此外，临湘县北部说西南官话，与湖北的西南官话相连。

---

① 中国社会科学院和澳大利亚人文科学院合编．中国语言地图集［M］．香港：朗文出版（远东）有限公司，1987.

2007年陈晖、鲍厚星在《湖南省的汉语方言（稿）》一文中将湖南省境内的西南官话分为常澧、吉永、怀靖、永郴四片：[①]

常澧片分布于常德市（市辖武陵区、鼎城区）、汉寿县、桃源县、石门县、临澧县、澧县、津市市、安乡县（包括县城在内的大部分地区）、慈利县、华容县。

吉永片下分两个小片：

（1）吉沅小片：分布于吉首市、古丈县、保靖县、花垣县、沅陵县。

（2）永龙小片：分布于永顺县、龙山县、张家界市（市辖永定区、武陵源区）、桑植县。

怀靖片下分三个小片：

（1）靖晃小片：分布于靖州苗族侗族自治县、通道侗族自治县（以旧县治县溪镇为代表）、新晃侗族自治县。

（2）芷洪小片：分布于芷江侗族自治县、洪江市（包括原洪江市和黔阳县）。

（3）怀凤小片：分布于怀化市辖鹤城区、中方县、麻阳苗族自治县、凤凰县。

永郴片分布在湖南南部永州市与郴州市。这一带是双方言区，说土话的人90％都会说官话。下分三个小片：

（1）永北小片：分布于永州市市辖冷水滩区、芝山区、东安县、双牌县。

（2）永南小片：分布于道县、江永县、江华瑶族自治县、新

---

① 陈晖，鲍厚星．湖南省的汉语方言（稿）[J]．方言．2007，(3)：250—259．

田县、宁远县、蓝山县。

（3）郴州小片：分布于郴州市辖北湖区、苏仙区、桂阳县、宜章县、临武县、嘉禾县。

2009年李蓝在《西南官话的分区（稿）》[①]中根据汉语方言特别是西南官话调查研究的新进展，对西南官话进行了重新划分。他将西南官话分为六大片，22小片。其中，与湖南相关的有湖广、桂柳两大片的六小片。

湖广片东起湖北武汉，经湘西北地区进入贵州的黔东南。这些地方从汉唐至宋元大多属同一行政区域，贵州虽明代就立省，但黔东南地区的"学政"直到清代前期仍属湖广行省管辖，湖南则迟至清朝才单独立省。该片在声调方面的基本特点是：阴平和去声都是高调，阳平是低降升调，上声是次高降调。该片下分八个小片，其中与湖南相关的有五个小片：

（1）鄂中小片：本小片东起武汉，西至湘西。分布于湖南省的龙山县、桑植县、张家界市。主要特点是古入声今读阳平且四声调值与武汉接近。

（2）湘北小片：分布于湖南省的常德市、慈利县、汉寿县、津市市、澧县、临澧县、石门县、桃源县。主要特点是去声分阴阳，古入声多归阴、阳去。

（3）湘西小片：分布于湖南省的保靖县、凤凰县、古丈县、花垣县、吉首市、麻阳苗族自治县、永顺县、沅陵县。主要特点是古全浊声母平声今读不送气浊声母，仄声今读不送气清声母。

---

① 李蓝.西南官话的分区（稿）[J].方言.2009，（1）：72—87.

不过，凤凰古全浊声母为"清化，平送气仄不送气"类型，麻阳为"平仄均读不送气浊声母"类型，均与湘西小片其他县市不同。把这两个方言点划入湘西小片的理由是知章组今读 [ts] 组这一点与湘西小片多数方言点相同。此外，乡话区的人一般也并用西南官话。

（4）怀玉小片：分布于湖南省的怀化市、新晃侗族自治县、芷江侗族自治县、中方县、洪江市。主要特点是知章组合口字今读 [tɕ] 组声母。

（5）黎靖小片：分布于湖南省的靖州苗族侗族自治县、通道侗族自治县。主要特点是古入声归阴平，但通道去声分阴阳。

城步苗族自治县的长安营和岩寨两乡使用西南官话。从音系整体看，与湘西、黔东南一带的湖广型方言比较接近。长安营西南官话方言岛的形成原因比较明确：乾隆五年（1740）城步苗民粟贤宇、杨清保率众起事，同年遭官兵镇压，此后清廷在长安营筑城驻军防守。清亡，原长安营驻军连同家眷就地转民。现代的长安营话就是当年长安营驻军中通行并流传下来的西南官话。

桂柳片以广西桂林为中心，东起湘南，西至黔南，横跨湘黔桂三省，其声调的基本特点是：阴平是中平调，阳平是最低调，上声是最高调，去声是高升调。湖南省的郴州市、道县、东安县、桂阳县、嘉禾县、江华瑶族自治县、江永县、蓝山县、临武县、宁远县、双牌县、新田县、宜章县、永州市 14 个县市属其中的湘南小片。该小片的主要特点是多数市县官话与土话并用，是一个双方言区，官话在不同程度上受土话影响。这一地区早期大概是通行湘南土话，后来以由城及乡、由官及民、由商及农的方式引进了接近桂林音系的西南官话，这个过程直到现在仍在继续。目前，在郴州城区，土话已完全被官话替换；在蓝山、江永等地的县城里，土话已退出公共交际场合，一般只用于家庭成员或亲友之间的交流；而在偏远山村，仍有一些老年妇女不太会说官话。

李蓝在文中指出：在湖南进行西南官话分区的主要困难是在湘西和湘北地区如何区别湘语和西南官话。湘西的麻阳、吉首等地的古全浊声母是"平声浊仄声清，平仄均不送气"这种演变模式，介于长沙、湘潭等地的"清化，平仄均不送气"和邵阳、城步等地的"平仄均浊，不送气"之间，同为湘语古全浊声母的三种基本演变模式之一。但在古入声的今读音上，麻阳、吉首等地却又是"全归阳平"这种典型的西南官话模式。在湘北的慈利、汉寿等地的古全浊声母属"清化，平声送气仄声不送气"的官话演变类型，但去声分阴阳，入声归去声或独立，又和一般的官话方言不同。这些地方早期可能都不是官话方言，现在正逐步向官话方言靠拢。根据这种演变趋势，同时参照方言的地理分布情况，李蓝将其划入西南官话。

三、湖南境内赣语的分布

湖南省境内的赣语主要分布在湘东及湘西南部分地区。

《中国语言地图集》（1987）指出，赣语在湖南境内主要分布在湘东的华容、岳阳、临湘、平江、浏阳、醴陵、攸县、茶陵、酃县（今炎陵）、安仁、耒阳、常宁、永兴、资兴以及湘西南的隆回、洞口、绥宁等县市。具体分片情况如下：

(1) 临湘、岳阳、华容境内的赣语属大通片。

(2) 平江境内的赣语属昌靖片。

(3) 浏阳、醴陵境内的赣语属宜浏片。

(4) 攸县、茶陵、酃县（今炎陵）境内的赣语属吉茶片。

(5) 耒阳、常宁、安仁、永兴、资兴境内的赣语属耒资片。

(6) 洞口、绥宁、隆回境内的赣语属洞绥片。

谢留文在《中国语言地图集》（1987）的基础上作了一些小调整：一是将原先被归入昌靖片的平江境内的赣语划归大通片，二是将原先被归入宜浏片的醴陵境内的赣语划归吉茶片。[1]

陈晖、鲍厚星将湖南境内的赣语划分为五片，与谢留文的分区基本相同，但阐述得更为具体：[2]

(1) 大通片：包括岳阳市（市辖岳阳楼区、君山区、云溪区）、岳阳县（主要分布在县境东部和北部）、临湘市、平江县（包括县城在内的绝大部分地区）、华容县（只分布于部分乡镇）、浏阳市（主要分布在原沙市区、社港区和北盛区除永安镇以外的部分地方）。

(2) 宜浏片：包括浏阳市（主要分布在城关镇，原城郊区的关口、集里、荷花、牛石、青草等乡以及葛家、枨冲乡的部分地方，原大瑶区和文家市区的大部分地方，原古港区、永和镇以及原官渡区的部分地方）、醴陵市（包括县城在内的绝大部分地区）。

---

[1] 谢留文．赣语的分区（稿）[J]．方言．2006，(3)：264—271．
[2] 陈晖，鲍厚星．湖南省的汉语方言（稿）[J]．方言．2007，(3)：250—259．

(3) 吉茶片：包括攸县（包括县城在内的大部分地区）、茶陵县（包括县城在内的大部分地区）、炎陵县（主要分布在城关镇及西部的三河、河西、塘田等乡镇）。

(4) 耒资片：包括耒阳市、常宁市、安仁县（包括县城在内的大部分地区）、永兴县、资兴市（包括县城在内的大部分地区）。

(5) 洞绥片：包括洞口县（包括县城在内的绝大部分地区）、绥宁县（北部）、隆回县（北部）。

李冬香的分片方式与前面几位不同，她把湖南境内的赣语分为岳醴、攸炎、耒洞及永资四片，即：把上文所说的大通片和宜浏片合为一片，称为岳醴片；把吉茶片称为攸炎片；把上文所说的耒资片中的永兴、资兴境内的赣语称为永资；把上文所说的耒资片中的安仁、耒阳、常宁和洞绥片合为一片，称为耒洞片。[①] 耒洞片中的安仁、耒阳、常宁和隆回、洞口、绥宁相隔甚远，合为一片是否合适值得商榷。

四、湖南境内客家话的分布

湖南省境内的客家话主要分布在湖南省东部与江西省相邻的地区，以及湖南省南部与广东省相邻的一些地方。

《中国语言地图集》(1987) 图 B15 指出：湖南有七个县市分布有客家话，其中汝城、桂东、酃县、茶陵、攸县境内的客家话属于于桂片，浏阳、平江境内的客家话属于铜鼓片。

---

① 李冬香. 湖南赣语的分片 [J]. 方言. 2007, (3)：260—264.

陈立中所著《湖南客家方言的源流与演变》[①]和谢留文、黄雪贞所撰《客家方言的分区（稿）》一文[②]进一步指出湖南省汝城县、桂东县、安仁县、资兴市、宜章县、江华瑶族自治县、新田县、江永县、炎陵县、茶陵县、攸县、醴陵市、平江县、浏阳市都分布有客家话，并将这些县市境内的客家话都归入铜桂片。

陈晖、鲍厚星将湖南境内的客家话划分为湘东、湘南两片：[③]湘东片又分为平浏、炎茶两个小片：

（1）平浏小片：分布于平江县（南部和东南部的芦洞、思村、献冲、加义、黄金洞等乡镇的连云山区及山麓地带）、浏阳市（东部、东北部、东南部的山区，包括原大围山区、张坊区、官渡区和文家市区的部分地方）、醴陵市（主要分布在与浏阳市交界的地带，包括洪源乡和南桥镇的部分山村）、江华瑶族自治县（主要分布在鲤鱼井、竹园寨、花江、白芒营、中洞、两岔河、大墟、小墟、未竹口、大锡、码市、竹市、界牌、湘江等乡镇的一些村落）、江永县（与江华县交界处山区的少数居民）。

（2）炎茶小片：分布于炎陵县（除北部城关镇和西部三河、河西、塘田等乡镇比较开阔平坦的沿河地区说赣方言外，其他大部分的山区都说客家话）、茶陵县（北部七地、八团、湘东等乡镇的部分山村；东南部江口全乡、桃坑大部及小田、严塘、湖口、浣溪等乡的东部地带）、攸县（主要分布在东部与茶陵县及江西省交界的地带，包括漕泊、鸾山、黄丰桥等乡镇的部分山村）。

---

① 陈立中.湖南客家方言的源流与演变[M].长沙：岳麓书社，2003.
② 谢留文，黄雪贞.客家方言的分区（稿）[J].方言.2007,（3）：238—249.
③ 陈晖，鲍厚星.湖南省的汉语方言（稿）[J].方言.2007,（3）：250—259.

湘南片则分为汝桂、资宜、临桂三个小片：

（1）汝桂小片：分布于汝城县（包括县城在内的绝大部分地区）、桂东县（包括县城在内的绝大部分地区）。

（2）资宜小片：分布于资兴市（黄草镇的羊兴、源兴、龙兴、冠军、乐垌、黄家，汤市乡的青林、坪子，皮石乡的皮石等村落）、安仁县（东南部的关王、豪山、羊脑三个乡的部分山村）、汝城县（县境南部的热水、东岭、大坪、井坡、小垣、延寿、盈洞等乡镇）、桂东县（东北部的清泉镇及桥头乡、寒口乡的部分地区）、宜章县（县境南部，包括城关、栗源、岩泉、关溪、一六、笆篱、黄沙、东风、天塘、莽山、白沙等乡镇的部分村落）、新田县（散居在门楼下、骥村等乡镇的少数山村）。

（3）临桂小片：分布于临武县（主要分布在临武县西北部，包括麦市、万水、三合、镇南、大冲、香花等乡镇的所谓土话）、桂阳县（所谓的流峰镇土话）。

五、湘南土话的分布

土话分布于湖南南部郴州、永州两市的部分地区。

1987年版《中国语言地图集》把土话列为未分区的汉语方言，把湖南南部一带的土话总称为湘南土话，并称其分布于郴州市、郴县、宜章县、桂阳县、临武县、嘉禾县、新田县、蓝山县、宁远县、江华瑶族自治县、江永县、道县、双牌县、永州市、零陵县、东安县16个县市，强调这是土话和西南官话的双方言地区。

随着土话研究的逐步深入，部分地区的土话系属逐渐被明确,如永州市、东安县的"土话"被划入湘语永全片的东祁小片,道县、江永县、江华瑶族自治县、新田县等四县一些乡镇的"土话"被划入湘语永全片的道江小片。因此,陈晖、鲍厚星2007年所撰《湖南省的汉语方言(稿)》一文中湘南土话区的范围有所缩小,只分布于宜章县、桂阳县、临武县、嘉禾县、蓝山县、新田县、宁远县、道县、双牌县、江华瑶族自治县、江永县11个县境内。

六、乡话的分布

乡话主要分布在湖南省西部的沅陵县西南以及与之交界的溆浦、辰溪、泸溪、古丈等地。其具体分布情况如下:

沅陵县:原麻溪铺全区;原太常区的舒溪口乡、栗坡乡;原乌宿区的棋坪乡、清水坪乡、高砌头乡、落鹤坪乡;原凉水井区的渭溪乡、张家坪乡、张家滩乡;原麻溪铺区的池坪乡、坳坪乡与渭溪乡相连接的一些村组;乌宿区的深溪口乡、常安山乡、郑家村乡、枫香坪乡靠近深溪口乡的边界地区;太常区丑溪口乡的双岩溶村、阿坨湾村、冷水溪村、舒溪口乡的曹家坪村。

古丈县:高峰乡、岩头寨乡、山枣乡、野竹乡、河蓬乡、草潭乡、高望界林场、罗依溪镇的坳家湖。

溆浦县:木溪乡、让家溪乡、大渭溪乡。

泸溪县:八什坪乡、上堡乡、白沙镇、李家田乡、梁家潭乡的一些村组。

辰溪县:船溪乡、伍家湾乡、谭家场乡的一些村组。

另据曹志耘调查,永顺县王村镇里明村、镇溪、小溪等地有人会说乡话。①

乡话区在地域上连成一片，面积约6000平方千米，使用人口总数约40万，其中沅陵占一半以上。

乡话也存在一些内部差异。

第三节　湖南方言的形成

一、上古时期的楚语

上古时期，湖南境内居住着扬越、巴、濮、苗蛮等少数民族，当时的语言状况已难以考知。到了春秋战国时期，荆楚势力逐步入主湖南。"战国初，吴起相楚悼王，南并蛮、越，取洞庭、苍梧之地，于是湖南之东部湘、资二流域入于楚。其后复西向并吞沅、澧二流域，曰巫中，而湖南之全部皆入于楚矣"；"秦汉时之湖南人，盖即此时移入之荆、楚民族之后裔也"。②

楚人大量移民湖南，带来了他们的语言，我们姑且称之为"楚语"。楚语应该可以说是当时中原地区华夏语在楚地的地域变体，二者之间存在方言差异。从民族来源看，楚应该是华夏的后裔。根据传说，"楚之先祖出自帝颛顼高阳。高阳者，黄帝之孙，昌意之子也"（《史记·楚世家》）；楚国国君、贵族姓芈，是祝融

---

① 曹志耘. 湘西方言概述［J］. 语文研究. 2007：43.
② 谭其骧. 湖南人由来考［A］. 长水集［C］. 北京：人民出版社，1987：300—301.

的后代。《史记·楚世家》载："周文王之时，季连之苗裔曰鬻熊，鬻熊子事文王……周成王之时，举文武勤劳之后嗣，而封熊绎（鬻熊的曾孙）于楚蛮，封以子男之田……楚子熊绎与鲁公伯禽、卫康叔子牟，晋侯燮，齐太公子吕伋俱事成王。"可见，楚是周成王封立的，不是那种先土著、后征服型的诸侯国。鬻熊及其子、曾孙都曾辅佐周王室，鬻熊还是"文王之师"，他们所操的语言应该和王室相近。楚立国于周，发展壮大于春秋战国时期，其时诸侯争霸，各国之间交流频繁，使节不断，楚语并没有影响他们之间的交流，例如楚国大夫屈完与齐侯（《左传·齐桓公伐楚》）、来自楚国的许行与来自宋国的陈相兄弟（《孟子·滕文公上》）在交流时并无障碍。

但是，楚国地理位置特殊，楚语除了与北方的华夏语同源并长期多有交流外，还可能与西方的藏缅语、南方的苗瑶语和东南的壮侗语都有接触。楚国政权建立后，与中原政权长期处于敌对状态。为了加强自己的统治，楚国当局必定会加速与当地土著民族的交流和融汇。因此楚语应该吸收了多种语言成分，别具一格。从文献记载来看，楚语与华夏语以及齐语等其他地方的方言之间的差异也确实是比较大的。《左传·庄公二十八年》记载楚国令尹子元讨伐郑国，"众车入自纯门，及逵市。县门不发，楚言而出"。《左传·宣公四年》："楚人谓乳縠，谓虎于菟。"孟子讥讽许行为"南蛮鴃舌之人"，因为许行讲的楚语很难懂。"孟子谓戴不胜曰：'子欲子之王之善与，我明告子，有楚大夫于此，欲其子之齐语也，则使齐人傅诸？使楚人傅诸？'曰：'使齐人傅之。'曰：'一齐人傅之，众楚人咻之，虽日挞而求其齐也，不可

得矣；引而置之庄、岳之间数年，虽日挞而求其楚，亦不可得矣。"（《孟子·滕文公下》）

古代楚语分布于包括湖北、湖南在内的长江中游一带，所以在一定意义上可以说楚语是今天湘语的前身。①

二、汉代的南楚语

东汉扬雄的《輶轩使者绝代语释别国方言》（以下简称《方言》）可以让我们一窥当时湖南地区的方言状况。

书中有不少以"江"、"湘"为主的地理名称（按：地理名称后的数字表示此名称在《方言》中出现的次数）：②

江湘之间 8/沅澧之间 2/江沅之间 2/江湘郊会 1/湘潭之原荆之南鄙 1/湘潭之间 1/江湘之会 1/九嶷京郊之鄙 1/九嶷湘潭之间 1/沅澧之原 1/沅湘之间 1/湘沅之会 1/楚郢江湘之间 1。

这些地理名称中的"江"就是现在的长江。"湘"就是现在的湘江。《水经注》卷三十八："湘水出零陵始安县阳海山，流经零陵县、洮阳县、泉陵县、重安县、酃县、阴山县、醴陵县、临湘县、罗县、下雋县，北至巴丘入于江。""沅"就是沅江。《水经注》卷三十七："沅水出牂牁且兰县，流经镡成县、无阳县、临沅县，东至长沙下雋县西，北入于江。""澧"就是澧水。《汉书·地理志》曰："充县历山，澧水出焉。"《水经注》："澧水出武陵充县西。""潭"就是从湖南西南角发源的广西境内的融江。

---

① 袁家骅等．汉语方言概要［M］．北京：文字改革出版社，1983：19.
② 参考周赛红．湘语的历史［J］．长沙理工大学学报（社会科学版）．2006，(4).

晋朝郭璞《方言注》："潭，水名，出武陵。"《汉书·地理志》："武陵郡镡成县下有潭水。"《汉志》："武陵郡镡成县玉山，潭水所出。"汉朝镡成县的县治在今天湖南省靖州西南。"九嶷"就是湘南的九嶷山，在现在的宁远县城东南。《山海经》载："南方苍梧之丘，苍梧之渊，其中有九嶷山，舜之所葬，在长沙零陵界中。"郭璞《方言注》："九嶷，山名，今在零陵营道县。"这些地域名称所表示的地域，基本都在湖南境内。它们所出现的条目记录了不少湖南地区汉代乃至之前的方言词语。

《方言》里还出现了不少以"南楚"为主的地理名称：

南楚 27/南楚之间 4/南楚江湘 1/南楚江湘之间 7/南楚江淮之间 6/南楚江沔之间 2/南楚宛郢 1/南楚洭濮之间 1/南楚之外 11/陈楚之郊南楚之外 1/陈楚之间南楚之外 1/南楚以南 1。

《史记·货殖列传》说："衡山、九江、江南豫章、长沙，是南楚也。"南楚虽然在行政管辖权限方面隶属于楚，但在方言方面，二者的关系逐渐呈现出并列的态势。扬雄着眼于方言词语的分布情况，在讨论方言不同的时候，经常把"楚"和它北边的"陈"并列使用。《方言》就有不少以"陈"、"楚"并举的地理名称，例如：

陈楚江淮之间 9/陈楚之间 5/陈楚 2/陈楚之郊 1/陈楚之内 1/自关而东陈楚之间 1/楚颍之间 1。

《史记·货殖列传》称："陈在楚、夏之交。"楚顷襄王二十一年（前 278），秦朝将领白起率领军队攻破楚国都城郢（现在的湖北江陵北部），楚国被迫把都城迁移到陈城（现在的河南淮阳）。可以推测，"陈"、"楚"两地的方言自此开始趋于接近，到东汉扬雄时二者颇有共同之处。"南楚"则多与"江"、"湘"等并举。可见，在扬雄所处的东汉时期，南楚即今湖南地区的方言与狭义的楚地（即今湖北大部分地区）的方言已经出现了较大的差异。前者便是现代湘语的前身。

三、湘语的形成[①]

湘语是在北方汉族人南下，与湖南境内的少数民族交流、融合过程逐渐形成的。虽然湘语的历史非常悠久，但是少数民族一直是湖南境内的主要民族成员。《汉书·南越传》记载，南越王赵佗曾经说"西北有长沙，其半蛮夷亦称王"。公元8年，王莽篡位，曾经把长沙国改名"填蛮郡"，可见当时湖南境内少数民族势力非常大。秦汉时期，汉族主要分布在以常德为中心的沅水、澧水中下游地区和以长沙为中心的湘江中下游地区。其广阔的腹地仍旧是古代使用苗瑶、壮侗语族语言的民族居住和没有开发垦殖的地方，其中可能还零星地散布着一些汉语移民点。[②] 唐朝后期，刘禹锡被贬谪到武陵，他在《上杜司徒书》中说："湘沅之滨，寒暑一候，阳雁才到，华言罕闻。"（《全唐文》第六〇三卷）可见当时湘江、沅江流域有大量非汉族地区，汉语仍难得听到。

湖南境内气候温润，土地肥沃，汉族人从原来居住的中心区域向周边地区移民相对便利，这种逐渐扩散方式的移民运动历代

---

① 彭建国，彭泽润．湖南方言历史研究 [J]．湖南社会科学，2008，(1)．
② 李蓝．湖南方言分区述评及再分区 [J]．语言研究．1994，(2)：56—75．

都未停息。谭其骧分析了邵阳、新化、武冈、新宁、城步、湘阴和靖州等地的氏族历史材料，认为"湖南本省得五十五族，仅后于江西，超过其他一切外省，良以境土密迩，迁徙便利，此为当然之现象"。①

汉语正是首先传播到湖南的中心区域，后期再从这里进一步传播到周边地区的。

湖南新化、安化一带即梅山地区的湘语，可能是宋代以后才扩散过去的。"梅山峒蛮，旧不与中国通。其地东接潭，南接邵，其西则辰，其北则鼎、澧，而梅山居其中。……熙宁五年，遂檄谕开梅山。……诏以山地置新化县。"（《宋史》第四九四卷的列传第二五〇篇）

湖南北部南县的湘语到民国时期才形成。清咸丰十年（1860），长江洪水从藕池口涌入洞庭湖，带来大量泥沙，仅仅几十年，就淤积出一大片三角洲。这些肥沃的土地，吸引了省内外的众多移民前来围垦。初时分属华容、岳阳、汉寿、沅江、安乡、常德六县管辖。光绪二十一年（1895），湖南巡抚吴大澂奏本清廷获准，划割六县交界之地，置"南洲直隶厅抚民府"。民国二年（1913）十月，湖南都督府下令撤销南洲厅，改称南洲县，次年6月8日又根据内务部复电转令，将南洲县更名为南县。南县是一个纯移民县，居民来自湖南、湖北、江西、福建等十多个省、市。他们的来源比较杂乱，各自说自己原来的方言。到民国时期，由于迁移到这里来的人的原籍多为益阳、长沙、岳阳、

---

① 谭其骧. 长水集（上）[C]. 北京：人民出版社，1987：325.

常德、衡阳，其中益阳来的人最多，"风俗益阳化"明显[①]，又因南县后来归益阳管辖，所以今天南县湘语与益阳湘语较为接近。

湖南省边远地区的湘语最晚传入（有的地方甚至湘语还没有来得及传入），却又最先被省外来的、形成较晚却颇为强势的方言西南官话同化和覆盖。当湖南周围的方言都不同程度地被其他方言取代以后，湖南中部仍顽强地保留了比较典型的湘语。长沙、湘潭、株洲、衡阳、娄底、邵阳等湖南中部的较大城市自有其向心力。虽然它们由于人员流动的日益频繁而受到外来方言的强烈影响，但地域以及政治、经济、文化、交通等方面的优势所带来的方言优势使得湖南核心区域的方言不断巩固和坚守着自己的地位。像长沙这样省内最核心的中心城市，在相对于省内其他区域方言的优越感的作用下，长沙话的地位似乎有增无减。

四、西南官话在湖南西部和南部的出现

早在秦朝，就有北方军队进入湖南境内。《淮南子·人间训》记载：公元前221年，秦始皇"使尉屠睢发卒五十万为五军，一军塞镡城之岭（在今湖南靖州），一军守九嶷之塞（在今湖南宁远）……三年不解弛弩"。以后朝廷派遣军队到湖南镇守的记载时常见诸历代史籍。《后汉书·南蛮西南夷列传》记载：东汉建初年间，在平定武陵蛮的分支溇中蛮后，"于是罢武陵屯兵，赏赐各有差"。《元史·刘国杰传》记载："宋尝选民立屯，免其徭役，使御之，在澧者曰隘丁，在辰者寨兵。宋亡，皆废。国杰悉

[①] 张伟然.湖南历史文化地理研究[M].上海：复旦大学出版社，1995：73.

复其制。"到明朝，国家建立了"镇守四方之垦屯军政机关"，其所管理的士兵一般来自外地，遇到战争时上战场，平时则耕种。① 外来的军人长期在驻扎地区生活，他们的方言如果处于弱势就可能被当地方言所同化。明代薛瑄在《过沅州见故乡父老从戎者与道家乡事多有识先人者因赋此》中写道："边城父老旧乡邻，弭节从容问所因。绿鬓已应辞故里，白头犹解识先人。衣衫尚有唐风旧，童稚皆传楚语新。"（《敬轩文集》第八卷）旧时从戎者的后代此时已经被当地人同化，改说"楚语"了。但是也不乏比较强势，能保持自身官话者。道光《永州府志》引用旧的地方志说："州县各在乡谈，听之绵蛮，侪偶相谓如流水，男妇老幼习用之，反以官话为佶屈。惟世家子弟与卫所屯丁则语言清楚，不类躹舌。"

中国古代的封建王朝大多建都于北方，遇到战乱时，百姓流离失所，往往向南方寻求安身之地。谭其骧说："中原人之开始大量来移湖南，湖南之始为中原人所开发，其事盖促成于莽末更始之世。方是时中原大乱，烽烟四起，田园尽芜，千里为墟，百姓皆无以为生，必有南阳、襄阳诸郡之人，南走避于洞庭、沅、湘之间，筚路蓝缕，以启此荒无人居之山林旷土也。"② 根据《续汉书·郡国志》记录，公元2年到公元140年（永和五年）期间，全国户数和人口数减少了20%，但是长沙国户数却反而增长了五倍，人口增长了四倍；零陵郡户数增长了九倍，人口增长了六倍；桂阳郡户数增长了四倍，人口增长了两倍；武陵郡户数和人

---

① 谭其骧. 长水集（上）[C]. 北京：人民出版社，1987：322.
② 谭其骧. 长水集（上）[C]. 北京：人民出版社，1987：301.

口数均增加了30%多。可见当时湖南境内人口数量激增不是自然增长的结果，而是与北方移民有着直接的关联。

西晋末年的"永嘉丧乱"导致"京洛倾覆，中州士女避乱江左者十六七"(《晋书·王导传》)，形成了中原地区向南方大举移民的第一个高潮。为了安定民心，东晋统治者曾根据士族和民众的原籍设立侨郡，安置移民。湖南这一次接受的北方移民较少，只在北边一小部分地区有移民迁入。① 根据《宋书·州郡志》和《晋书·地理志》的记载，当时设置的北方移民区域在现在湖南界内的，有南义阳一郡，南河东半郡。《大清一统志》载："东晋义阳郡在今安乡、澧州界内，隋废，故治在今安乡县西南。……是今日安乡、澧州之地，当时曾有山西、河南之人移殖于斯土也。"《晋志》载："江左又以河东人南寓者于汉武陵郡孱陵县界上明地侨立河东郡。"据《大清一统志》，汉孱陵县地当今湖北之公安、松滋二县，湖南之华容、安乡二县，并澧州之一部分。南河东郡隋废，故治在今松滋县境。大体说来，今华容、安乡、澧州一带，当时曾有山西、河南及江苏、安徽北部的移民定居于此。这次移民想必对洞庭湖一带的古代湘语造成了一定的冲击，对常德一带官话的形成起到了一定的促进作用。

唐朝中期，由于"安史之乱"的爆发，湖南常德一带的户口因为北方移民的涌入而增加了十倍以上。《旧唐书·地理志》记载："自至德后，中原多故，襄邓百姓，两京衣冠，尽投江湘，故荆南井邑十倍其初。"唐末诗人韦庄在《湘中作》中也说："楚

---

① 谭其骧.长水集（上）[C].北京：人民出版社，1987：211.

地不知秦地乱，南人空怪北人多。"周振鹤、游汝杰评论说："如此大量的移民势必带来北方方言的巨大冲击，以至北方方言取代了澧水流域和沅水下游的固有方言。常德地区的官话基础也许在此时已经奠定。"此后经过宋朝300年的发展，"北方话终于由北向南逐步扩大至整个沅澧流域"。①

北方汉语的南下也给南方少数民族的语言造成了冲击。《隋书·地理志》称当时的"蛮""其僻处山谷者，则言语不通，嗜好居处全异，颇与巴、渝同俗"，而"其与夏人杂居者，则与诸华不别"。

至于湖南南部地区，可以肯定的是，至迟清朝已有相当一部分人开始使用官话了，这在清朝到民国的一些地方志中有明确的记载。例如清朝道光版《永州府志》记载："所说皆官话，明白易晓，其间不同者，则四方杂迹，言语各别，声音亦异，其类甚多。"同治版《江华县志》记载："邑人何景槐曰：江邑所说皆官话，明白易晓。其间不同者，由四方杂迹，言语各别，声音异其类，甚多能悉记。"光绪版《兴宁县志》记载："民多汉语，亦有乡谈。"兴宁县即今资兴市。

由于文献记载的缺乏，我们很难判断湖南南部地区的官话具体是在什么时候形成的，以及是如何形成的。张伟然认为，湖南南部官话与宋朝到明朝时期军队驻扎于此有关，它开始时流通于军队和政府内部。②也有人认为湖南南部官话的形成是受外部官

---

① 周振鹤，游汝杰.湖南省方言区画及其历史背景[J].方言.1985，(4)：257—272.

② 张伟然.湖南历史文化地理研究[M].上海：复旦大学出版社，1995：66—67.

话（主要是广西官话）影响的结果。周振鹤、游汝杰认为湖南南部的官话是从广西传过来的："一支北上靖州，结合湖北的影响，使靖县方言官话化，使会同、通道、黔阳方言带有湘语北片特征。另一支自西向东进入湘南，与湘语、赣语接触、交融，形成几类方言混杂的局面。"[①] 范俊军也持类似的观点，认为官话在湖南南部是后起的，最早也只能是在明朝末年以后从中国西南经过广西北部进入湖南南部。从郴州市范围来说，官话最先从广西经过湖南永州市进入郴州市的桂阳县，再向东边扩散到郴州、郴县，再向南边扩散到临武、宜章，甚至广东北部。[②]

当外来的官话在某些地区成了强势方言的时候，就有可能取代当地固有的方言或少数民族语言，但这一过程是渐进的，中间往往要经历双方言的阶段。在湖南永州和郴州境内，城市已基本上被官话覆盖，没有当地固有的土话，但是在农村，甚至在江永等相对比较偏僻的县城还保存着土话，形成土话和官话并存的双方言现象。

如今，官话主要分布在湖南西部和南部的边远区域。为什么官话得以在这些地区形成和存续，却难以渗透到湖南中部的核心区域呢？究其原因，首先是因为湖南的西部和南部属于传统的少数民族地区，汉族和少数民族处于大杂居，小聚居的状态，在这种局面下少数民族语言不可能成为区域内的共同语，而为数众

---

① 周振鹤，游汝杰.湖南省方言区画及其历史背景[J].方言.1985，(4)：257—272.
② 范俊军.湘南（郴州）双方言的社会语言学透视[J].湖南大学学报.2000，(3)：73—79.

多、特征复杂的固有方言当中的任何一种都难以成为强势方言，导致在区域内没有能够形成一致性比较强的非官话方言。其次，不同民族之间，操持不同固有方言的个人或群体之间，区域内居民与官话业已成为强势方言的贵州、广西等省份相邻地区居民之间客观存在的交际需要，使得具有较高社会地位和经济价值、通俗易学的官话具有成为区域共同语的必要性和群众基础。官话就是在这样的背景下在湖南的西部和南部出现并通行开来的。

五、湖南赣语的形成

南宋词人刘克庄从江西萍乡进入醴陵后曾经在《醴陵客店》中说："市上俚音多楚语。"(《后村大全集》第三卷)这说明南宋时期醴陵与其近邻萍乡的方言差距还明显。当时醴陵说的还是"楚语"(湘语的前身)，醴陵赣语的形成当在此后。

周振鹤、游汝杰认为湖南境内的赣语是江西移民大量进入湖南带来的结果。[1] 张伟然对此作了进一步的论证。[2]

历史上确有"江西填湖广"的说法。如果说唐以前，湖南的外来移民主要来自北方，那么五代以后便主要来自东方。谭其骧指出："赣、湘境地相接，中无巨山大川之隔，于是自密趋稀之移殖行动，自然发生矣。故江西人之开发湖南，鲜有政治的背景，乃纯为自动的经济发展。"[3]

---

[1] 周振鹤，游汝杰．湖南省方言区画及其历史背景[J]．方言．1985，(4)：257—272．

[2] 张伟然．湖南历史文化地理研究[M]．上海：复旦大学出版社，1995：66—67．

[3] 谭其骧．长水集（上）[C]．北京：人民出版社，1987：321．

地方志中有大量关于江西移民的记载。例如康熙版《浏阳县志·拾遗志》记载:"浏鲜土著,比间之内,十户有九皆江右之客民也。"民国版《醴陵乡土志》记载:"县境之内,率多聚族而居,在数百年前皆客民也。……醴陵近江西,故族姓亦以来自江西者为多。"

根据谭其骧考证,五代时期江西一共有二十二族移民到湖南。十八族在湘阴,四族在宝庆府(今邵阳),三族在新化,一族在武冈。[①] 宋代湖南境内的江西移民很多,"这些江西人多迁自隆兴府(治今南昌市)、吉州(治今吉安市),主要从北面的修水—汨罗河谷进入洞庭湖平原,从中部今浙赣线所经的湘赣大道入潭州(治今长沙市)、邵州(治今邵阳市),从南部上犹江—耒水河谷进入湘南的郴州、桂阳军、武冈军一带"[②]。《明太祖实录》第二五〇卷记载:洪武三十年(1397),"常德府武陵县民言:武陵等十县自丙申兵兴,人民逃散,虽或复业,而土旷人稀,耕种者少,荒芜者多。邻近江西州县多有失业之人,乞敕江西量移贫民开种,庶农尽其力,地尽其利。上悦其言,命户部遣官于江西,分丁多人民及无产业者,于其地耕种"。

周振鹤、游汝杰认为江西人向湖南迁徙具有如下四个特点:其一,江西移民从湖南的东北向西南、西北、东南三个方向递减,与各地距离江西北部、中部的远近成正比关系。湖南东部的赣语片紧邻江西,其北部的赣语特征比南部更为明显。其二,江

---

① 谭其骧. 长水集(上)[C]. 北京:人民出版社,1987:339.
② 葛剑雄等. 简明中国移民史[M]. 福州:福建人民出版社,1993:315—316.

西移民的出发地点比较集中，主要是泰和、吉安、吉水、安福、南昌、丰城六县。这与江西本省各地开发程度有关。上述六县开发程度较高，缺少闲置土地，却有不少闲人，人们迫于生计，自然会寻求向外移民的出路。与此形成鲜明的对照，江西的南部本身开发程度就比较低，自然不会有太多的人会背井离乡，向湖南移民。其三，湖南北部的移民多来自江西北部，湖南南部的移民多来自江西中部，这就很自然地造成了湖南东部赣语的南北差异。其四，江西移民从唐朝经宋朝到元朝的七百多年里持续增加。湖南东部的赣语区率先得以形成，后代的江西移民越过这个区域，从湘阴经宁乡、新化，深入到湖南西南部，在洞口、绥宁、隆回一带形成了赣语洞绥片。[1]

六、湖南客家话的形成

根据各地族谱的记载，客家人最早进入湖南可能是在宋代，例如茶陵江口黄姓的一支，其始祖就是在南宋淳熙十年（1184）从江西赣州迁移来的。大多数的湖南客家人是在明清朝时期从广东、福建或者经过江西辗转进入湖南的。[2] 平江县最早一批客家先民是在明成化七年（1472）从广东龙川迁移来的。清朝从顺治到乾隆年间，不少客家人先后从现在的梅州、惠州、大浦、平远、蕉岭、乐昌迁移到平江。浏阳客家人的祖先大多来自广东东北部和福建西部的汀江流域，主要是今广东平远、兴宁、梅州等

---

[1] 周振鹤，游汝杰．湖南省方言区画及其历史背景 [J]．方言．1985，（4）：257—272.

[2] 陈立中．湖南客家方言的源流与演变 [M]．长沙：岳麓书社，2003：7—33.

县市。明朝初期和清朝初期，有福建客家人大规模迁移到醴陵，广东客家人迁移到汝城。炎陵县的客家移民主要是清朝迁入的。

客家人进入湖南主要有三个原因。第一，江西"棚民"因为官方捕杀被迫迁移。1948年版《醴陵县志》记载，客家人"习劳尚武，男女并耕，结棚而住，故称之棚民。明亡，常纠集勇壮，头裹红巾，响应郑成功、金声桓以图恢复。……自是清吏之于棚民，捕杀之余，继之以驱逐。棚民既不容于宜春，多散居邻县"。第二，沿海居民因为战争骚扰被迫迁移。1948年版《醴陵县志》记载："顺治间，郑成功据厦门，屡侵掠沿海诸县。清兵追之不能胜，乃颁令迁沿海之民于内地，尽焚其庐舍器物，以绝郑氏海舶所用钉铁蔴油硝磺粟帛。闽粤之人家破流亡，千里远来。"第三，政府引导移民来湖南开荒。明朝末年到清朝初年，境内战乱频繁，导致人口急剧减少。根据同治年间《攸县志》记载："明末兵灾，民窜田荒。"政府"招徕开垦，难敷额数"。于是有大量客家人迁移到湖南开荒。"攸县东乡多山，重岩复岭，延袤百余里。闽粤之民利其土美，结庐山上，垦种几遍。"邑人陈圭在《山行感赋》诗中说他们"语音半南粤，住久不知还"。这些客家移民"性桀骜，俗犷悍，置之户口之外，不免为土著之累"，因而官府"化其性，驯其俗，引而近之"。至今，攸县东乡还有不少人会说客家话。

湖南客家话主要分布区域不大。客家人迁移到湖南的时间比较晚，而且大多是家庭式的迁移，多定居于湖南的东部和南部山区，分布较为零散，因此除了炎陵县境内客家话有较大面积的存在外，客家话在湖南其他县市并没有形成大范围的分布，总体上看在当地属于弱势方言，对本地固有方言的影响不大，而其自身大多面临被同化、替代、消亡的困境。

七、湘南土话的形成

"湘南土话"是对湖南南部地区固有方言群的统称，是相对于当地通行的西南官话而言的。湘南土话主要分布于湖南省南部郴州市所辖的桂阳、嘉禾、宜章、临武、汝城、资兴等县市，以及永州市所辖的芝山、冷水滩、东安、双牌、江永、江华、道县、宁远、新田、蓝山等区县，内部差异较大。

李冬香认为湘南土话是不同时期汉族移民方言的历史积淀以及同当地土著民族语言互相影响的结果，而且到宋朝已经基本形成。[①] 鲍厚星认为湘南土话的形成原因很复杂，概括起来体现在以下几个方面：第一，湘南土话区域处在五岭山脉中，地理情况很复杂；第二，历代移民情况复杂；第三，与当地少数民族频繁接触情况复杂；第四，宗族势力的影响复杂。[②]

从移民史的角度看，从汉朝一直到近代，湖南南部都接受了大量的移民。许多地方不同的族姓说不同的土话，说明有家庭式移民的背景。从语言特征来看，有的相当古老，比如有的土话古知组声母今读塞音，江永桃川土话把"树"叫做"木"，等等，可见有不同时期的历史沉淀。有的土话中存在一些奇特的语言现

---

① 李冬香.从音韵现象看桂北平话和湘南粤北土话的形成［J］.广西民族学院学报.2006,（2）：19—23.

② 鲍厚星.湘南土话系属问题［A］,湘南土话论丛［C］.长沙：湖南师范大学出版社,2004：375—388.

象，例如彭泽润发现，几乎无法找到跟大地岭土话的人称代词一般的汉语方言的对应关系，这有可能是在语言接触的历史过程中受到少数民族语言影响的结果。湘南土话区域处在五岭山脉中，交通闭塞，受偏僻又复杂的地理条件的局限，在自给自足的小农经济时代，难以形成较大范围的人际交流，加之官话成为当地通用语之后进一步将土话限制为小众化的交际工具，最终形成了分歧严重、流通范围小、数量众多、群岛式分布的土话格局。①

广义的湘南土话包括湘南的"土话"和"平话"。目前学术界对这些土话的形成过程还没有足够系统的研究，但是可以初步肯定，这些土话由于其使用地理位置相当偏僻，交通非常闭塞，因此种类繁多，具有早期湘语等方言的特点，而且本身由于语言接触也发生了很多特殊变异。

平话分布在湖南省与广西毗连的道县、宁远、蓝山、通道、城步、绥宁等地。梁敏、张均如认为平话是汉唐以来从中原地区及湖湘等地进入广西一带的移民、商人、官吏、军人所说的汉语，在少数民族语言以及后来其他汉语方言的影响下，经过长期发展而成的一种汉语方言。"在官话和粤方言进入广西之前的一千多年间，古平话曾经是湖南南部和广西南北各地百姓的主要交际用语，也是当时官场和文教、商业上的用语。"②

八、乡话的形成

乡话的使用者（这里暂且称之为"瓦乡人"）自称"果兄

---

① 彭泽润. 湖南宜章大地岭土话的语音特点［J］. 方言. 2002，（3）.
② 梁敏，张均如. 广西平话概论［J］. 方言. 1999，（1）：24—32.

翁",自称其使用的语言为"果兄喳[kɔ⁴¹ɕoŋ⁵⁵tsa³⁵]"。

关于乡话,清代以来文献有所记述。清嘉庆年间,溆浦严如煜所著《苗防备览》记载:"沅陵清水塘、拱胜坪一带与永顺、乾州接界……苗佬猩鼯杂处,无一字可识,偕其同队,作乡语,唔伊之声往往偕是。"乾隆二十年(1755)版《泸溪县志》记载:"五方之风土不同,言语亦异。同一楚语,而群之音异于乡。沅泸相隔不远,其乡谈谜语,语曲聱牙,令人不可晓。泸人亦有能言之者,兹不赘载。泸音浊而促,不审字义,不辨平仄,或因古语或本土音,转而之为谬,失其本意,其所从来久矣。"1907年董鸿勋所修《古丈坪厅志》卷九《十一客族姓编》中指出:"客族姓者,民之介乎民姓土姓之间,其时代大抵后土籍、先民籍,而与章、苗相习久而自成风气,言语自成一种乡音,谓之小客乡语。"

根据杨蔚的研究,乡话分布的区域在历史上曾经是被称为"五溪蛮"的少数民族活跃的地区。[①] 早在公元前202年(汉朝高祖五年)设置沅陵县,属于武陵郡。当时应已有汉族人迁居这里。《后汉书·南蛮西夷列传》注说:"干宝《晋纪》曰:武陵、长沙、庐山郡,槃瓠之地也,杂处五溪之内。"秦汉时期,中央政权曾兴兵平蛮。汉光武帝建武二十四年(49),伏波将军马援"将十二郡募士及刑四万余人征五溪"。唐朝段成式的《酉阳杂俎》记载:"马伏波有余兵十家不返,自相婚姻,有二百余户。"隋唐时期,今沅陵、泸溪、辰溪等地为当时的军事重地,大批汉

---

① 杨蔚.沅陵乡话研究[M].长沙:湖南教育出版社,1999:2—3.

族人随军来到这里，文教事业一度很发达。宋嘉祐三年，政府在沅陵明溪口派驻军队防守，并且分给士兵田地世代耕种。元世祖开通京都到云南的驿道，沿途设置驿站。当时的沅陵、辰溪、泸溪境内设置了界亭、马底、船溪等驿站。这就促进了商品流通，也吸引了一批来自浙江、福建、江西的移民。明清时期，政府继续驻扎军队，让士兵世代耕种田地，吸收移民。在这样的历史和移民背景下，关于瓦乡人的由来可谓众说纷纭：一种说法认为是苗人。本土学者张永家、侯自佳记述了关于瓦乡人由来的三种民间传说：盘瓠子孙说、戎氏阿娘戎氏阿槩相配说、由苗人分化而出说。① 三种传说都表明瓦乡人是苗族的分支。也有人认为瓦乡人与汉族、苗族、土家族属于不同的民族，瓦乡人是一个古老的弱势土著部落的后代。主流的看法还是移民说。据刘兴禄对沅陵部分瓦乡人族谱的调查，瓦乡人多来自江西。② 泸溪县曲望、红土溪、侯家村等瓦乡人聚居地的村民称，他们的祖先都来自江西，为躲避朝廷追杀，编造了一种暗语"挡局"，也就是现在所成的乡话。③ 也有一部分瓦乡人来自其他省份。清同治十二年守忠等所修《沅陵县志》载："县之四塞山川险峻，故元明以来他省避兵者卒流徙于此，今之号称土著者原籍江西十之六七，其江浙豫晋川陕各省入籍者亦不乏。"

  乡话就是历代移民带来的方言在跟当地语言接触以后在这种

---

 ① 张永家，侯自佳. 关于"瓦乡人"的调查报告[J]. 吉首大学学报. 1984, (1).
 ② 刘兴禄. 愿傩回归——当代湘西用坪瓦乡人还傩愿重建研究[D]. 北京：中央民族大学博士论文, 2010.
 ③ 明跃玲. 边界的对话：漂泊在苗汉之间的瓦乡文化[M]. 哈尔滨：黑龙江人民出版社, 2007：42.

偏僻的山区独立保持和发展的结果。伍云姬、沈云清认为："瓦乡话应该是一种混合型的语言。它既保留了中古乃至上古汉语的很多特点，又有湘方言和西南官话的某些特色，在它的底层里还有吴方言和赣方言的影子。"① 这种观点不无道理。

第四节　湖南方言的主要特点

在湖南，西南官话、赣语、客家话大都分布在其外围，具有"外来入侵者"的性质；土话、乡话分布地域都相对有限，且都处于濒危的状态；唯有湘语源自本土，历史悠久，占据湖南的核心地区，虽遭到一定程度的侵蚀，但是仍然保持着顽强的生命力和个性色彩。所以，本节讨论湖南方言的特点，将主要关注湘语的特点。

一、古全浊声母在湖南方言中的读音

早在 1937 年，李方桂先生就第一次将"湘语"作为独立的一区正式提出来，他指出湘语具有如下特征："中古的浊塞音等一般仍读作真正的浊辅音（长沙方言除外）。辅音韵尾-p、-t、-k 一般都丢失了，但入声仍保留作为特殊的调类。"② 董同龢 20 世纪 50 年代在台湾讲授语言学时曾谈道："分布在湖南湘江资水与沅江流域的湘语大体上颇像西南官话，不过，如'平'、'亭'、

---

① 伍云姬，沈云清．湘西古丈瓦乡话调查报告［M］．上海：上海教育出版社，2010：97．
② 李方桂．中国的语言和方言［J］．民族译丛．1980，(1)：1—7．

'群'、'情'、'绸'与'並'、'定'、'郡'、'静'、'宙'等字，有的仍是浊音，有的也显示不久以前还是浊音，这一方面颇与吴语相似。"①

不过，湘语内部在古全浊声母是保留浊音还是清化、是送气还是不送气方面存在差异。

袁家骅等所著《汉语方言概要》指出："我们一向认为湘语同吴语有一个共同特征：一套完整的浊塞音、塞擦音和擦音。……可是湘语区内部就很不一致。……倘以浊声母的有无为标准，可以把湘语分成新老两派或两层。"② 詹伯慧等在《汉语方言及方言调查》指出："北片湘语较多地反映湘语发展的趋势，一般又称为新湘语，南片湘语较多地保留了古老湘语的特色，一般又称为老湘语"，北片湘语"突出的特点便是古全浊声母的清化"，"南片湘语典型的语音特征是古全浊声母今读浊音"。书中归纳了湘语比较突出的八条语音特征，其中第一条就是：③

古浊音系统在南片湘语（老湘语）中比较普遍地保持读为浊音的特点。其中多数地方不管平声仄声，古全浊声母都读浊音。如双峰"大"读 da²、"狂"读 ₅gaŋ，湘乡"排"读 ₅ba，"道"读 dao²，"葵"读 ₅gui，"在"读 dzai²。北片湘语（新湘语）则受官话影响而古浊音清化，不论平声仄声都读为不送气清声母。如长沙"爬"读 ₅pa，"大"读 tai²，"词"读 ₅tsʅ，"就"读 tɕiəu²。

----

① 丁邦新编. 董同龢先生语言学论文选集 [C]. 台北：食货出版社，1974：354—356.
② 袁家骅等著. 汉语方言概要 [M]. 北京：文字改革出版社，1983：102.
③ 詹伯慧等. 汉语方言及方言调查 [M]. 武汉：湖北教育出版社，1991：75—77.

在古全浊声母今湘语是否送气方面，1987年版《中国语言地图集》指出："湘语的主要特点是：古全浊声母逢塞音、塞擦音时，不论今读清音还是浊音，也不论平仄，一律不送气。"① 随着研究的逐渐深入，人们发现"湘方言中，除极少数地方外，古全浊声母舒声字清化后一般不送气，入声字清化后部分送气，部分不送气，有不少地方送气占绝对优势"②。有一些地方的湘语所保留的浊塞音和塞擦音声母也念成送气音。例如新化县城关镇老派音系的浊塞音和塞擦音有 [bʻ]、[dʻ]、[dzʻ]、[dʑʻ]、[dʐʻ] 五个，书中指出"古浊塞音、浊塞擦音声母字在新化方言中大部分读为同部位的送气浊音"，它们"发音时，送气明显"。③ 祁阳县城有浊塞音和塞擦音声母 [bʻ]、[dʻ]、[dzʻ]、[dʒʻ]、[dʑʻ]、[gʻ] 六个，它们"都是送气的"。④ 于是，湘语最主要的特点被作了修订，最突出的变化是"一律"之类的绝对说法变成了相对更具包容性的字眼"一般"。如2002年出版的《现代汉语方言概论》指出：湘语"古浊音声母今逢塞音和塞擦音时，无论保留浊音或是清化，不管平仄，一般都念不送气音"⑤。

二、"猫乳"是何乳？

长沙一带的人把霉豆腐叫做"猫乳"。长沙猫乳大小约一寸

---

① 中国社会科学院和澳大利亚人文科学院合编．中国语言地图集 [M]．图B11及其文字说明．香港：朗文出版（远东）有限公司，1987．
② 陈晖．湘语语音研究 [D]．北京：中国社会科学院研究生院博士学位论文，2004．
③ 罗昕如．新化方言研究 [M]．长沙：湖南教育出版社，1998：3，16—17．
④ 李维琦．祁阳方言研究 [M]．长沙：湖南教育出版社，1998：13，6—7．
⑤ 侯精一．现代汉语方言概论 [M]．上海：上海教育出版社，2002：123．

半见方，两分厚，分红猫乳、臭猫乳、辣椒猫乳三种。红猫乳在加工过程中加了酒，所以又叫糟猫乳，它不用辣椒，而是用红曲着色。臭猫乳的特点是气臭味鲜，因其气难闻，一般人并不常吃，但也有铁杆粉丝。臭猫乳必须要沤得久，所以很软，难用筷子完整夹出来，店家出卖时，一般只能用小而稍平的勺子。辣椒猫乳是用辣椒粉做佐料。

酱园的猫乳是装在一个小口大肚的陶制坛子里，坛口用厚厚的蜡纸密封着。卖完一坛再开另一坛，这样能保证鲜味。旧时没有今天这样精致小巧的包装。想吃的时候，人们就拿一个饭碗到酱园里去买几块。如果觉得拿碗去买有失体面，特别是离酱园远一点的人家，就到酱园里买个小坛子，一小坛能装三十多片。装好后，把印有酱园招牌的红纸放在坛口上，用细麻绳以瓶口结牢牢捆好，让你稳稳当当提着回去。这种小坛子叫猫乳坛子，市面上任何一家瓦货店都能买到。也有小贩挑着担子叫卖猫乳的，于是背街小巷里不时回荡起"红猫乳、臭猫乳、辣椒猫乳"的吆喝声。

为什么长沙等地把霉豆腐叫做"猫乳"呢？原来，霉豆腐在这些地方的方言中也叫"腐乳"，因为方言里［f-］、［x(u-)］音节的字大都混读为 f-，如长沙"符"念 fu^{13}，"化"念 fa^{55}，"飞"和"灰"都读 fei^{33}，"长沙话'腐'、'虎'同音，因早晨忌讳说'虎'，故'腐乳'改称'猫乳'，代之以'猫'，大抵是因为'猫'与'虎'相像，可是使人产生联想"[①]。

---

① 鲍厚星等. 长沙方言词典［Z］. 南京：江苏教育出版社，1993：139.

长沙及长沙附近各县自古即有老虎。长沙市所辖的宁乡县出土的商代青铜器中就有与虎有关的虎纹大铙折显。历代文学作品中更是屡屡将长沙虎事渲染成略带寓言性质的异闻传奇。晋代干宝的《搜神记》中讲了一个传奇故事：长沙有一百姓曾做一笼子捕虎。忽见捕虎的笼子中竟然端坐着一位亭长，赤头巾高帽子，于是问他坐在笼中的原因，亭长怒道："昨天被县太爷公事召集，误入这笼子中间了。"据明、清时期官修的《长沙府志》、《长沙县志》、《湖南通志》及个别私人笔记上的记载，长沙城南远郊的豹子岭、磨盆山，长沙南城墙外的西湖桥、碧湘街民居集聚地，都曾有老虎出没，甚至曾有老虎从西城门通泰门旁的水洞钻进老城区通泰街，趴卧在一户人家的铺台下，还有老虎从小吴门窜到繁华的小东街（今中山路）上。《湖南历史资料》1980年第2辑（总第12辑）、1981年第1辑（总第13辑）录有清代周康立1835年所撰之《楚南史赘》，此书征引书目绝大多数今已失传。《楚南史赘》记述了明崇祯元年至清康熙十八年（1628—1679）的湖南史事，其中有多处提到长沙及其周边地区的虎事，如：

戊子，五年（即清顺治五年，1648年），春，长沙、浏阳，虎昼食人。

己丑，六年，秋七月，长沙疫。浏阳、益阳，虎群行，食人。

戊丑，十五年，夏五月宁乡、浏阳虎乱。

庚子，十七年，春二月，长沙虎见，一虎见于长沙旧南门外民居后，一虎见于北门外城下，皆杀之。

辛丑，十八年，长沙虎见，自郡城西湖桥至碧湘街民居，兵围杀之。

壬寅，康熙元年（1662），春，宁（乡）益（阳）道中，虎白昼食人。

甲辰，三年，虎入湘潭城，食人畜……

著名剧作家田汉曾创作《获虎之夜》，相信这是长沙乡村生活留给他的印迹。民国时期，长沙一些药店为打字号竟多以生杀虎、鹿为号召。1931年中秋前后，当时的湖南商药局为了在商业竞争中取得压倒江西帮的优势，从浏阳买进一只雄虎，广而告之，吸引长沙市民哄拥至现场观看杀虎。为此，特意请西湖桥杀猪第一把刀袁十三胖子来屠宰，这位袁屠竟然从湘剧戏班子湘春园里借来"打虎英雄"武松的全套戏服"恭敬"上台，在当时这既是一种商业行为，据老人们说也是因为长沙地区对虎神始终有一种由衷的天然敬畏。[①]

长沙所在的南楚地区自古巫风炽烈，由于茂盛的森林里多有老虎出没，人们的记忆中深有"恐虎症"，导致了方言运用上产生了对"虎"的忌讳。人们见猫与虎"相似形"，同为猫科动物，但猫却比虎个头小得多，在人前也温顺得多，便以"猫"代称"虎"，甚至也用来代替在方言中与"虎"同音的"腐"、"府"等字。湖南许多地方均管老虎叫"老虫"，长沙又叫"大虫"、"大

[①] 任波. 长沙虎事旧闻录. 新浪网：http://news.sina.com.cn/c/2004-03-07/08031984078s.shtml, 2004年03月07日 08:03.

猫"，韶山又叫"山猫"。长沙话还管老虎钳叫"猫头钳子"[mau³³təu¹³tɕiẽ¹³tsʅ⁰]。至今，老一辈长沙人口头上还把府正街叫做"猫正街"、府后街叫做"猫后街"。"文夕大火"前曾有一本《长沙市指南》，里面录了一首犯忌歌，原文是"早晨起来，被窝一拊，鞋子一抡，走到府正街，捡只乾隆钱，买只油炸鬼（鬼）"。其中的"拊"、"府"（谐音"虎"）、"抡"（谐音"龙"）、"鬼"可都是犯忌讳的词眼，老长沙人听到是会报以会心一笑的。老长沙人忌讳与"虎"同音的"腐"字，把豆腐叫做"豆干子"。如此，"腐乳"叫做"猫乳"也就顺理成章了。

三、福蓝是哪个省的？

网上流传有这么一个笑话：

大一，刚刚开学的时候，各地的同学都不认识，上课前我问同桌：你是哪儿的？

答曰：福蓝的。

我愣了一下，又问了：福蓝是哪个省的？

同桌：$#@^%%$^%$#

原来那位同学是湖南人。湖南一些地方的方言不仅 f [f-]、h [x(u-)]相混，而且 n、l 不分。也就是说，古泥（娘）母字和来母字在这些地方的方言中声母有混同的现象。一般是古泥（娘）母字混入来母字，念 l。如长沙方言泥（娘）、来两母混读的情况是洪音前相混，例如：奈＝赖 [lai⁵⁵]，脑＝老 [lau⁴¹]，努＝鲁［ləu⁴¹］，南＝蘭［lan¹³］，农＝龙［loŋ¹³］；但长沙方言泥（娘）、来两母在细音前不混，泥母读n̠，来母读l，例如：年［n̠iē¹³］≠连［liē¹³］，娘［n̠ian¹³］≠良［lian¹³］，聂［n̠ie²⁴］≠烈［lie²⁴］。上面一则笑话中的同桌把"南"说成了"蓝"音，再加上把"湖"说得与"福"音相近，难怪"我"会不知同桌所云，以至于问出这样的问题："福蓝是哪个省的?"

也有在细音前n、l都不分者。再看一则方言笑话：

丈母娘_{岳母}最疼的三女婿是个大舌头，讲话不圞_{流利}。丈母娘经常搞_做点好东西留哒_{留起来}给三女婿呷_吃，大女婿和二女婿看哒_了心里好不舒服，总想找个机会害他一下。一天，丈母娘炖了一沙锅子牛肉藏在灶脚弯里留给三女婿呷，被大女婿和二女婿晓得哒，两个人偷偷地把牛肉都呷嘎哒_{吃完了}，又偷偷地放一些干牛屎在沙锅里。

三女婿来哒后，丈母娘把他喊得_到边头_{旁边}，把沙锅端出来给他呷牛肉。三女婿夹起一块，放得口里一呷，就喊："liuqi!"意思是："这是牛屎!"丈母娘说："哎，留起呀？莫留起啰，呷嘎呷嘎!""liuqi! liuqi呢!""莫留起啰，呷嘎呷嘎! 把它下_全呷圆啰!"

三女婿把"牛"说成liu，结果被岳母理解为"留"，真是有苦难言啊。

湖南人学说普通话，往往有人矫枉过正，把本该念［l］的字也念成鼻音［n］或［n̠］，闹出"刘群"变"牛群"一类的笑话：

省里组织各地语委的人去澳大利亚和新西兰进行为期10天的考察。一同去的某市一位教育局负责人是湖南人，一路上闹出了不少语言笑话。到达澳大利亚，看着遍地的牛羊，大家欣喜若狂，这位老兄更是大发感慨，指着山坡上的奶牛对我（我的名字是刘群）说："牛群，看那群牛！"引得大家都笑了：怎么刘群变成牛群了？走到公园看着盛开的花，他又喊："菊（朱）丹，快看'大红发'！"哈哈，原来他是n、l不分，f、h不分。

把"朱"说得像"菊"，反映的是一些地方的湖南方言古"照"系合口韵字声母转念为舌面前声母tɕ-、tɕ'-、ɕ-的现象。如长沙方言"朱"念tɕy^{33}，"主"念tɕy^{41}，"春"念tɕʰyn^{33}，"出"念tɕʰy^{24}，"书"念ɕy^{33}，"暑"念ɕy^{41}，全都是舌面前声母。这样就形成"朱"与"居"、"出"与"屈"、"书"与"虚"不分的局面。

四、栏里有草

有一则老方言笑话：

过去没有冰箱，剩饭就装在饭篮子里头。有一天，临时来了客人，娭毑（奶奶）怕新鲜饭不够，就告诉客人："冒事（没关系）啰，放心呷，少哒篮里还有炒。"结果被客人听成了"（牛）

栏里还有草"。

之所以"炒"被听成了"草",是因为湘方言区各地大都只有ts、tsʻ、s而没有tʂ、tʂʻ、ʂ。平翘舌音不分给百姓的语言生活增添了许多笑料。再看下面一段对话:

女儿:娘老子_{妈妈}哎,我咯_这件毛衣送得_给虫弹烂哒喋。
母亲:你要放点子臭……放点臭……
父亲:老婆子,放醋啊?还放点酱油放点味精啵?
母亲:死老头子,碰哒神经咧!我……我是要满_{晚,排行最小}妹子放点臭蛋丸子_{樟脑丸子}咧!

长沙方言其实老派是有ts、tsʻ、s与tʂ、tʂʻ、ʂ的区别的,古知章组与精庄组字读音不同:

知 tʂꞏ³³ ≠ 资 tsꞏ³³   持 tʂꞏ¹³ ≠ 祠 tsꞏ¹³   潮 tʂau¹³ ≠ 曹 tsau¹³
止 tʂꞏ⁴¹ ≠ 子 tsꞏ⁴¹   烧 ʂau³³ ≠ 骚 sau³³   昌 tʂʰan³³ ≠ 仓 tsʰan³³
抽 tʂʰəu³³ ≠ 初 tsʰəu³³   珍 tʂən³³ ≠ 争 tsən³³   琢 tʂo²⁴ ≠ 捉 tso²⁴
周 tʂəu³³ ≠ 邹 tsəu³³   售 tʂəu¹³ ≠ 愁 tsəu¹³   收 ʂəu³³ ≠ 搜 səu³³

新派无卷舌音,只有ts、tsʻ、s。上面这12组字各组都分别同音,读如后字。总体上看,新派居于多数,老派居于少数,在郊区及农村则仍为老派。

五、益阳如此多 [l]

在益阳，正月初一，人们出门回来时，都要折一根樟树枝柴带回家插到门上以图吉利，称"接财神"，因为"柴"与"财"同音 [lai¹³]。"长寿"与"长路"同音 [laŋ¹³ləu²¹]，所以乘车时，售票员在问过年纪大的乘客去哪儿后，如果是长途的客人，他们一般都会说"您老人家是长路啰"，话语中含祝福长寿之意。

外地人笑话益阳人讲客气，动不动叫人"进来坐一会，吃碗热茶"[tɕin⁴⁵ lai⁰lo²¹i⁴⁵uei²¹, tɕʰia⁴⁵uə²¹ȵiə⁴⁵la¹³]，常常会笑益阳人把"一条蛇，丈把长"[i⁴⁵liau¹³la¹³, laŋ¹¹pa⁴¹laŋ¹³]、"大码头"[lai¹¹ma⁴¹ləu¹³]中的"条蛇丈长大头"等字的声母读成 [l]。最能反映益阳方言边音声母字多的一句话是："地上一条蛇，丈把长，泼哒了一碗热茶，□烫得它乱爬乱爬，爬得到壁墙上，舌子直射。"[li²¹laŋ⁰i⁴⁵ liau¹³ la¹³, laŋ²¹ pa⁴¹₂₁laŋ¹³, pʰə⁴⁵ ta²¹ i⁴⁵ uə⁴¹₂₁ȵiə⁴⁵ la¹³, o⁴⁵ tə⁴⁵a³³ lə²¹ la¹³ lə²¹ la¹³, la¹³ tə⁴⁵ pia⁴⁵ laŋ²¹, sə⁴⁵ tʂɿ⁰tʂʰɿ⁴⁵ la²¹] 其中"地、上、条、蛇、丈、长、茶、乱、爬、射"都是 [l] 声母字。

益阳方言多 [l] 的现象早在清同治十二年编修的《益阳县志》中就有记载："陈成皆曰仁……钱曰连。"至今益阳方言仍然是"陈成仁"三字同音，读 [lən¹³]；"钱连"二字同音，读 [liə¹³]。

陈蒲清在《益阳方言的边音声母》一文中指出："益阳方言的主要特点是边音 [l] 声母字较多，特别是桃江县的板溪和大栗港一带。"[1] 他就桃江县板溪和大栗港一带 [l] 声母字的来源及

---

① 陈蒲清. 益阳方言的边音声母 [J]. 方言. 1981, (3)：209—214.

发展趋势作了详细的分析，整理出了桃江大栗港一带方言的［l］声母字表，统计出此地的［l］声母字共有531个，其中有三百多字，益阳读［l］声母，北京分别读 p^h（爬~山）、m（们我~）、t（袋）、t^h（同）、n（南）、ts（坐）、ts^h（曹）、s（随）、tʂ（丈~把长）、$tʂ^h$（茶）、ʂ（蛇）、ʐ（人）、tɕ（匠）、$tɕ^h$（齐）、ɕ（徐）等声母。益阳方言［l］声母字除了来源于古来母字，韵母今念开口呼的古泥母字，以及少部分古日母字外，尚有一半来自"定从邪澄崇船禅"七个古全浊声母的字。

1992年编印的《益阳县志》也谈道："益阳方言的［l］声母字很多，这一特点在汉语各方言中是最突出的。"[1] 曾毓美在《湖南益阳方言同音字汇》中称："益阳方言今读［l］声母的字特别多。这一点是益阳方言区别于周围长沙、娄底、常德等地方言的最重要的特点，在汉语其他方言里也是不多见的。"[2] 雷雨良也曾就桃江三堂街话与益阳话、普通话的［l］声母作过比较研究。[3] 徐慧在《边音声母字多是益阳方言的主要特点——读〈湖南方言调查报告〉》一文中，对《湖南方言调查报告》中只立了［n］音位，没有立［l］音位，并认为"［n］是一个变调音位，有时也偶尔读成［l］，但大都是读［n］"的做法提出质疑，她认为"［l］声母字多是益阳方言一个非常重要的特点，它不是'偶尔'的问题，而是特别突出"。她根据《方言调查字表》（1981年12月版）

---

[1] 益阳县志编委会．益阳县志（内部发行）[M]．1992：781．
[2] 曾毓美．湖南益阳方言同音字汇[J]．方言．1995，(4)：278．
[3] 雷雨良．三堂街话、益阳话和普通话里［l］母的异同[J]．益阳师专学报．1998，(2)：92—95．

记录统计，益阳方言读［l］声母的字共有406个。其中有196个字在益阳话里读［l］声母，在北京话里则分别读 p^h、m、t、n、ts、ts^h、s、tɕ、$tʂ^h$、ʂ、ʐ、tɕ、$tɕ^h$、ɕ、ø。[①]

据聂小站调查[②]，古定母字今读成［l］声母的情况主要分布在桃江的马迹塘、板溪农场、三堂街、修山、大栗港、罗家坪、武潭镇、乌旗山，安化的羊角塘镇等地。古从、邪、禅、崇、澄、船母字今读［l］声母的情况分布范围较广泛。桃江，资阳区，赫山区除欧江岔一带以外的其他地区，安化除东坪、烟溪一带的其他乡镇，沅江除赤山以外的地区，南县三岔河，汉寿的军山铺以及湘阴的南湖一带都有部分古从、邪、禅、崇、澄、船母字今读［l］声母。

为数众多的［l］声母字造就了一些颇具趣味性和地方特色的谜语、谚语和歌谣等。先看两条谜语：

黄竹筒，尾巴长，日里打筋斗，夜里歇凉。

[aŋ^{13}təu^{45}tən^{13},uei^{41}pa^{45}laŋ^{13},ȵiə^{45}liə^{0}ta^{41}tɕin^{33}təu^{41},ia^{21}liə^{0}ɕiə^{45}liaŋ^{13}]

（谜底：舀水的竹器）

满身牙，不食烟火不喝茶，铁匠把我打，山上满地爬。

---

① 徐慧. 边音声母字多是益阳方言的主要特点——读《湖南方言调查报告》[J]. 湛江师院学报.1999, (1): 97.

② 聂小站. 益阳方言边音声母研究［D］. 湘潭：湘潭大学硕士学位论文, 2006.

54

[mə⁴¹sən³³ŋa¹³,pu⁴⁵tɕʰia⁴⁵iə³³xo⁴¹pu⁴⁵tɕʰia⁴⁵la¹³,tʰiə⁴⁵liaŋ⁰pa⁴¹ŋo⁴¹ta⁴¹,san³³laŋ⁰mə²¹ti²¹la¹³]

（谜底：耙头）

这两则谜语中的"长"、"凉"、"茶"、"爬"都念成 [l] 声母，富于趣味性。再看两条谚语：

岳母见了郎，屁股不挨床。
[io⁴⁵mo²¹tɕiə̃⁴⁵liau⁰laŋ¹³,pʰi⁴⁵ku²¹pu⁴⁵ŋai¹³laŋ¹³]

益阳一般将女婿称作"郎"。这句谚语形象地描绘了丈母娘见到女婿时高兴的心理和招待的热情。"床"和"郎"在益阳方言中都念成laŋ¹³，念起来押韵。

禾起虫，舞火龙。
[o¹³tɕʰi⁴¹₂₁lən¹³,u⁴¹xo⁴¹lən¹³]

这句谚语说的是一种禳虫灾的活动：如果禾苗长了虫子，人们就在晚上舞动火把驱赶害虫，舞动的火把形状像龙，虫见了害怕就不敢再出来了。"虫"和"龙"都念成lən¹³。

再看民歌《世间最苦单身娘》节选的片段：

梦里有人打主意，[mən²¹liə⁰iou⁴¹ɲin¹³ta⁴¹tɕy⁴¹i⁴⁵]
醒来冷汗湿衣裳。[ɕin⁴¹lai¹³lən⁴¹ã²¹sʅ⁴⁵i³³laŋ₀¹³]

55

只有月光可怜我，[tsʅ⁴¹iou³¹ yə⁴⁵kaŋ³³kʰo⁴¹liə̃¹³ŋo⁴¹]

想起丈夫哭一场。[ɕiaŋ⁴¹tɕʰi⁰laŋ²¹fu³³kʰu⁴⁵i⁴⁵laŋ¹³]

这些民歌原本就押韵，用益阳话说起来更加朗朗上口了。

由于许多在普通话或其他方言中声母不同的字在益阳方言中都读成了［l］声母，因此益阳方言中存在大量的［l］声母同音字。如［lən¹³］这个音节就包括了如下的一些字：论伦崙沦轮＝龙笼隆＝农脓浓＝囵沌＝同筒铜桐童瞳＝存＝从丛＝沉陈尘辰晨＝唇＝成城诚盛~饭呈程承丞乘媵＝神＝绳＝仁人壬任姓~＝仍＝旬荀。难怪外地人开玩笑说：学益阳话容易，只要把声母发成［l］就可以了。

同音语素过多会给人们的语言生活带来一些消极的影响。有一个名叫聂仲冬的人。由于益阳话中"仲冬"与"认真"同音，都读lən²¹tən³³，在办理身份证时工作人员没有弄清楚，结果把他的名字误写成"聂认真"，给他的生活带来了不少麻烦。①

受长沙话和普通话的影响，益阳方言中的边音字有减少的趋势。这个发展趋势表现为三多三少：山乡边音字较多，城镇较少；旧词边音声母较多，新词较少；白读边音声母较多，文读较少。

此外，湖南方言还有其他一些重要的特点，如：

（1）湘方言大都不分尖团，但有少数地区，如湘中株洲、宁乡、衡山、湘西溆浦等地，有分尖团的现象，"西"念ɕsi而不同于

---

① 聂小站．益阳方言边音声母研究［D］．湘潭：湘潭大学硕士学位论文，2006：27．

"希"[$\,_c\text{ɕi}$],"酒"念$_c$tsiəu而不同于"久"[$\,_c\text{tɕiəu}$],"小"念$_c$siau而不同于"晓"[$\,_c\text{ɕiau}$]。新派长沙话不分尖团,"精"、"经"都念$_c$tɕin,"细"、"戏"都念ɕi²,但老派有尖音和团音的区别,如:

妻 tsʰi³³ ≠ 欺 tɕʰi³³　　齐 tsi¹³ ≠ 奇 tɕi¹³　　西 si³³ ≠ 希 ɕi³³

小 siau⁴¹ ≠ 晓 ɕiau⁴¹　　酒 tsiəu⁴¹ ≠ 久 tɕiəu⁴¹

(2) 鼻音韵尾在湘方言中一般是前鼻音-n多、后鼻音-ŋ少。如新派长沙话已经完全没有-ŋ尾韵而只有-n尾韵了,"方便"读成 fan³³ piẽ⁵⁵,"欢迎"读成 fan³³ in¹³。古通摄舒声字长沙人大都念同臻摄,如"东"念$_c$tən,"工"念$_c$kən,"红"念$_c$xən,"宋"念sən²,"熊"念$_c$ɕin,"勇"念^{c}in,结果是古深、臻、曾、梗、通等摄的字都混念ən、in两韵母。

与此同时,鼻尾韵向鼻化韵转化的趋势也相当普遍。如长沙话"搬"念$_c$põ,"端"念$_c$tõ,"官"念$_c$kõ。

(3) 湘方言大都有入声,声调数目一般是五个到六个。六个则平、去分阴阳,上、入不分阴阳;五个则平声分阴阳,上、去、入不分阴阳。湘方言的入声调字一般都没有伴随塞音韵尾,是所谓的"假入声"。如长沙的入声调值是24,并没有塞音韵尾,入声字"一"念 i²⁴。

(4) 湖南人讲话普遍比较快,有种心直口快的豪爽之感;同时,语调一般都比较高,有时候讲话就像是在吵架。这可能是因为从调型上看,湖南方言一般平调、曲折调较少,升调、降调比较多,且升、降的幅度都比较大;调值偏高的较多,低调较少。

六、古老的方言词语今日犹存

西汉扬雄所著《輶轩使者绝代语释别国方言》（以下简称《方言》）等古代文献中所记载的方言词语有的至今仍活跃在湖南地区的方言中。兹举几例：

夥 《方言》卷一："凡物盛多谓之寇。宋齐之郊，楚魏之际曰夥。"《广韵》果韵胡果切："夥，楚人云多也。"今湖南方言中"夥"很少单独成词，而是构成"夥泡"、"堆夥"、"坏夥"等复合词。《长沙方言考》百一："长沙今言事业盛大者曰夥泡。"[①]鲍厚星等《长沙方言词典》第126页："【坏夥】$p^hei^{33} xo^{41}$指人的身躯、个头，多就高大强壮者而言：那个人好大的～。"又第129页："【堆夥】$tei^{33} xo^{41}$成堆的物品的体积（多言其体积大，分量多）：五角钱买咯多红薯，那有～｜五斤苹果只有咯多子，连不现～。"

晓 《方言》卷一："党、晓、哲，知也。楚谓之党，或曰晓，齐宋之间谓之哲。"《广韵》篠韵馨皛切："晓，曙也，明也，慧也，知也。"今湖南各地"知道"义多说成"晓得"$[\textctc iau^{41} tə^0]$。

瘍 《方言》卷三："凡饮药傅药而毒，南楚之外谓之瘌，北燕朝鲜之间谓之瘍……自关而西谓之毒。"《广韵》号韵郎到切："瘍，瘍瘌，恶人。《说文》曰：朝鲜谓饮药毒曰瘍。"《长沙方言续考》七十一："今长沙以药毒鱼、毒鼠曰瘍鱼、瘍鼠。树达按：语其药则曰瘍药。"《长沙方言词典》第147页："【瘍】

[①] 泡：《方言》卷二："泡，盛也。……江淮之间曰泡。"

lau^{11}毒：咯种药可以～死人｜△犯法的不做，～人的不喫。"又："【瘆药】lau^{11}io^{24}①毒药。"

箲 《方言》卷五："簟，宋魏之间谓之笙……自关而西谓之簟，或谓之箲。"晋郭璞注："今云箲，篾篷也。"《方言校笺》："箲字亦当作箲。"《集韵》薛韵之列切："箲，《博雅》：笙、箲，席也。"《广雅·释器》："箲，席也。"《长沙方言词典》第103页："【篾箲（子）】mie^{24}tʂə^{24}（tsʅ^{0}）=〖簟箲（子）〗tiẽ^{11}tʂə^{24}（tsʅ^{0}）用粗篾编制成的竹席，多用来晒粮食等，也可用来搭棚子或作他用。"又第224页："【扮箲】pan^{55}tʂə^{24}=〖挡箲〗pan^{41}tʂə^{24}打稻子时围插在木桶上方的粗篾席，用以防止谷粒散落。"

革 《方言》卷十："㦿鳃、乾都、耇、革，老也。皆南楚江湘之间代语也。"郭璞注："皆老者皮色枯瘁之形也。"《长沙方言词典》第145页："【老革哒】lau^{41}kə^{24}ta^{0}（人和蔬菜等）很老了：咯张画冇画好，你把他画得～的｜苋菜买不得哒，已经～唉。"

㯱 《方言》卷十："伈、㯱，轻也。楚凡相轻薄谓之相伈，或谓之㯱也。"《广韵》笑韵匹妙切："㯱，㯱狡轻迅。"《长沙方言词典》第154页："【票】p^{h}iau^{55}用甜言蜜语诱人，以获取利益：你莫～我｜你咯是～我的吧？｜你莫信他的～｜△长沙里手湘潭～旧说长沙人喜欢自称内行,湘潭人善以甜言蜜语诱人以获取利益。"这里的"票"当同"㯱"。《娄底方言词典》第135页："㯱p^{h}iɤ^{35}轻佻：△长沙里手湘潭～旧说长沙人爱充内行,湘潭人性格轻佻，湘乡ŋ^{11}ŋa$^{44}_{33}$我们做牛叫。"又："㯱腔

---

① 原书作^{13}，今更正。

$p^hiɤ^{35}tɕ^hioŋ^{44}_{33}$[～$t^hɔŋ^{44}_{33}$]油嘴滑舌的腔调。"

仈 《方言》卷十："仈、僄，轻也。楚凡相轻薄谓之相仈，或谓之僄也。"《广韵》梵韵孚梵切："仈，轻也。"杨树达《长沙方言考》九十八："今长沙谓相戏谑曰仈子，即轻薄子之意也。"《长沙方言词典》第164页："【逗仈子】təu⁵⁵ fan⁵⁵ tsʅ⁰ 故意开玩笑（常用于贬义）：咯是正经事情，你就莫～哒！｜你莫逗我的仈子。"

拌 《方言》卷十："拌，弃也。楚凡挥弃物谓之拌。"郭璞注："音伴。"《广韵》缓韵蒲旱切："弃也。"《集韵》换韵普半切："拌，弃也。"《长沙方言词典》第225页："【□】pʰan¹¹（随意地）丢：把书包对桌上一～就跑出去哒｜不晓得你把病历本子～得哪里去哒哝。"方框所代表的音节从音韵和意义来看都可写作"拌"。

鸡头 《方言》卷三："莜、芡，鸡头也。北燕谓之莜，青徐淮泗之间谓之芡。南楚江湘之间谓之鸡头，或谓之雁头，或谓之乌头。"《长沙方言词典》第15页："【鸡头菱】tɕi³³ təu⁰ lin¹³ ＝〖芡实子〗tɕʰiẽ⁵⁵ ʂʅ²⁴ tsʅ⁰ 鸡头米，芡的种子，供食用，又可制淀粉。"

茅栗 《广韵》薜韵良薜切："栵，细栗。《尔雅》云栵栭，今江东呼为栭栗，楚呼为茅栗也。"《长沙方言考》三十五："今长沙正云茅栗。"《长沙方言词典》第140页记作"毛栗子"："【毛栗子】mau¹³ li²⁴（或 li⁵⁵）tsʅ⁰一种野生的栗子，果实类似板栗而颗粒较小。"

长沙有个经典笑话，叫做《老娭毑卖葵花子》：

一个老娭毑在五一路边上炒葵花子，边炒边卖。

一天，就在她的摊子边上有人在吵架，围哒好多人看，有个满哥_{小伙子}路过，看不到，就问咯_这只↑老娭毑："娭毑哎，咯边是么子_{什么}事啰？"

老娭毑："长沙市咧！"

那只满哥马上讲："不是的咧，我是问咯边是么子路咧。"

老娭毑："五一路吵！"

满哥急噶哒："你喃_{您老人家}搞错哒，我是问咯里在吵么子咧！"

老娭毑："炒葵花子咧。"

笑倒⋯⋯

"娭毑"是长沙人对祖母的称呼，也用作对老年妇女的尊称。《长沙方言词典》第120页："【娭毑】ŋai³³tsie⁰①祖母：他的～今年七十岁哒；②对老年妇女的尊称：张～｜李二～｜易满～。"又第145页："【老娭毑】lau⁴¹ŋai³³tsie⁰①曾祖母；②对年岁较大的老年妇女的尊称。"第173页："【叔娭毑】ṣəu²⁴ŋai³³tsie⁰叔祖母。"第28页："【姑娭毑】ku³³ŋai³³tsie⁴¹姑奶奶，父之姑母。"第19页："【姨娭毑】i¹³ŋai³³tsie⁴¹姨奶奶，父之姨母。"《广雅·释亲》："毑，母也。""毑"是"姐"的古字。《玉篇》："姐，古文作毑。""姐"是蜀人（羌人）对母亲的称谓。《说文解字》："姐，蜀谓母曰姐。"段玉裁注："姐，方言也，其字当蜀人所制。"《广韵》马韵兹野切："姐，羌人呼母。"《集韵》马韵子野切："姐、毑、她、媎，《说文》：'蜀谓母曰姐。'淮南谓之社，古作毑，或作她、姞。"章炳麟《新方言》卷三："今山西汾州谓母为姐。湖南别谓祖母为唉姐。"① 除了长沙之外,湖南还有许多地方有类似的称谓。如常宁市的东路和白沙一带称母亲为"姐"。② 祁阳方言称母亲为"阿姐"。③《宁乡县志》："祖曰阿公,祖母曰娭姐。遇老年男女,亦以此称之示敬。"④ 可见,"姐"(媸)在湖南一些地方仍表母亲义,在长沙等地则转指祖母,并可泛化为对老年妇女的称谓;"娭"则可能是附加在其前面的前缀"阿"音变而来的。

七、丰富的"子"尾词

听湖南人说话,你会感觉"子"尾词特别多。的确如此。据对北京大学中国语言文学系语言学教研室所编《汉语方言词汇》(第二版,语文出版社,1995)的统计,书中共收词目1230个,各代表点中长沙话的"子"尾词最多,共268个;双峰话次之,有215个。⑤ 崔振华所著《益阳方言研究》一书中"子"尾词多达645条。⑥ 这些"子"尾词有的在普通话中也有,有的则是普通话中没有的。

鲍厚星等所编《长沙方言词典》收录了长沙方言中的大量"子"尾词。其中绝大多数是名词,从意义上看,涵盖天文、气

---

① 章炳麟. 章太炎全集(七)[C]. 上海:上海人民出版社,1999:84.
② 吴启主. 常宁方言研究[M]. 长沙:湖南教育出版社,1998:147.
③ 李维琦. 祁阳方言研究[M]. 长沙:湖南教育出版社,1998:147.
④ 徐宝华,宫田一郎. 汉语方言大词典[Z](第四卷). 北京:中华书局,1999:5225.
⑤ 罗昕如. 湘方言词汇研究[M]. 长沙:湖南师范大学出版社,2006:189—190.
⑥ 徐慧. 益阳方言语法研究[M]. 长沙:湖南教育出版社,2001:44.

象、时间、植物、动物、器具、人、人体器官、服饰、饮食、言语等许多方面①。光是表人的"子"尾名词，其数量就相当可观，例如：

家爷老子_{媳妇对公公的背称,也简称"家爷"}、岳老子＝丈人老子_{岳父,一般用于背称}、后娘（子）_{继母}、姑爹＝姑爷子_{姑夫}、姑子≈姑妈_{姑母,姑子未嫁,姑妈已嫁,某些情况下也不加区别}、姨子≈姨妈_{姨母,姨子未嫁,姨妈已嫁,某些情况下也不加区别}、嫂子_{兄之妻}、姐夫子_{姐夫}、妹夫子＝妹郎子_{妹夫}、伯爷子_{丈夫之兄}、大姑子_{夫之姐;父之姐}、细姑子_{丈夫之妹;父亲之妹}、满叔子_{夫之弟中排行最小者}、舅子_{妻之兄或弟}、大舅子_{妻之兄}、小舅子_{妻之弟}、细舅子＝满舅子_{最小的内弟}、大姨子_{姨姐}、姨妹子_{妻之妹}、满姨子＝完姨子_{妻之妹中排行最小者}、媳妇妹子_{刚过门的儿媳妇}、郎崽子_{女婿,也简称"郎"}、佺儿子_{佺子}、佺女子_{佺女儿}、佺郎子_{佺女的丈夫}、外佺伢子_{外甥}、孙伢子＝孙崽子_{孙子}、孙女子_{孙女儿}、孙郎子_{孙女婿}、外孙子_{女儿之子}、曾孙子_{重孙}、老班子_{老辈人}、大人子_{大人;也指父母、祖父母}、老倌子_{老头儿,老头子(无明显感情色彩的区别);丈夫(用"老倌子"称自己的丈夫,一般是上了年纪的夫妻,年轻夫妇如此说,多带诙谐意味)}、后生子_{小伙子}、大汉子_{身材高大的男子}、新娘子_{新娘}、洋婆子_{对外国女人的俗称}、小婆子_{妾,小老婆,也叫"小堂客"}、月婆子_{产褥期中的妇女}、婆婆子_{老太婆,又用作对妻子的俗称}、伢子_{男孩儿,男青年}、红花伢子_{童男}、徒弟伢子_{徒弟}、青年伢子_{小伙子}、看牛伢子＝放牛伢子_{牧童}、毛伢子_{一般指比婴儿稍大一些的小孩儿}、学徒伢子_{学徒}、学生伢子_{学生}、细伢子＝细人子＝伢细子_{小孩儿}、伢崽子_{男孩儿}、妹崽子_{小女孩儿}、鬼崽子_{骂小孩的话,又用作昵称}、野崽子_{私生子}、鸡屎粒子＝小粒子＝小鸡屎粒子_{小孩儿(多含贬义)}、妹子_{姑娘;女儿;放在人名或姓氏后,表示}

---

① 罗昕如.湘方言词汇研究[M].长沙：湖南师范大学出版社,2006：192—193.

对少女的称呼,如兰英~、莉~、张~、**伢妹子**小孩子,有时也可指青年,一般用于复数、**细妹子**小女孩、**它它妹子**身材矮胖的姑娘、**学生妹子**女学生、**水妹子**不正派的女青年、**红花妹子**处女的俗称、**妹子身家**姑娘家(一般用于提醒少女注意检点)、**干娘子**受雇只给人家带小孩而不喂奶的妇女、**师公子**巫师、**师傅娘子**师傅的妻子、**女工嫂子**女仆、**杂货担子**本指货郎担,比喻什么都能,但什么都不擅长的人、**告化子**乞丐,称叫化子、**大告化子**叫化子头儿、**奶操子**从小就训练的人、**差狗子**旧时对衙役的憎称、**贼牯子**贼、**婊子**妓女、**票贩子**、**光眼瞎(子)**文盲、**行角(子)**能干的人、**猛子**性情急躁、行动鲁莽的人;勇猛顽强、不畏艰险的人、**懒人子**懒人、**嫫子**做事拖沓的人、**败家子**、**成家子**指善于持家,使家业不断兴旺发达的人(跟"败家子"相对)、**流子**二流子、**炉子**特指女流氓、**粗人(子)**鲁莽、不细心的人;指没有文化的人(多用于谦辞)、**蠢人(子)**愚笨的人、**酒癫子**撒酒疯的人、**酒坛子**盛酒的坛子;比喻酒量很大又酷爱喝酒的人、**阎王老子**阎罗;比喻极凶恶的人、**蛮汉子=蛮人子=蛮子**粗鲁冒失或脾气倔强的男子;文化水平低的男子的自谦之词、**痞子**流氓、**坏人子**坏人、**怪人子**性格古怪的人、**穷人子**穷人、**证人子**证人、**熟人子**熟人、**码子**名词后缀,表示对某些人的贬称、**四码子**旧时鸨母的丈夫、**厉害码子**尖刻厉害的人、**苦流码子**最穷苦的人、**外码子**外来人,外行人、**瓜码子**指死人、**派码子**有派头的人(多含贬义)、**呆式码子=呆人子**呆板的人、**阴码子**旧时对女人的蔑称、**高子=长子**高个儿的人、**头头子**领头人;领导(用于"领导"含义时或带有贬义,或在特殊环境里表示诙谐)、**初生子**生头胎的产妇、**洋人(子)**外国人(多指西洋人)、**生人(子)**陌生人、**夜猫子**比喻喜欢晚睡的人,也比喻夜晚出来做坏事的人、**腿胡子**有本事的,能干的人、**死人(子)**死人;骂人的话、**活人子**活人、**倔猪子**脾气执拗的人(骂人的话)、**太胡子**男阴的隐语,也用作骂人的话、**暴参子=暴生子=暴呵子**初出茅庐的人,经验不足的新手、**猫贩子**指没有本事却喜欢逞能的人、**内伙子**属于一伙的人、**病人子**病人、**病壳子**体弱多病的人、**瘫子**瘫痪的人、**聋子**耳聋的人、**六枝子**六指儿、**病人子**、**药罐子**煎中药用的罐子;借以比喻经常生病吃药的人、**痴數子**傻子、**趴脚子**走路时两脚向两边叉开的人、**哑子_{哑巴}、瞎子_{盲人}、结巴子_{口吃的人}、驼子＝驼背子_{驼背的人}、左撇子＝左笔子_{习惯用左手使用筷子、剪刀等器物的人}、跛子＝跛脚子_{跛子}、缺子_{豁嘴唇，也指豁嘴唇的人}、癞子_{黄癣，也指头上长黄癣的人}、麻子_{人出天花后留下的疤痕，借指脸上有麻子的人}、癫子_{疯子}，等等。

有的表人的"子"尾词具有非常浓厚的地方特色，例如：

三花子［san³³fa³³tsʅ⁰］：三花脸，戏曲角色中的丑角；比喻脸上弄得很脏的人（多指小孩儿而言）。

润浸子［yn¹¹tsʰin⁵⁵tsʅ⁰］：指工作疲沓的人；也指行动迟缓、不性急的人。

油皮渣子［iəu¹³pi¹³tsa³³tsʅ⁰］：吊儿郎当、不求上进、对什么都不在乎的人；爱纠缠的人。

土夫子［tʰəu⁴¹fu³³tsʅ⁰］：旧指以挑、挖土方为业的人。该行业中的大老板叫"土夫子王"。

叫鸟子［tɕiau⁵⁵tiau⁴¹tsʅ⁰］：比喻性格开朗直率，有话便说的人。

老口子［lau⁴¹kʰəu⁴¹tsʅ⁰］：指各行各业中经验最丰富或技术最熟练的人。

毛桃子［mau¹³tau¹³tsʅ⁰］：野生的桃子，比一般桃子小且多毛；借以比喻无用的人。

浮动子［pau¹³toŋ⁵⁵tsʅ⁰］：比喻喜欢到处跑而工作不深入、办事不牢靠的人。

汹鸡子［mei¹¹tɕi³³tsʅ⁰］：一种喜欢潜入水中的鸟，形体比鸭子小；比喻专门到深水中打捞东西的人。

改劁子［kai⁴¹tɕʰiau³³tsʅ⁰］：阉了两次的猪；比喻半路出家的人。

剋夫子［kʰə⁴¹fu³³tsʅ⁰］：蠢笨、极易受骗上当的人。

65

白辫子［pə²⁴piẽ¹¹tsʅ⁰］：旧指丧夫后再嫁的妇女。

脚划子［tɕio²⁴fa¹³tsʅ⁰］：本指大型木船所带，便于船上的人临时上岸的小划子；借以比喻由大人支使去买东西或做零活的小孩。

磨心（子）［mo¹¹sin³³(tsʅ⁰)］：本指磨脐儿（磨盘下半部分凸起的轴心）；借以比喻为众人所推崇并能团结许多人的中心人物，也比喻被许多人围攻的对象。

斛桶矮子［fu⁵⁵tʰoŋ⁴¹ŋai⁴¹tsʅ⁰］：指身材特别矮而胖的人，含轻蔑意味（斛桶高不过二尺）。

地拍子［ti¹¹pʰə²⁴tsʅ⁰］：本指把地拍平的工具；比喻矮胖的女人。

地钻子［ti¹¹tsõ⁵⁵tsʅ⁰］：指矮小而喜欢到处钻的人。

八面子［pa²⁴miẽ¹¹tsʅ⁰］：疯子。撷取成语"八面威风"的一截，又以"风"谐"疯"，此系一种婉辞。

伴亲娘子［põ¹¹tsʰin³³n̠ian¹³tsʅ⁰］：旧时陪伴新娘出嫁的女佣。

茶娘子［tsa¹³n̠ian¹³tsʅ⁰］：旧时举行婚礼时陪伴新娘的人。

乇巴子［tʂʰo²⁴pa³³tsʅ⁰］：骗子。

□皮长子［lia¹¹pi¹³tʂan¹³tsʅ⁰］：指又瘦又高的人。

败缸的酒药子［pai¹¹kan³³ti⁰tsiəu⁴¹io²⁴tsʅ⁰］：比喻不干好事的人。

再如旧时指军队里的士兵为"粮子"［lian¹³tsʅ⁰］，如称北洋军士兵、北洋军为"北兵粮子"［pə²⁴pin³³lian¹³tsʅ⁰］，称北伐军士兵、北伐军为"南兵粮子"［lan¹³pin³³lian¹³tsʅ⁰］。

有的"子"尾词后面还可以加上名词或名词性的语素构成表示某类人的词语，例如：

脚猪（子）老倌 [tɕio²⁴tɕy³³(tsŋ⁰) lau⁴¹kõ³³]：喂养公猪以与别人家的母猪配种的人。

落脚子（货）[lo²⁴tɕio²⁴tsŋ⁰(xo⁵⁵)]：本指剩下的不好的食物之类；比喻各方面都很差的人。

拐子（手）[kuai⁴¹tsŋ⁰(ʂəu⁴¹)]：专门拐带小孩的人。

化生子（鬼）[fa⁵⁵sən³³tsŋ⁰ (kuei⁴¹)]：本为佛教用语，指无所依托，忽然而生之子；长沙话用作骂人语，与"短命鬼、背时鬼"之类意义相近；有时也用于开玩笑或表示亲昵。

画胡子（鬼）[fa¹¹fu¹³tsŋ⁰(kuei⁴¹)]：原指戏曲中的花脸；比喻脸上弄得很脏的人（多指小孩），又指不可信、不可靠的人。

夜猫子脚 [ia⁴¹mau³³tsŋ⁰tɕio²⁴]：比喻在家呆不住、成天在外面跑的人（一般用在数落小孩儿）。

蚊子骨头 [mən³³tsŋ⁰ku²⁴təu⁰]：比喻轻薄、轻佻的人。

对子眼 [tei⁵⁵tsŋ⁰ŋan⁴¹]：对眼儿，即两眼向内斜视；两眼向内斜视的人。

碎米子嘴 [sei⁵⁵mi⁴¹tsŋ⁰tsei⁴¹]：多嘴、喜欢唠叨的人。

猛子鬼 [moŋ⁴¹tsŋ⁰kuei⁴¹] ＝猛子虫 [moŋ⁴¹tsŋ⁰tʂoŋ¹³]：同"猛子"；指性情急躁、行动鲁莽的人；或指勇猛顽强、不畏艰险的人，含亲昵、戏谑意味。

长沙方言中还有一类表人的"的"字结构，其构成方式是"V＋子尾词＋的"，颇有地方特色，例如：

卖麻线袋子的 [mai⁴¹ma¹³siē⁵⁵tai¹¹tsŋ⁰ti⁰]：货郎。

摆摊子的 [pai⁴¹tʰan³³tsŋ⁰ti⁰]：摊贩。

倒壳子的 [tau⁴¹kʰo²⁴tsŋ⁰ti⁰]：大人骂睡懒觉的小孩。

抹柜台子的［ma²⁴ kuei¹¹ tai¹³ tsʅ⁰ ti⁰］：旧时对店员的贬称。

赶湖鸭子的［kan⁴¹ fu¹³ ŋa²⁴ tsʅ⁰ ti⁰］：牧鸭的人。

长沙方言部分代词为"子"尾词，例如：

咯气（子）［ko²⁴（或 kai²⁴）tɕʰ i⁵⁵（tsʅ⁰）］：这个时候；现在：你何是～才来啰？｜我～不想喫饭。

那气（子）［lai⁵⁵（或 la⁵⁵）tɕʰ i⁵⁵（tsʅ⁰）］：那个时候：～我屋里还冇的电视机。

咯向子［kai²⁴（或 ko²⁴）ɕian⁵⁵ tsʅ⁰］：这些日子：你～到哪里去哒啦？

那向子［lai⁵⁵（或 la⁵⁵）ɕian⁵⁵ tsʅ⁰］：那些日子：～他病咖一场。

咯路（子）［ko²⁴（或 kai²⁴）ləu¹¹（tsʅ⁰）］：这一带：～骑单车_自行车_最不安全哒。

那路（子）［lai⁵⁵ ləu¹¹（tsʅ⁰）］：那一带：～是生活区，住起来方便。

那块子［la⁵⁵ kʰuai⁴¹ tsʅ⁰］：那个地方。

哪块子［la⁴¹ kʰuai⁴¹ tsʅ⁰］：哪个地方：你是～的人来？｜我～对你不住啰？

么子［mo⁴¹ tsʅ⁰］：（1）疑问代词，什么：你寻～？（2）疑问代词，表示一定的程度，相当于"怎么"，限用于否定式：不～甜｜不～会唱。

为么子［uei¹¹ mo⁴¹ tsʅ⁰］：为什么：他～不来啰？

长沙方言有一些副词也带有"子"尾，例如：

时刻子［sʅ¹³ kʰə²⁴ tsʅ⁰］：（1）时间副词，时时：他～想看电影。（2）语气副词，表肯定：易师傅的手艺～比你们好得多。

不然子［pu²⁴yẽ¹³tsɿ⁰］：不然的话：你还是去啰，～，他郎家会讲我呔！

差点咖子［tsʰa³³tiẽ⁴¹ka⁰tsɿ⁰］：差点儿：～绊哒。

随么子［sei¹³mo⁴¹tsɿ⁰］：无论什么：他～书都喜欢看。

随便子［sei¹³piẽ¹¹tsɿ⁰］：随随便便地：咯些东西，你可以～挑。

有点咖子［iəu⁴¹tiẽ⁴¹ka⁰tsɿ⁰］＝有□咖子［iəu⁴¹tian⁵⁵ka⁰tsɿ⁰］＝有□□子［iəu⁴¹tian⁵⁵tian⁰tsɿ⁰］：有点儿：今天～冷。

一顿（子）［i²⁴tən⁵⁵(tsɿ⁰)］：副词，用在动词前，有不加思考、不加分别、不顾后果的意思：～乱搞哒｜～脾气发哒。

扯常（子）［tʂʰə⁴¹tʂan¹³(tsɿ⁰)］：时间副词，常常：我屋里他～来咧。

八、"XA（的）"式状态形容词

湖南方言中有一类颇有特色的状态形容词，如"捞空（的）、稀碎（的）、腊瘪（的）、刮瘦（的）"，等等，其整体的意思相当于普通话的"很A"。这类形容词后一语素为单音节形容词性语素，前一语素一般无具体的词汇意义，只表示后一语素的程度很高，学术界称之为"XA（的）"式形容词。这类形容词在汉语许多方言如官话、湘语、赣语、客家话、徽语、吴语等均有分布[1]，在湖南地区的方言中使用也非常普遍。临湘、安乡、慈利、常德、沅江、汨罗、湘阴、平江、益阳、浏阳、长沙、辰溪、新化、湘乡、醴陵、洪江、衡东、衡阳、茶陵、祁东、靖州、安仁、新宁、东安、

---

[1] 龚娜. 汉语方言中的XA式状态形容词［J］. 汉语学报. 2011,（3）.

耒阳、永兴、宁远、临武等地都有大量"XA（的）"式形容词。湘方言中这种形容词尤其普遍地存在。请看下表：

长沙话	湘潭话	益阳话	娄底话	新化话	邵阳话
拍满的 $p^ha^{24}m\tilde{o}^{41}ti^0$	拍满的 $p^ha^{24}mɔn^{42}ti^0$	拍满的 $p^ha^{55}m\tilde{ɔ}^{41}ti^0$	拍满 $p^hɔ^{13}m\tilde{e}_1^{42}$	拍满 $p^ha^{33}m\tilde{o}^{21}$	拍满 $p^hɛ^{55}m\tilde{a}^{42}$
喷香的 $p^hoŋ^{55}ɕian^{33}ti^0$	喷香的 $p^hən^{55}ɕian^{33}ti^0$	喷香的 $p^hən^{55}ɕiɔ̃^{33}ti^0$	喷香 $p^hin^{35}ɕiɔŋ^{44}_1$	喷香 $p^hən^{33}ɕyõ^{33}$	喷香 $p^hən^{24}ɕi\tilde{a}^{55}$
墨黑的 $mə^{55}xə^{24}ti^0$	抹黑的 $mɒ^{33}xæ^{24}ti^0$	墨黑的 $mo^{55}xə^{55}ti^0$	墨黑 $me^{35}xe^{13}_{33}$	墨黑 $mɤ^{45}xɤ^{33}$	漆黑 $tɕ^hi^{55}xɛ^{33}$
密黑的 $mi^{55}xə^{24}ti^0$	黢黑的 $ts^hi^{33}xæ^{24}ti^0$	咩黑的 $mie^{55}xə^{55}ti^0$	黢黑 $ts^hy^{44}xe^{13}_{33}$	黢黑 $tɕ^hiəu^{33}xɤ^{33}$	□黑 $mia^{55}xɛ^{33}$
黢的 $ts^hi^{55}xə^{24}ti^0$	□黑的 $miɒ^{33}xæ^{24}ti^0$	抹黑的 $ma^{33}xə^{55}ti^0$	乌黑 $u^{44}xe^{13}_{33}$		咩黑 $mie^{55}xɛ^{33}$
□黑的 $mia^{55}xə^{24}ti^0$	咩黑的 $mie^{33}xæ^{24}ti^0$	摸黑的 $mo^{33}xə^{55}ti^0$			乌黑 $u^{55}xɛ^{33}$
咩黑的 $mie^{55}xə^{24}ti^0$	乌黑的 $u^{33}xæ^{24}ti^0$				
乌黑的 $u^{33}xə^{24}ti^0$					

"XA（的）"式形容词不仅被湖南各地方言普遍使用，而且数量很多。李永明曾讨论过长沙、衡阳方言中的这一类形容词，认为有一百多个。[①]《长沙方言词典》收录了"XA（的）"式形容词124个。张小克称之为"bA 的"式形容词，他搜集了200条

[①] 李永明. 长、衡方言中某些有特色的形容词[J]. 湘潭大学学报. 1983,（Z1）.

这类形容词，如果加上变调的 63 条，总数达 263 条。① 陈永奕总结了 285 条。②

"XA（的）"式形容词中的 A 是词根，一般都具有明确、稳定的读音和意义，表示具体的词汇意义，是整个词的核心成分，一般是由形容词性成词语素充当，只有极少数例外，如"滴水的"中的"水"和"亲像的"、"捏像的"中的"像"分别是名词性语素和动词性语素，但进入"XA（的）"结构后，由于 X 和"的"的双重作用，也具有了形容词性质。从意义的角度来看，"XA（的）"式形容词中的 A 可表示度量、评价、色彩、事物属性（听觉、嗅觉、味觉、触觉、视觉感知的）等方面的内容。

"XA（的）"式形容词中的 X，有的语源比较清楚，并且还保留了一定的词汇意义，如"菲薄的、菲绿的、菲嫩的"中的"菲"，"焦煳的_{很煳}、焦干的_{很干；钱一点不剩}"中的"焦"，"飞快的_{很锋利；很迅速}、飞灵的"中的"飞"，"乌青的_{(头发或布料)很黑}"中的"乌"，"绯红的"中的"绯"，等等。但大多数情况下，X 并不表示具体的词汇意义，只表示 A 的程度高这一抽象的语法意义。X 的语源大多不明，因而同一个 X 往往被不同的学者写作不同的字，如在《长沙方言词典》和上文提到的张小克的论文中，就有"锭/钉［tin^{55}］绿的、钉/甸［$tian^{55}$］重的、累/膃［lei^{33}］肥的_{(动物)很肥}、累/膃［lei^{33}］壮的_{(人)很强壮结实；(动物)很肥}、密/秘［mi^{55}］

---

① 张小克.长沙方言中的"bA 的"式形容词［J］.方言.2004,（3）：274—283.
② 陈永奕.长沙方言单音形容词生动形式研究［D］.广州：暨南大学硕士学位论文，2008：11.

严的_(严密无缝)_、脟/攀〔pʰan³³〕臭的、脟/攀〔pʰan³³〕臊的、壁/笔〔pi²⁴〕陡的、壁/笔〔pi²⁴〕敦的_(很直)_"的不同写法("/"前的字是词典中的用字,后面的字是张小克的写法)。同一个 X 往往可以与好几个意义上并无联系,甚至意义相反的 A 结合,如长沙话的例子:

溜青的_(头发或布料)很黑_、溜清的_(水)很清_、溜圞的_很圆_、溜光的_很光滑_、溜平的_很光滑_、溜滑的、溜活的_很灵活;很会耍手腕;活蹦乱跳的样子_、溜尖的_很尖;(嗓音)很尖细;(耳朵)很灵敏_;

稀泻的_(泥)很烂、(社会)很乱、(人品)很不好_、稀皱的、稀烂的_很破;很碎_、稀乱的、稀散的_很散_、稀糟的_很乱;很糟糕_、稀脏的;

纠绿的_很糟糕_、纠圞的_很圆_、纠酸的、纠瘆的_(花木、蔬菜、水果)很蔫_、纠麻的_(质量)很差;(水平)很低_;

捞稀的_(稀饭或汤)很稀_、捞粗的_(绳索)很粗_、捞松的_很松_、捞泡的_很松软_、捞平的、捞轻的;

喷馊的、喷香的、喷臭的、喷臊的、喷腥的;

匡臭的、匡臊的、匡腥的、匡瘦的;

绷紧的、绷老的、绷硬的、绷脆的、绷抻的;

腡〔lei³³〕活的_很灵活;很会耍手腕;活蹦乱跳的样子_、腡肥的_(动物)很肥_、腡壮的_(人)很强壮结实;(动物)很肥_、腡胖的。

另一方面,同一个 A 也可以被不同的 X 修饰,如长沙话的例子:

乌黑的_(头发或布料)很黑_、墨〔mə³³₅₅〕黑的=密〔mi³³₅₅〕黑的、mia³³₅₅黑的、mie³³黑的、黢黑的;

嘎白的_(脸色)惨白_、寡白的_(脸色)惨白_、lən³³白的_(新派)_、loŋ⁵⁵白的_(老派)_、甚白的(新派)、soŋ⁵⁵白的(老派)、雪白的、刷白的；

kən²⁴黄的(新派)、koŋ²⁴黄的(老派)、loŋ⁵⁵黄的(老派)、聋黄的、lən¹³黄的；

lia³³苦的、mia³³苦的＝n̠ia³³苦的＝n̠ie³³苦的、mie³³苦的、哇苦的(味道)很苦、哕苦的；

翻焦的＝绯焦的＝烧焦的＝滚焦的很烫。

可见，"XA（的）"式形容词中的X，在大多数情况下，其意义已经虚化，且具有一定的能产性，实际上已经具有了前缀的性质。

九、通用型量词"隻"

在湖南，各地的通用型量词不尽不同，如溆浦方言多用"条"，武冈多用"个"，炎陵客家话多用"介"，汝城话多用"条"、"个"、"点"，湘南土话多用"粒"、"头"等，但在湖南多数地方，尤其是在湘语中，最常见的通用型量词是"隻"。

清乾隆十二年《长沙府志》谈道："一山、一屋、一国、一庄、一牛马皆曰一隻。"① 李永明指出："量词'隻'在衡阳话中用途极广，不管是人是鬼，是事是物，还是天上飞的，地上走的，水里游的，都可用'隻'。"② 有一则用安仁方言编的小故事充分说明了"隻"的通用性：③

---

① 许宝华，宫田一郎主编．汉语方言大词典［Z］．北京：中华书局，1996：1228．
② 李永明．衡阳方言［M］．长沙：湖南人民出版社，1986：440．
③ 转引自罗昕如．湖南文化方言与地域文化研究［M］．长沙：湖南师范大学出版社，2001：178—179．

一隻人，牵隻牛，背隻犁，挜拿隻斧头，剁砍隻树，架隻桥，过隻河，修隻路，上隻坳山，挖隻眼洞，烧隻窑，挖隻圳沟，起隻屋房子，开隻箭眼窗户，安隻门，上隻 sue³¹³ 子扣儿，架隻灶，摊隻铺，讨隻老婆，养隻崽，做隻官……

故事中的"隻"分别相当于普通话中的"个、头、张、把、棵、座、条、栋、扇"等量词。

罗昕如以《现代汉语八百词》附录《名词、量词配合表》中所列的 439 个名词为调查对象，对 10 个湘语点进行调查统计，发现各点"隻"与这些名词能搭配的情况如下：①

方言点	普通话	长沙	湘潭	益阳	衡阳	祁阳	娄底	双峰	新化	邵阳	武冈
"隻"的读音	tʂʅ⁵⁵	tsa²⁴	tʂaŋ²⁴	tsa²⁴	tɕia²²	tɕia³³	tɕio¹³	to¹³	tɕya³³	tsa³³	tɕia¹³
能用"隻"计量的名词数量	42	235	230	236	186	252	178	193	121	235	109

在长沙话里，量词"隻"[tsa²⁴]的适用范围很广：②

（1）用于动物名词。长沙话中，除了条状的动物如蛇、泥鳅、黄鳝、蚯蚓等用"条"作量词外，基本上其他动物都可以用"隻"作量词。如：三老倌喂哒一隻牛、两隻羊、五隻猪。｜王妹子被一隻疯狗子咬哒。｜买隻两斤的鱼，吃嘎三餐。｜二伢子

---

① 罗昕如.湘语的通用量词"隻"[A].汉语方言语法研究[C].武汉：华中师范大学出版社，2007：219.

② 邓开初.长沙话中缺乏语义分类功能的量词"只"[J].船山学刊.2008,(3).

硬是一隻叫驴子，礓死人<small>脾气很犟</small>。｜我屋里狗下崽崽哒，一窝五隻。

（2）用于大多数具体事物名词。长沙话中几乎所有的具体事物都可以用"隻"作量词。如：崽伢子结婚，买隻冰箱、一隻电视机，去嘎万多。｜给爷老倌买嘎一隻帽子、一隻外套。｜天上一隻月亮，井里头一隻月亮。｜咯隻岳麓山蛮有点名气。｜冰箱里只有三隻蛋哒。｜咯里有十隻苹果，你们五个人，每人两个，自己去分。｜老板，咯包子好多隻一笼啊？莫急啰，一隻字一隻字地写，慢慢来，写好写工整。

（3）用于指称人的角色名词或名词性短语。如：那隻老倌子手里牵一隻细伢子。｜门口坐哒一隻叫花子跟一隻补鞋的。｜今日看见一隻男的跟三隻女的打架。｜法院里公审一隻老板给一隻当官的行贿案件。｜我咯隻爷冇能力，崽女咸混得不好。｜咯两隻小鬼那硬是一对油盐坛子<small>指趣味相投、形影不离的人</small>。｜这隻伢子硬有蛮不懂事。｜咯隻老师我真的服哒他，节节课都拖堂。

（4）用于抽象事物名词。如：今日咯隻会开嘎半日，还是冇拿定一隻方案。｜为咯隻路，我跑嘎四隻部门，盖嘎六隻章才搞好。｜一隻时辰出一隻主意，哪隻都上不得算。｜他那号人，除了喊几隻口号，哪隻路都做不好。｜张三开哒一隻公司，咯隻月冇做几隻生意。

（5）"隻"还可以用作集合量词，用于某一类事物，相当于普通话的"种"或"类"。如：咯隻禾种产量高。｜榴莲何解一隻咯号气味？｜那隻劳动布格外结实。｜只想别个背时，咯隻思想要不得。｜就一个人讲哒算数，咯隻搞法要不得。

（6）"隻"也可以用在某些动词后面，表示动作的量。如：哭一隻｜笑一隻｜害一隻｜吓一隻｜咒一隻｜表扬一隻｜搞一隻｜摸一隻｜打一隻。

"隻"有时前面不加数词，不表示具体量，只充当一个音节，使整个结构轻松、随便，显示出量词的口语语体色彩，实际上已经虚化了，删除后不影响意义的表达。例如：美女，可以请你跳隻舞啵？｜他只是跟你开隻玩笑。｜一个人太孤单哒，养条细狗子做隻伴。

"隻"还可以重叠作主语，相当于普通话中的"个个"，不表示具体的数量，而是强调"每一个"，表量意义已经虚化。例如：我屋里狗崽子隻隻下打嘎疫苗哒的。｜咯点苹果还要么子要咯，隻隻都烂咖哒。｜隻隻题目都做错哒。｜卖西瓜啊！隻隻下甜，不甜不要钱。

"隻"也用在名词前表强调，没有具体的词义，只起语法作用。例如：他们吵架把隻锅子都拌烂哒。｜咯隻哈宝，别个丢嘎哒的家伙也去捡。｜湖南第一师范咯有名还不是因为出哒隻毛泽东。

十、颇具特色的长沙方言动态助词

长沙方言的动态助词有"咖"、"哒"、"咖哒"、"咖……哒"、"得"、"过"、"去来"、"着"、"起"、"到"等。[①]

[①] 伍云姬. 长沙方言的动态助词 [J]. 方言. 1994，(3)：218—220；伍云姬. 湘方言动态助词的系统及其演变 [M]. 长沙：湖南师范大学出版社，2006；李永明. 长沙方言 [M]. 长沙：湖南出版社，1991：541—548；鲍厚星，崔振华，沈若云，伍云姬. 长沙方言研究 [M]. 长沙：湖南教育出版社，1999：303—321.

1. 咖 [ka^{41}]

(1) 用于表祈使语气的"把"字句的动词后面,表示动作的完成。能进入此类句式的动词很有限,一般来说,其动作性比较强,且多表示由里向外的动作。如:

把鞋子脱咖啰!
把水倾倒咖!

如果"V 咖"后带上"去"[kʰɔ^{55}],则表示动作将要完成。例如:

肯定会死咖去。
就靠实肯定会被别个偷咖去。

(2) 用于"动词+咖+数量(名)词组"句型中,"咖"后面一定要有数量(名)词组充当补语或宾语,以表示动作本身完成的量以及所涉及的名词的量。如:

我昨日子买咖三斤苹果。
前天下咖一场大雨。
咯这封信我看咖两遍。
我麻起壮着胆子打咖几回。
咯块布好缩水啊,一下子缩咖三寸。

77

(3) 用于紧缩复句第一分句的动词后面，表示第一个动作完成以后再进行第二个动作。如：

我走咖以后听得讲的。
你吃咖再走啰。
我明日子上咖课就去医院看他。

2. 哒 [ta^{21}]

(1) 用作已然体助词，表示新情况或旧情况已经发生了变化，多出现在句尾。如：

下雨哒。
他明日子不来哒。
我好久没吃过咯种苹果哒。
他已经冇得钱哒。

(2) 用作完成体助词，表动作的完成，出现在"谓语＋哒（＋名词）"的句式里。如：

昨日子下哒雨。
我借哒小王三块钱。
我后背_{后来}又到一中读哒两年。
饭熟哒，快来喫吧！

也可出现在把字句中，如：

把门关哒。
流时 赶紧 把她一抱哒。

当动词后有数量词组时，"哒"可换成"咖"或"得"。一般说来，如果说话人要强调数量多的时候，他会选择使用"咖"；如果仅仅是叙述事实，则会使用"哒"或"得"。例如：

第二天又睡咖一天。（强调睡的时间长达一整天）
第二天又睡哒/得一天。（一般叙述）
老弟今日子上咖两趟街。（表示上街次数多了）
老弟今日子上哒/得两趟街。（一般叙述）

此外，"咖"还有对动作所涉及的量表示满意的意味，所以如果句子中出现了"只"、"仅"之类表示对完成的量不太满意的副词时，动词后只能使用"哒"或"得"而不用"咖"。如：

他上个星期的考试只打哒/得80分。

当句中的谓语是形容词时，"哒"往往表示状态的变化偏离了某种标准，如：

咯块布短哒三寸，做两件衣只怕不够。

他高哒 15 公分。

（3）用作持续体助词，其语法意义和用法与北京话的"着"相近。例如：

把钱救留哒。
你好生好好地坐哒啰。
今天就要守哒它。
小王手里端哒一大盘子菜。
门口站哒一堆群人。
他喜欢站哒吃饭。
他讲哒讲哒就睏着哒。
治哒治哒就好哒。

"哒"常出现在"（一）＋动词＋哒"结构中，表示一种状态的持续。常用来描写相貌、表情等，通常含贬义。如：

他眼睛一鼓哒，吓死人的。
屁股上面一把驳壳枪一捱哒。

（4）用作进行体助词，也相当于普通话的"着"，表示动作正在进行之中。例如：

他们正在讲哒话。

3. 咖哒 [ka⁴¹ta²¹]

"咖哒"可用作完成体助词，例如：

后来只听得讲她离咖哒婚。
过咖哒时间就不准探视哒。

"咖哒"也可用作已然体助词，用于句末（后可有语气助词），表示情况完全改变了，谓语后不能有宾语或补语。如：

隔得几天去，又红咖哒。
我把床单洗咖哒。
屋_{房子}倒咖哒，还有么子_{什么}法？

凡用"咖哒"表已然的句子均可用"哒"（但不能用"咖"）代替，但语义稍有区别。用"咖哒"时有强调"完全"、"已经"的意味。例如：

花红哒。（原来没红，现在红了）
花红咖哒。（花完完全全地红了）
我家爷_{丈夫的父亲}来哒。（他原来不在这儿，但现在在这儿）
我家爷来咖哒。（他已经在这儿了）

4. 咖……哒 [ka⁴¹……ta²¹]

用于"动词＋咖＋名词＋哒"的结构中作为已然体助词，表示与现在行为有关的某个过去的动作已经完成或还将继续下去。例如：

上个星期换咖一个组长哒。（怎么这个星期又要换组长？）
到底上咖年纪哒。（身体不如从前了）
他有咖一个崽哒。（不能再要了）
我吃咖药哒。（你干吗还催我吃？）
我在长沙住咖二十年哒。（所以我对这个城很了解）
他在车站等咖两个钟头哒。（人还没来）

在这种句型里，"咖"可以换成"哒"，但"咖"强调意味比较浓。而在某些涉及具体数量的句子里，用"咖"或用"哒"的语义不完全一样。例如：

我看哒咯本书哒。（我看完了这本书，看到了最后一页）
我看咖咯本书哒。（我看了这本书，看完没看完并不重要）

5. 去来 [kʰə⁵⁵ lai¹³]
"去来"用作已然体助词。如：

我买包子去来。
他来去来 他来过。

其使用范围十分狭窄，通常用于对话中，询问或回答在过去所完成的动作。这个动作多发生在说话前。

好久冇看到你哒，你到哪里去来啦？——去浏阳去来咧。

你何解_{为什么}冇洗衣服啦？——不得空咧，我上街去来。

牛伢子哭得咯样上劲，你打他去来吧？——我打他去来？他不打我就算好的哒。

6. 着 [tso⁰]

"着"在长沙话中用作未然体助词，用于句末（后不可有语气助词），"着"字句中的动词一定要有补语或宾语。"着"表示某一动作将在另一动作之前完成，即新的动作将发生于句子所指出的动作之后。

我去睏一个钟头着。（说话者和听话者都知道一个钟头后将要发生的事情）

看戏去不啰？——吃哒饭着。（吃了饭再看戏）

你屋里买电视机不啦？——等我有钱着。（有了钱再买电视机）

你又转来干什么？——我还要去梳下头着。

7. 起 [tɕʰi⁴¹]

"起"用作持续体助词，如：

我就走起_着去哒。

你鼓起眼睛做么子!

他汋起汋起_{暗暗地}用功。

存现句中多用"起",例如:

门口停起一部车。

两边坐起划船手。

街上大张告示贴起。

表持续的助词"起"常出现在"(一)+动词+起"结构中,表示一种状态的持续。常用来描写相貌、表情等,通常含贬义。

几根竹篙把帐子一杵_{支撑}起。

她最喜欢生气哒,俨_{常常}把脸(一)扳起。

它总是把头一歪起。

那隻婆婆子鼻子一戾_斜起,嘴巴一翻起,一副恶相。

"起"也可用作完成体助词,相当于普通话的"成"或"完"。如:

那隻宾馆建起哒。

塘里的水已经构_{结冰}起哒。

一天踩_{缝制}起一件大衣。

8. 得 [tə⁰]

"得"可用作完成体助词。例如:

去年他喫得好多冤枉。
不晓得跑好多路。

"得"也可用作持续体助词。例如:

有时候我爸爸挑得着在前面走。
都要围得着她看个够,围得着她哆呀,围哒着是咯看哒去一个劲儿地瞅。

"得"出现在"V+得+去"结构中时,表示动作V的反复或持续不断,V前常有副词"是咯样"相配合,如:

莫是咯样问得去啰。
是咯样写得去。

9. 到 [tau⁰]

"到"用在"V₁到V₁到V₂"格式中表示动作的持续。例如:

看到看到天就亮哒。
他跑到跑到就迷哒路。

十一、韵味十足的长沙方言语气词

长沙人说话好用语气词。先看一则笑话：

和堂客回我父母家，路上顺便买了份证券报。老爸对股票是一窍不通，但是蛮好奇，他问道："有隻路径问下你们啰：到底咯多哥是哪个啰？"

我和堂客想起那个多哥空姐的笑话，忍不住笑了起来。老爸连忙解释："空姐我晓得啰，就是多哥咧，一直冒搞得坨清……"

"那你晓得空姐是哪个咧？"

"空姐，不就是空中小姐哆……"

哈哈哈哈，我倒！

笑话中记叙了父子之间的一段对话，几乎句句用了语气词。

长沙人使用语气词不仅很频繁，而且还用得很有特色，神态夸张，韵味十足。鲍厚星等在《长沙方言研究》中总结说，长沙方言语气词有两个特点：一是不少语气词能读全调，能重读，音值能延长，不像普通话那样读轻声；二是使用频率高，不少语气词可用于句中的任何一个成分的后面，有表停顿或提示下文的作用。[1] 我们不妨看看几个长沙话中常用的语气词。[2]

---

[1] 鲍厚星，崔振华，沈若云，伍云姬. 长沙方言研究 [M]. 长沙：湖南教育出版社，1999：329.
[2] 胡萍. 长沙方言语气词研究 [J]. 湖南经济管理干部学院学报. 2002，(4).

1. 啰 [lo⁰]

(1)"啰"可用于祈使句,一般要重读,表示要求、请求、央求、招呼、敦促,有时隐含有不满、不耐烦、责备的意味。例如:

你同他讲啰,小王不在咯里。(表要求)

冇么子菜,莫客气啰!(表请求)

去啰,我们一起去啰。(表央求)

大媳妇,你来啰!(表招呼)

你听我讲啰。(表央求。"啰"如果重读,则隐含强调或不满之意)

你好生坐哒啰。(隐含不满,表敦促)

你莫紧得问啰。(隐含有不耐烦的意思)

你少抽些胡说啰!(表责备)

(2) 用于陈述句,表示确认、肯定、承诺,有时含有替人开脱之义。

我晓得啰,他就是咯隻德性。(表确认)

那是的啰,做鞋子要紧啰。(表肯定)

好,我有空就来啰。(表承诺)

那是他冇注意啰。(隐含:他不是故意的)

（3）用于疑问句。

　A. 用于是非问句

　　　他肯不肯讲啰？

否定词"冇"、"不"字后面的动词通常省略不说。

　　　你喫哒饭冇啰？
　　　你来得 能来 不啰？
　　　咯样做对不啰？

　B. 用于特指问句

　　　你到何至 哪里 去啰？
　　　你何解 为什么 打我一坨 下 啰？
　　　要好多 多少 才够啰？
　　　咯是哪个屋里的崽啰？
　　　今日子吃么子场合啰？

有的特指问句重在感叹，实际并非询问。如："何得了啰？"字面上是询问，实际上是感叹"不得了啊。"

　C. 用于反问句

　　　妈妈，急什么啰？
　　　咯句话哪个不晓得讲啰？

2. 啊 [a⁰]

(1)"啊"作句中语气词时可表示停顿或列举。例如：

你咯号人啊就是讲不听。（表停顿）
他讲还有花生啊、瓜子啊什么的。（表列举）

(2)"啊"用于陈述句末，有肯定、允诺之意。

当然要去啊。（表肯定）
听话，妈妈等下买家伙把你吃啊。（表允诺）

"啊"和"哒"连用，含有警告、强调之意。

小心点，爸爸回来哒啊。（表警告）
莫急，我就来哒啊。（强调马上就来）

(3)"啊"用于疑问句，多表示反诘语气，有隐含义。

你硬要去啊？（隐含：难道你真的要去吗？）
他是老师啊？（隐含：他居然还是个老师？）

(4)"啊"可用于感叹句，多表示赞美与肯定。

咯只毛坨（小孩）好有味啊！

咯只伢子好灵泛啊!

3. 哒 [ta⁰]

作为语气词的"哒"可表示肯定、判断、讥讽等语气。

咯是好货哒。(表肯定)
今天比昨天好多哒。(表肯定)
你再不来就赶车不到哒。(表判断)
有理,有理,你是常有理哒!(表讥讽)

4. 咧 [lie⁰]

(1)"咧"用于句中可起停顿、提示的作用。

然后咧,他就走哒。
你咧,也太霸蛮哒。

(2)"咧"用于是非问句、特指问句或反问句,相当于普通话中的"呢"。

你去不咧?(可与"啰"互换,但语气较"啰"直接)
你妈妈咧?(不可与"啰"替换)
怎么不想吃肉咧?(表反诘)

(3)"咧"用于陈述句,语气很强,有确认、提醒、规劝之意，有时还含有满意或解释、申辩、反驳、讥讽、指责的意味。

洗好了唎。（表确认）

咯双鞋刚合适，不大唎。（表确认，含有满意之意）

咯东西拿不得唎，会脱唎。（前一个"唎"表提醒，后一个"唎"表解释）

你想要就要呀？那霸不得蛮唎。（表规劝）

我来哒唎。（含有申辩、反驳之意。隐含：哪个讲我没来？）

你是老鸦子嘴巴唎。（含有讥讽之意）

你是喫冤枉的唎。（表指责）

（4）用于祈使句，表示嘱咐。例如：

以后你要少赚点钱，多关心关心细伢子唎。

（5）"唎"用在感叹句中，语气比较强烈，而且往往含有言外之意，如："咯只伢子好灵泛唎！"这个句子含有"你别小瞧了他"、"你别看他样子不怎么样"等言外之意。如果把句中"唎"换成"啊"，则只是表示一般的赞扬，也没什么言外之意。

此外，含有贬义的感叹倾向于使用"唎"，"啊"则一般只用于褒义的感叹。如：

还不是现旧样子，不得清场唎！

  呸！碰了你娘的鬼咧！

5. 吵 [sa⁰]

"吵"可能是"是啊"[sı¹¹a⁰]的合音。

（1）用于句中表停顿，相对于其他具有同样功能的语气词来说，它在语气上较为急切。

  而且吵，那鸽子的本性吵，它就是……
  我一看到他吵就想笑。

（2）用于陈述句末，表肯定和确认。

  药吃得哒吵。
  看热闹吵。

有时表示猜度、解释语气。

  他们总不能霸蛮_{蛮干}吵。（表猜度）
  呃，谈恋爱是两个人吵。（表解释）

（3）用于祈使句，语气很强，表示招呼、要求、催促、命令、教训，有时还有不耐烦、赌气、警告、威胁的意味。

  你来吵，东西就在我咯里。（表招呼）

蔡九哥呃，（铜锣）打响点吵。（要求）

快点讲吵。（表催促，有不耐烦之意）

不想喫你就饿吵！（表赌气）

来吵，来吵，看我不打死你。（表警告、威胁）

领导在咯里作指示，你就不要打岔吵！（表命令）

晓得落后，就挣点子气，求进步吵！（表教训）

（4）用于无主句分句后，含有确认、强调的意思。

好吵，就咯样子做啰。

就是讲吵，他不听我的啰。

6. 啦 $[la^0]$

（1）用于是非问句，常与否定副词"冇"连用，表示纯询问，语气较为平和。

吃饭冇啦？

搞好冇啦？

（2）用于特指问句，表示纯询问。

咯件衣服何是改啦？

你么子时候回来的啦？

（3）用于陈述句末，除了表确认、肯定之外，常常有提醒的意味，隐含有言外之意。

吃饭哒啦。（隐含：你别出去了）
四爹，你是明理的老人家啦。（隐含：在这件事上你也要明理才对）
咯隻角色就有蛮不讲理啦。（隐含：你别去惹他）

（4）用于祈使句，常含有提醒、警告意味，但语气比"啰"、"吵"委婉。

收割季节，谷粒如金，各家各户，鸡鸭小心啦。
妈，你莫乱讲啦。

7. 呗 [pai⁰]

"呗"多用于表示疑问语气。

（1）用于是非问句，表示询问、商量或退让的语气。

你去呗？（表询问）
我少称点，要得呗？（表商量）
好，算你狠，我怕哒你好呗？（表退让）

(2) 用于反问句,有加强语气的作用。

你以为我怕哒你呗?
你以为他蛮好呗?

8. 是 [sๅ¹¹]

"是"可用作句中语气词,常出现在假设复句前一分句的末尾,用来加强假设语气。如:

听哒有狗肉喫是,他们高兴得……
等得你来是,天都亮咖哒。

在长沙方言里,语气词连用的现象也很普遍,例如"哒"常与其他语气词连用,借以表达不同的含义。例如:

我来哒啰。(如果是陈述事实,则有肯定、确认的作用;如果是应答呼唤,则有不耐烦的意味)
我来哒吵。(表示确认、肯定,语气较"啰"直接)
我来哒咧。哪个讲我冇来啰?(语气明显强烈,有不容置疑的味道)
我来哒啊。(表应诺,有强调马上就来的意思)
我来哒啦。(语气强调,含有警告、威胁之义。隐含:看你还调皮啵)
我来哒呗。(有半信半疑之义)

长沙方言中存在多个语气词具有同样语法功能的现象,但是在语气和语义隐含上存在细微的差异。例如:

你走不啰?(催促,有不耐烦之感)

你走不咧?("咧"读轻音时是较平和的询问,读重音时语气强烈)

你走不着?(重在让答话人作出选择)

你走啊?(含有惊异、感叹的意味)

你走啵?(单纯的询问)

你走呗?(询问,有商量的意味)

再如:

咯是哪个扫的地啰?(隐含:地没扫干净)

咯是哪个扫的地咧?("咧"重读时隐含地没扫干净,但不满之意甚于"啰")

咯是哪个扫的地着?(隐含:地没扫干净,但语气较"啰、咧"委婉)

咯是哪个扫的地啦?(隐含:没想到地已经被扫干净了,含有惊讶、出乎意料之感)

十二、湖南方言的特殊语序

1. 表方式的形容词或副词出现在谓语中心之后

首先看看普通话的几个句子:

他美美地吃了一顿。

小王舒舒服服地睡了一觉。

我狠狠地骂了他一顿。

这几个句子中，下加横线的部分是表示方式的形容词或副词的重叠形式加上结构助词"地"，它们出现在动词前面充当状语。这类句子到了长沙话中结构发生了变化，这些表示方式的形容词或副词（或在长沙话中对应的同义词语）以非重叠形式加上结构助词"的"出现在了动量词的后面，说成：①

他喫咖一餐好的。

小王瞓咖一觉舒服的。

我骂咖他一顿狠的。

李永明老师在《长沙方言》中讨论了如下例子：

咯个月休息哒几天很的。

□[kai²⁴]这坨肉可以吃几餐很的。

好久冒吃苹果，昨日子吃几斤很的。

昨日子上晚班，今日子睡一天很的。

---

① 鲍厚星，崔振华，沈若云，伍云姬．长沙方言研究［M］．长沙：湖南教育出版社，1999：334．

他把"狠的"记作"很的",认为这些例子中的"'很的'作为宾语中心成分的修饰语,按普通话的语法规则,应加于宾语之前(但要换一个词儿,如'好'),可长沙话语法却可置于宾语之后,而且其感情色彩和夸张语气极为强烈"。[①] 但是,这些例句与"我骂咖他一顿狠的"结构上并无差异,再联系"他喫咖一餐好的"、"小王瞓咖一觉舒服的"两个例句来看,"很/狠"、"好"、"舒服"在语义上都是指向句中前头的谓语动词,所以"很的"应该看作谓语动词的修饰语,并且"很"应当写作"狠"。

李永明老师在《长沙方言》(第527页)中还讨论了长沙话里的"净"。这个词表示"只、光"的意思,在普通话里往往放在动词前面,在长沙话里则是放在动词之后,宾语之前。例如:

你咯隻伢子,何解喫净肉、不吃饭?(你这个孩子,为什么净吃肉、不吃饭?)

何解一天到断黑发净脾气?(为什么一天到晚净发脾气?)

2. 否定补语的词语位于动词之前

先看长沙话的几个例句:

冇得灯,不看见。(没有灯,看不见。)

喂!大声一点吵,不听见咧。(喂!大声一点嘛,听不

[①] 李永明. 长沙方言[M]. 长沙:湖南出版社,1991:526.

见呢。）

他是抽胡说，你不犯着生气。（他是胡说，你犯不着生气。）

他么子也不舍得喫。（他什么也舍不得吃。）

按照括号中普通话的说法，否定副词"不"出现在动词之后、补语之前，对补语内容进行否定，三个成分组合成"动词＋不＋补语"结构。但在长沙话里，表达相同的意思，采用的却是另外一种组合方式，即"不＋动词＋补语"结构，否定副词放在动词之前，补语紧跟在动词之后。这种表达方式（尤其是头两句）在外地人听来很容易引起误解，以为说话人不愿意看、不愿意听。其实，说话人"不看见"是因为没有灯，"不听见"是因为对方声音太小，都是有客观原因的。第三句"不犯着"也是因为人家是胡说。可见，长沙话的这种表达方式，形式上"不"修饰的是它后面的整个动补结构，实际上语义上却是指向动词后头的补语成分。

3. 宾语和结果补语的顺序

在普通话中，动词带有宾语和结果补语（表示通过努力有能力取得的结果）时，语序是"动词＋得＋补语＋宾语"，而在长沙话对等句式中，宾语与结果补语的顺序是"动词＋得＋宾语＋补语"。例如：

你要是讨得她到，老娘死一七。（你要是讨得到她，老娘去死。）

他挑得一百斤起。（他挑得起一百斤。）

他吃得三碗饭完。（他吃得完三碗饭。）

咯隻鸡卖得一百块钱到。（这隻鸡卖得到一百块钱。）

她那样刁，你管得她住？（她那样刁，你管得住她?）

这种句式的否定式，在普通话里是"动词＋不＋补语＋宾语"，而在长沙话里则是"动词＋宾语＋不＋补语"。例如：

追她不到，老子不姓王。（追不到她，老子不姓王。）

他打主意不定。（他打不定主意。）

我管她不住。（我管不住她。）

再慢得一步，就赶车不到哒。（再慢一步，就赶不上车了。）

派人不出。（派不出人。）

抓人不到。（抓不到人。）

长沙话里还有另一种使用否定副词"冇"的句式，其结构是"冇＋动词＋得＋宾语＋补语"，而在普通话里对等的结构却是"没/没有＋动词＋补语＋宾语"，否定副词要改为"没/没有"，不使用结构助词"得"。

他冇考得大学起。（他没考上大学。）

你冇坐得屁股热，就想走？（你没坐热屁股，就想走。）

我冇买得米到。（我没买到米。）

小敏冇做得作业完。（小敏没做完作业。）

4. 双宾语的顺序

普通话里双宾语的顺序是"动词＋间接宾语＋直接宾语"，长沙话里一般的动词所带的宾语在顺序上与普通话相同，但是表"给予"义的动词所带的双宾语顺序特殊，要把间接宾语放在直接宾语之后，例如：

我把哒一本书他。（我给了他一本书。）
他送哒一瓶酒我。（他送了我一瓶酒。）
把件衣你，看合身不？（给你一件衣服，看合身不合身？）
先把钱你，明日子帮我带斤肉来。（先给你钱，明天帮我带斤肉来。）

第二章　熟语、禁忌、行话及女书

第一节　熟语

熟语指常用的固定短语，一般在结构上具有稳定性，在意义上具有整体性。熟语包括成语、谚语、歇后语和惯用语，我们主要说说湖南方言中的谚语和歇后语。

一、谚语

谚语是人们生活中常用的现成的话，是劳动人民对生产、生活实践经验的概括。它口语性强，通俗易懂，而且一般都表达一个完整的意思，形式上差不多都是一两个短句。谚语内容范围极广，类别繁多。湖南民间流传着大量的谚语，我们考察其中最具特色的几类。

1. 农林渔猎类俗谚

"锄头顿得稳，作田是老本"；"金木水火土，泥巴是师傅"，这些俗谚体现了农本观念。

"宁舍一锭金，勿舍一年春"；"打铁辨火色，种田抢季节"，说的是农耕要讲究农时。湖南民间流传"过了正月十五，收起狮子锣鼓"和"过了正月十五，各人寻门路"的谚语。邵阳人说"喝了元宵酒，犁耙握在手"。怀化地区，农历正月十五有"过月半"的习俗，这天的晚餐特别丰盛，叫"月半嘎"。"嘎"指肉。当地的谚语说"喫了月半嘎，脱掉鞋和袜"。这些谚语都是告诉大家：过年到了正月十五就算结束了，农业生产就要开始了。

清明、谷雨是传统农业和林业生产的关键节气，谚语说"清明下种，谷雨下泥"；"清明谷雨两相连，浸种耕田莫迟延"；"植树造林，莫过清明"。

插田的时候，人们最喜欢秧插得正，插得匀。谚语云"插秧插得正，抵得上次粪"；"有秧要插匀，无秧莫单身"。湖南人插田时爱唱插田歌，有谚语说"插田不唱歌，禾少稗子多"。

秧苗插下去以后一周左右，人们就要开始薅田，把田中的杂草踩入泥中，谚语说"水田一蔸草，有如毒蛇咬"；"禾踩三道脚，米都不缺角"。

"蛇打七寸，虫治露头"；"犁田经霜，害虫死光"，总结了治虫的经验。

"两土不和，一年好禾"；"猪肥三层肉，田肥三层谷"，可见农家肥料对收成的影响。谚语又说"井水美如酒，春雨贵如油"；"田是崽，水是娘"；"有水无肥一半谷，有肥无水望天哭"；"恨天不如早蓄水，抗旱不如早修塘"，这些谚语反映了水对水稻种植的重要性，也说明了水利建设的必要性。

"九成熟，十成收"；"十成熟，九成收"。这些谚语是说水稻九成熟时收割最合适，不能等到完全成熟，但也不能提前太多。

现在农村多种双季稻,"双抢"(抢割、抢插)的时间抓得很紧。谚语说"插田如上阵,扮禾如抢宝";"插田扮禾衔饭走"。往昔无打稻机、收割机,收获用扮桶,所以收割劳动叫做"扮禾"。"扮"是摔打的意思。

扮禾后要抓紧时间犁田,越早越好,谚语告诫人们:"七金八银,九铜十铁。"冬季更需犁田备耕,谚语说"冬不耕,禾不青"。

谚语说"天晴的苋菜,落雨的黄瓜";"七葱八蒜,九油十麦",许多谚语为我们总结了园艺生产的经验,值得吸取借鉴。

林业生产意义重大,谚语总结说"治山治水不栽树,有水有土保不住";"封山不育林,等于白费神";"千棕万桐,世代不穷";"种上百棵桑,不怕年成荒"。

植树要讲究时间,冬春季节最佳,谚语说"植树不要让春晓得";"栽杉不过春";"春栽杨柳腊栽桑,正月种松好时光"。

植树要讲究方法:①要深栽,"栽树过腰,胜过水浇"。②要让树根舒展,"种树无法,先栽后拉"。③不同树种对密度的要求不一样,"杉要密,桐要稀,松树喜欢挤,两棵栽一起"。④不同树种对阳光和方位的要求不同,"向阳宜种茶,背阴可种杉";"南边可栽落叶树,北边可栽四季春";"松不下水,柳不上山"。

谚语说"三分造,七分管",林业生产要重视栽植,更要重视管理。

在苗族、侗族聚居区,有"七砍八烧九刨蔸"的造林俗谚,意思是七月将造林地段的灌木杂草砍掉,八月放火烧山,九月刨去柴蔸拓垦。

过去在山中拖运木材依靠人力，劳动强度大，为了不过分疲劳，按谚语"七上八下平一百"的说法设置"拔肩点"，即走上坡路七十步，下坡路八十步，或是平路一百步后，将所扛之木"拔肩"放在路边，由其他人接着扛。

传统农业耕作时要仰仗牲畜，尤其是耕牛，谚语说"冇_{没有}牛莫种田"；"牛是农家宝"；"牛可养家、保家"；"当家要个多嘴婆，耕田要条大水牯"；"三岁牯牛十八汉"。在梅山地区，广泛流传着"寡妇怕死崽_{儿子}，农家怕死牛"的说法。[①] 农民们非常尊重、爱护耕牛。在梅山地区有给牛过生日的习惯。在安化等地，谷雨节是牛的生日，而在有些地方则把立夏日看成牛的生日。牛过生日那天，除了吃饱草以外，主人还要为它们喂鸡蛋、米饭或甜酒，并让它们休息一天，在梅山各地都有"牛歇谷雨马歇社_{春社}，人不歇端午会挨骂"（"谷雨"或作"立夏"）的说法。谚语云"雷打冬，十间牛栏九间空"（"间"或作"家"）。若冬天打雷，对耕牛就更要小心养护，以免"打冬雷，死春牛"。农民对耕牛的感情很深，谚语说"诚心服侍牛，来世不结仇"。连在老人逝世时演唱的丧歌《十等亲》中也赞唱人与牛是最亲的。

谚语说"牛怕晨霜，马怕夜雨"；"要赚畜生钱，要跟畜生眠"，发展畜牧业需要人们身心的投入。

农家选购役牛，首先注意看齿的数量，以此判断牛的年龄和优劣。湘乡谚语说"逢三破二齿，四岁四颗牙，八岁是满牙"。

---

① 刘楚魁. 梅山农事民俗探析［J］. 邵阳学院学报（社会科学版）. 2008，（4）：138—141；新化县志编纂委员会编. 新化县志［M］. 长沙：湖南出版社，1996；尹质彬. 益阳民俗大全［M］. 北京：中国文联出版社，2000.

湘潭谚语说"六齿溜光,七齿遭殃①,八齿平常,九齿买田庄,十齿牛中王"。湘乡、桃江和新化县东部等地的说法是"八齿平平富,九齿买田庄,十齿是或作当牛王"。有九颗或十颗当面下牙的牛被认为是优良的"顺时牛"。农家选购役牛还要看旋。旋有许多种。湘乡牛俗,若牸牛生有穿棕旋就很不吉利,"牛婆穿棕,十栏九空";若牯牛生的是穿棕旋,则是桩大好事,"牯牛穿棕,到老英雄"。牛的最佳标准是"耳朵蒲扇子,嘴巴茶络子,肚皮甑皮子,眼睛铜铃子,四蹄广钵子,肩头风篷子,尾巴扫帚子,双角铁叉子";"有这八个'子',犁田丢鞭子"。劳役牛长到一岁多时就要教犁,即训练牛拉犁,也有些地方待牛长到两岁多时才教犁。人们常说"小孩子教三次会喊娘,牛仔子教三下午会背犁"。

湖南农家普遍饲养生猪。建猪栏时忌说不吉利的话,就连木匠也以默不作声为好,据说这样猪不会打栏惊叫,故有谚语云"王木匠起猪栏,撬口不开"。养猪要选好苗,谚语云"娶亲看娘种,喂猪选猪种"。那些会吃食,"头细尾巴活","梽木叶耳朵,香扦子脚"的猪崽最受欢迎。宁乡流沙河人说"嘴薄耳筒齐,稀毛现薄皮,狮颈铜锣肚,四脚如马蹄,膘肥肉鲜嫩,长势快得奇"。在安化、新化、冷水江和新邵等地,对猪的胎数有讲究,有"头胎猪不肯长,三四五胎长得响"的说法。选草猪(雌猪)做猪婆要注重选奶,谚语说"三奶牛婆九齿牯,猪婆奶子要十五"。养猪要讲究方法,谚语说"养猪有巧,栏干潲饱"。

---

① 宁乡县农村也有"七齿败田庄"的俗语,忌买七颗牙齿的牛来喂。

旧时贫穷人家靠养家禽下蛋换油盐钱和零花钱，故有"鸡鸭喂得全，不愁油盐钱"；"养牛为耕田，养猪为过年，养鸡养鸭为换油盐钱"的说法。

梅山各地都有"鸡打架，有客来"的说法，还流行"鸡落脚，有雨落"；"鸡进笼，近黄昏"等谚语，并用来推测预兆、气候和时辰。公鸡司晨，但天黑时鸡鸣则被认为不吉利，谚语云"擦黑鸡叫鬼进屋"。但如果鸡进笼就叫，特别是雄鸡打鸣，则被看成是好"兆头"。在安化、桃江等地有"上笼鸡，买马骑"的说法。如果一、二更时鸡叫就可能灾祸临头，那些地方有"一更火烛二更盗"的说法。

湖南农家多养狗看家，谚语云"子不嫌母丑，狗不厌家贫"。

湖南境内河湖塘堰随处可见，渔业发达。驾船捕鱼不仅辛苦，而且在江湖风浪中作业也颇危险。谚语说"世上三样苦，打鱼挖煤磨豆腐"。渔民驾船捕鱼是"头顶血布吃饭，手插油锅捞钱"。也有许多人从事鱼类养殖。旧时在湘资沅澧沿岸都有鱼苗交易场所。如湘潭市小东门鱼苗交易场的生意十分兴旺，远近客商都来此贩运鱼苗。每年立春后有百日左右的交易，俗称"鱼逢百日春"。人们认为混合养殖，效益更好，尤其是草鱼和鲢鱼常搭配养殖，有"一草养三鲢"的说法。养鱼有许多经验可学，例如"家宽养人，水宽养鱼"。

旧时山野常有猎人出没。打猎常在寒露以后、立春之前，开春即封铳，人们信奉"打鸟莫打三春鸟，儿在窝中望母归"的说法。打猎多有危险，猎人们对神祇颇为敬重。谚语说"土地不开口，老虫不咬狗"。意思是山中老虎和其他野兽都受土地神（土地菩萨）的管辖指挥。猎人上山打野物多信"兆头"，如出门遇见的第一个人是女人，便认为不吉利，山里猎人常说"出门遇妇女，何不蹲在屋"。猎人们还有"上山赶肉，见者有份"的说法。

2. 工商百业类俗谚

谚语云"家有良田万顷，不如薄艺在身"；"种田吃饱饭，副业赚活钱"。湖南农民爱学手艺，忙时在家务农，闲事外出务工。梅山各地都有"人上一千，五匠俱全"的说法。

关于手工匠人的师承，有谚语云"徒弟徒弟，三年奴隶"，意思是徒弟跟着师傅，头一年打杂，第二年做粗活，第三年才正式学艺。徒弟要尊崇师傅，"一日为师，终身为父"。有的师傅"教一手，留一手"，免得"教熟徒弟'打'师父"，而且"祖上精艺，概不外传"。

旧时造油榨的一般是有钱的地主富农。民间有"办油榨房，冇得后人"的迷信说法。所以，造了油榨的地主富农总是将油榨房租给贫困农民经营，他们收取油租。

谚语云"太岁头上动不得土"。工程建设者开工前往往要请先生算上一卦。

浏阳、醴陵一带是鞭炮、花炮之乡。鞭炮虽小，但制作不易，生产工艺很复杂，故谚语云"寸长鞭炮，七十二套"。

湖南矿山多。挖小煤窑是一项危险性很大的活计，"树怕挖瓢，人怕挖窑"，人们常说矿工们是"吃阳饭，赚阴钱"。

有谚语说"无商不活"；"无商不富"。湖南农民多在赶集的日子或农闲时做一些生意。生意人总结说"做生意三件宝，人缘、门面、信誉高"。

赶集是湖南农村地区传统的商业形式。湖南人称集市为"场"或"圩"（墟）。春节将近，家家要购年货，原来定期开场的集市天天开场，称为"赶年场"。这个时候物价往往会有所上涨，所以谚语说"年关逢货起三分"；"有钱莫买年边货"。

传统典当业有句俗话"当字千年转，卖字不回头"，概括了"当"和"卖"的区别。

经商有其道。俗话说"冇得喜色莫坐店，冇得知识莫理财"；"若要顾客勤来，就要笑脸常开"。对顾客不仅要和颜悦色，更要公平，正所谓"和气能招千里客，公平易取四方财"；"短尺又少秤，店门无人进"；"薄利多销生意好，牟取暴利冷萧条"。买进卖出，要考虑货品种类，"千里不贩青，百里不贩粗"；更要看准时机，"逢贱莫等，逢贵莫赶"。无怪乎人们常说"三年徒弟易学，四年伙计难当"；"称包写算扎，收拾捡点抹"，样样都得学好啊。

谚语说"长工、短工，二十四为满工"。无论农村和城镇店铺、作坊，凡有雇工之家，如果新年要解雇员工，就请他坐上头（首席），所以谚语说"二十四坐上头，背起被窝回家去"。

3. 衣食住行类俗谚

旧时有些贫苦佃农穷得"打壁无土，扫地无灰"，只能"瓜菜半年粮"；"糠菜半年粮"或"红薯半年粮"，衣着就只好"新三年，旧三年，缝缝补补又三年"了。

旧时湖南农民常把红薯当主食。湘中地区农民说"早上全猪全羊（蒸红薯），中午芝麻裹糖（少量大米饭黏在红薯上），晚上吹吹打打（在柴火灶里煨熟红薯，吹打掉上面灰尘）进房"。湘南的安仁、永兴、宜章等县，秋冬以红薯为主食，也流传有类似的说法："早上发冬水（煮红薯粥），中午烧架香（蒸红薯），晚上三吹三打（煨红薯）。"

谚语说"贵州人不怕辣，湖南人辣不怕，四川人怕不辣"。最能体现湖南菜肴风味的首推辣味。湖南人常说"三天不吃辣椒菜，饭难进口胃不开"。小孩子怕辣，长辈们就用"吃得辣子出得门"的谚语来鼓励他们。

湘西土家族、侗族等少数民族爱吃酸味。土家族谚语说"无酸菜不成席"。侗族"正月腌肉，三月腌菜，八月腌鱼"，酸坛子"坛不干，菜不烂"。

湖南人爱喝酒，尤其爱喝用中药材泡制的药酒。谚语云"良医常用酒"。

湖南人爱喝茶，湖南也出产名茶。君山银针就是湖南名茶中久负盛名的一种。谚语说"君山的茶，崀山的麻"。洞庭湖畔的南县、益阳、沅江等地，人们爱喝"姜盐豆子茶"。这种茶的原料除了茶叶外，还有腌渍过的盐姜、炒熟了的黄豆和芝麻，饮来顿觉热辣生津，喉润气爽。谚语云"饭后一杯姜盐茶，胜似朝中做驸马"。

相传清乾隆四十四年（1779）湘潭大疫，居民患膨胀病，县令白璟将药用槟榔分给患者。患者嚼了以后，膨胀消散，身体慢慢痊愈。从此，湘潭人就爱上了嚼槟榔，相沿成习。"槟榔越嚼越有劲，这口出来那口进"。"口"为槟榔的量词。人们用槟榔敬客。谚语说"养妻活崽，柴米油盐；待人接客，槟榔香烟"。

农家招待贵客，一般都是选择一只肥壮的母鸡，做得简单、实在又体面，所以谚语说"小鸡重大客"。

谚语说"樟树上了屋，三月内有哭"，湘北、湘中忌用樟木建房，认为樟木会招来邪精。湘南民间却认为樟木是建房的上等木料。

旧时新晃侗族和龙山土家族都有偷砍梁木（正梁）的习俗，还有谚语说"梁木偷的好"。山林的主人或看守山林者碰上了，还要讲些道贺一类的好话。梁造好后，木匠要用尺子在梁上量了又量，意在驱鬼，因为谚语说"鬼怕尺量"。

侗家建房，特别喜欢"八"和"六"这两个吉祥数字。房屋高矮、进深、开间尺寸的整数或零数都尽量套上八，谚语说"屋高逢八，万载发达；进深逢八，正好安家；开间逢八，阳光满家"。门窗、火炉、楼梯等物的尺寸则尽可能套上"六"，谚语说"门开六，吃不愁"；"格子（指窗格子）逢六，间断鬼路"；"火炉崽逢六，明火燃千秋"；"楼梯逢六，挑谷上楼"。

行船"三面水，一面天"，加上天气难料，颇不安全，所以旧时谚语说"有路不登舟"。船家也有谚语说"行船不敬神，路上没得魂"。他们在舵房立神龛，敬祀杨泗将军、赵公元帅的牌位或木雕神像，长年香烟不断。开船前船家要在船头摆起"三牲"祭礼和"船拐子肉"[①]，烧纸焚香，祈求龙王保佑一路平安无事。对沿途的神灵也要拜敬。如旧时湘潭的船，行船后在船头挂一面铜锣，见庙鸣锣，船主到船头跪拜祈求。涟水上游多激流险

[①] 船拐子肉：船民喜欢吃的一种肉菜，二寸见方一坨，烹饪时加豆瓣酱和白干子豆腐。岸上人称之为"船拐子肉"。

滩，船家不仅逢庙敲锣敬拜，到了水府庙这样的大庙还要"戴起帽子敲响锣，水府庙里还雄鸡"，鸣炮拜敬。资江上航行的船只，到邵阳要祭祀水府菩萨，到益阳要祭祀魏公真人、杨泗将军，过洞庭要祭祀洞庭王爷。行船要择吉，俗有"七、九不行船"之说。

4. 婚丧嫁娶类俗谚

旧时婚姻重视媒人的作用，谚语云"天上无云不下雨，地上无媒不成婚"。讲求八字相合，如遇八字不合，湘中、湘南等地以更改出生年月日和时辰来对付算命先生的推算，尤其是属相为虎或羊的女子多用这个办法，不然嫁不出去令人发愁，难怪谚语说"男命无假，女命无真"。

旧时有童婚习俗，常有"十八姑娘三岁郎"的现象。

湘西土家族在土司统治时代盛行"接骨种"即姑舅表婚婚俗，姑妈之女必嫁舅舅之子。谚语云"姑娘（姑妈）女，顺手取"；"舅舅要，隔河叫"。对此，清政府曾下令禁止也无济于事。

湖南民间尤其是民族地区新娘出嫁前都兴哭嫁，俗以为娘家"不哭不发，越哭越发"。

常言道"新婚三日不分大细(老少)"。湖南农村有"吵家爷老子(公公)"的习俗，也称"吵烧火老倌"。婚宴散了以后，长辈、同辈和晚辈都可以让家爷老子翻披棕蓑衣，一手拿拨火棍和烂蒲扇，一手拿个吹火筒，大家一面簇拥着他游走，一面要他大喊"我会'烧火扒灰'！我是'烧火老倌'！"或者审他为何要"烧火扒灰"，甚至要他表演"烧火扒灰"。在一片嬉笑声中家爷老子被如此逗耍仍毫不生气。人们认为"不吵不发，越吵越发"。

新晃贡溪谚语说"接个媳妇满堂红，嫁个妹崽满堂空"，可见婚假耗费不菲。

旧时要求妇女从一而终，谚语云"嫁鸡随鸡，嫁狗随狗，嫁根木头背起走"；"男人嫌老婆一张纸，女人嫌丈夫嫌到死"。湖南民间俗称妇女再嫁为"下堂"、"出堂"。谚语云"下堂不认亲生母"；"下了堂，不认娘"；"好崽不事出堂母"。

湖南民间极重血缘和后嗣，人们打心底里祈望"有媳必有子"，"早生孙子早享福"，"最怕做不发芽的'枞树（松树）兜子'，老无所靠，断了香火"。湘西、湘南等地，小孩出生后，孩子的父亲或家人赶紧带上礼物去岳父母家报喜，岳父母家再约定日子，邀集一些亲友来女婿家祝贺，俗称"送祝米"，也称"送粥米"、"送鸡米"。有谚语说"男家不报喜，女家无祝米"。浏阳人报喜，生男婴带茶，生女婴带酒，所以谚语说"茶伢子，酒妹子"。

往昔难产多，谚语形容说"生毛毛只隔阎王一张纸"。

谚语云"三日看相，百日看长"。俗称婴儿诞生百日为"满百日"，民间往往置酒庆贺。

谚语云"年满花甲才庆寿"。民间一般要在满五十岁以后的逢十生日才做。不过常德、安乡谚语"人人有个三十六，喜的喜来忧的忧"。据说三十六岁是人生的一大关口，跨过去了就意味着一生平安，所以往往置酒"过关添寿"。民间做寿，一般是男重虚岁，女重实岁，俗称"男进女满"；蓝山瑶胞则是"男做平头女做一"。衡南、衡山一带谚语说"生不请，年不辞"，认为请人来庆贺生日不光彩。

旧时人们早早地就要着手考虑身后事，谚语甚至说"三十岁做棺木不为早，四十岁做棺木不为迟"。

旧时很讲究老人落气的时间，特别忌讳犯"重丧"和"三丧"。"重丧"指老人的生辰和死辰相克，如果相克，据说老人死后其家里或附近邻居还要死一个人。岳阳地区谚语说"死日犯重丧，百日有人亡"。"三丧"指老人的生辰、死辰与子孙的生辰相克，也有谚语说"三丧死光光"。犯"重丧"和犯"三丧"合称"犯空"。为了使老人死时不"犯空"，不少人家给老人喝人参汤，并对他呼唤："现在不能去！这个时辰去不得！"借以改变落气时间，谓之"吊气"（又叫"吊时辰"）。

5. 四时节日类俗谚

过年前，湖南民间有扫尘除垢的美俗。邵阳谚语说"十二月八，洗邋遢"。不少人家从这天开始"扫年"。连烧柴的火塘也要扫除"塘墨"，俗话说"二十四，打扬尘"。

过年是一家人团圆的日子，就像谚语说的"寒露霜降水推沙，鱼奔深潭客奔家"，外出的人千里迢迢也要赶回家团圆。

俗称除夕为"年三十夜"。俗话说"年三十夜的火，元宵夜的灯"。除夕夜守岁，要烧旺火，越旺越好，而且要为来年留下火种。

谚语说"叫化子也有个大年三十"，但旧日有在除夕了结债务的习俗。

正月里要外出拜年，拜年的次序是"初一崽，初二郎，初三初四拜地方也云'团坊'"，但也有初三初四先到亲戚家去拜年的，如邵阳是"拜舅爷舅娘"，醴陵是"拜干娘"。

正月十五是"一年明月打头圆"，湖南民间非常重视这个节日。临湘民众称之为"月半",把它看得比过年还重,谚语称"年小月半大"。

俗话说死者"不望年,不望月,只望清明一片白"。湖南各地对清明"挂青扫墓"非常重视,有谚语说"清明记冢,月半记名"。蓝山县和辰溪县民间都有在清明时节插柳的习俗:蓝山谚语说"清明插柳,端午插艾";辰溪谚语也说"清明不插柳,死后变条牛"。湘潭民间流传着清明节"吃青"的习俗。人们摘蒿子,扯夏枯草、车前草与鼠曲草,洗净切碎,拌和大米粉做粑粑吃,说是"清明吃了青,走路一身轻"。

谚语说"牛歇谷雨马歇社,崽儿子歇端午爷父亲不骂"。旧时每到端午节,农村与集镇人家停工休息,许多人倾家出动,奔走数十里去观看或参加竞渡。邵阳等地有"五月五,接起妹子回家过端午"的说法。清朝和民国时期,因龙舟属宗祖或街道、码头管辖,人们把输赢看得很重,俗云"宁输一甲田,不输一年船"。湖南民间还传说端午日是药王生日,是上山采药的最好日子,采的药特别灵效。谚语云"端午节前都是草,端午来到都是药";"端午百草都是药,只怕凡人认不出"。

中元节是湖南百姓祭祀祖先的日子,桃江民间每天"一茶二饭,供香供亮"。"送客"时普遍要烧包,送"新客"还要烧纸扎的"金银山"、"衣冠箱"。俗话说"七月半,鬼乱窜",零陵、汉寿等地为防止野鬼"抢钱",烧包时在火堆外用石灰撒一个白色圆圈以示警戒。

中秋夜,湘中地区民间不分男女都喜欢偷别人菜园里的菜,甚至是调味、炊具,在野外煮着吃,据说吃了身强力壮。腰痛的，到桥底下煮食，据说吃了腰也不痛了。主人发现了也不骂，据说越骂越灵。俗以为中秋偷瓜不算偷，不违乡规禁令和道德规范，因此偷瓜挨骂者少，偷瓜者便挑选爱骂的人家偷，希望饱挨一次骂。俗话甚至说"中秋偷瓜，越骂越发"。娄底、湘潭、湘乡、宁乡等地有中秋节烧宝塔的奇异风俗。湘潭市民用窑砖架成"塔门"，用瓦片砌成圆形宝塔。宝塔要烧得通红透亮。谚语说"宝塔烧不红，一境不安宁"。湘潭市郊湘江之滨有一座宝塔山，上有一高峰塔。中秋日，无论贫富都喜欢来此游塔。湘潭谚语说"一身烂得如鸟啄，八月十五游宝塔"。

6. 民间信仰类谚语

旧时孩子因惊吓而闹病，民间认为"丢了魂"，要给孩子喊魂。一般是由母亲来喊。俗话说"娘喊千里"，意思是母亲的呼喊对千里之外的儿女的魂魄有效应。

湘乡有句谚语"禾起虫，舞火龙"。舞火龙的时间是正月十五。舞者将九个草把装在木把上，将点燃了的三十六根线香分别插进九个草把上，组成一条火龙，然后敲锣打鼓，舞着这条火龙在田垄间穿行以禳虫灾。

打龙船卦是梅山地区收瘟摄毒的一种独特形式。打龙船卦者大多是不顺时的师公子（巫师），所以俗谚云"师公子背了时打龙船卦"。

泸溪、凤凰苗胞忌婴儿出生未满四十天，产妇还是"空肚子"时就进别人家，当地的谚语说"空肚子进屋，人财两空"。

湘潭忌讳正月初一有猫、猪闯进门来，谚语云"猫来穷，狗来富，猪来了背麻布"。背麻布意思是披麻戴孝办丧事。

湖南各地都忌讳将在外面死亡者的遗体抬进住房装殓，谚语说"冷尸进房，家败人亡"。

湖南民间谚语生动形象，富于地方特色。谚语大多讲究押韵，如长沙谚语"九月九，蛇进土"，用普通话念不押韵，用长沙方言念成［tɕiəu⁴¹ye²⁴tɕiəu⁴¹,sə¹³tɕin⁵⁵tʰəu⁴¹］，是押韵的。再如"地主心［ɕin³³］，毛铁钉［tin³³］，心好狠［xən⁴¹］，钉好深［sən³³］"；"乌鸦笑猪黑［xə²⁴］，自己不觉得［tə²⁴］"；"黄春和的粉，半雅亭的饺，火宫殿的臭豆腐香又辣［la²⁴］；杨裕兴的面，徐长兴的鸭［ŋa²⁴］，柳德芳的汤圆真好喫［tɕʰia²⁴］。"湖南民间谚语的地方特色还表现在方言词语的使用上。如长沙谚语"岁朝宜黑四边天，大雪纷纷是旱年"中的"岁朝"指的就是大年初一，"天上现了鲤鱼斑，明日晒谷不要翻"中的"鲤鱼斑"是一种云彩的名字，"罩子收不起，出门戴斗笠"中的"罩子"指的是雾，"现风石出汗，塘基胀烂"中的"现风石"指墙脚的基石，"羊咩咩飞满天，大水冲坏田"中的"羊咩咩"指的是蜻蜓。①

二、歇后语

歇后语一般由两个部分组成，前半截是形象的比喻，像谜面，后半截是解释、说明，像谜底。在一定的语言环境中，通常说出前半截，"歇"去后半截，就可以领会和猜想出它的本意，所以称它为歇后语。歇后语也叫俏皮话，有谚语的作用。

---

① 湖南省长沙县志编纂委员会编.长沙县志［M］.北京：生活·读书·新知三联书店，1995：680—684.

湖南人说话幽默风趣，言谈中常常夹用歇后语，1995年版《长沙县志》就搜集了不少歇后语①。和其他地方的歇后语一样，长沙的歇后语也可以分成两种类型：一种是逻辑推理式的，说明部分是从前面比喻部分推理的结果。例如：

歪嘴巴生胡子——偏生。

茅屋子安寿星——不配。

聋子的耳朵——配像。

吃稀饭摆酱油碟子——摆味。

西瓜皮打掌子——开溜。

被窝里面打屁——独吞。

打赤脚游马路——过硬。

脑壳上戴套鞋——不是脚。

叫化子扯乱谈——穷快活。

老鼠子爬秤钩——自称自。

吃了夜饭拉縴——扯不抻。

六月天背媖驰晒太阳——假殷勤。

碓窝子里春菩萨——鬼起蹦。

六月间的笋子——变了卦。

和尚做新郎公——头一回。

实竹子吹火——一窍不通。

---

① 湖南省长沙县志编纂委员会编.长沙县志[M].北京：生活·读书·新知三联书店，1995：684—686.

何仙姑打伞——一路同行。

土蛤蟆坐牛屎——一品人物。

壁上挂团鱼——四脚无靠。

十五只吊桶扯水——七上八下。

张果老卖寿星——倚老卖老。

屋檐上挂马桶——臭名远扬。

瞎子吃汤圆——心里有数。

瞎子走过芋头田——尽是门槛。

叫化子骂狗——不是东西。

泥菩萨过江——自身难保。

剃掉胡子唱小旦——不阴不阳。

六月天同猪打扇——朝钱着想。

马桶上贴和合——尽是禁忌。

黑角弯里吊颈——自宽自解。

床脚下打斧头——碍上碍下。

买淡干鱼放生——不知死活。

三十晚上猫叫——兆头不好。

荞麦田里捉乌龟——稳捉擒拿。

坐了一屁股屎——不知香臭。

黄鼠狼同鸡拜年——不怀好意。

李子树脚下窨醋罈子——又酸又涩。

磨圞古_{石头}下锅——不进油盐。

茅厕里的磨圞古_{石头}——又硬又臭。

药铺里的甘草——少不得它。

狗咬老鼠——多管闲事。

进棺材还要打粉——死要面子。

棺材里伸手——死还要钱。

王八敬神——作古正经。

檀木雕菩萨——稳稳当当。

戴碓窝子打加官——费力不好看。

家爷背媳妇过河——费力不讨好。

猪八戒照镜子——里外不是人。

阎王老子开饭店——鬼都不上门。

蚂蚁子打呵欠——好大的口气。

三隻鱼夹隻把猫吃——图一个清静。

叫化子烤火——只往胯里扒。

吹鼓手买田——嘴巴赚得来的。

三个钱买烧饼——不晓得厚薄。

六月天里穿棉袄——奈何他不得。

还有一种是谐音的歇后语，它在前面一种类型的基础上加入了谐音的要素。谐音的基础是方言的语音，有的是完全同音的，例如：

王老倌挖银子——一锭（定）[tin^{55}]。

歪嘴巴吹牛角——斜叫（邪教）[ɕie^{13} tɕiau]。

左撇子打拳——右（又）[iəu^{21}]来。

瞎子挂坟——古（估）[ku^{41}]堆。

壁上挂蓑衣——不是画（话）[fa²¹]。
乌龟过门槛——磕（阔）[kʰo²⁴]得响。
炭丸子跌得尿桶里——黑（嚇）[xə²⁴]散哒。
驼子作揖——稽首（起手）[tɕʰi⁴¹ səu]不难。
和尚打伞——无发（法）[fa²⁴]无天。
空棺材发发靷——木（目）[mo²⁴]中无人。
屁股上挂钥匙——锁（所）[so⁴¹]管哪门。

有的则是音相近的，例如：

眉毛上吊钉锤子——磕齿[kʰo²⁴tsʰɿ⁴¹]（可耻）[kʰo⁴¹tsʰɿ⁴¹]。

歇后语中有许多地方色彩浓厚的方言词语，如湘乡方言歇后语：

碓坎做帽子戴——顶不起。（"碓坎"指旧时用来舂米的石臼）
石板上扳瓷坛——过硬。（"扳"是摔的意思）
肚婆子要屁吃——口里冇味。（"肚婆子"指孕妇，"冇"是没有的意思）
屋檐上吊猪胆——苦滴滴哩。（"苦滴滴"形容很苦）
三十夜里的甑箅子（形容某种物资紧俏，买不到借不到。甑箅子是陶瓷制品，也有用竹篾编制的，有孔，是一种放在锅内用于蒸制食物的炊具。除夕，家家都要用来做年夜饭）

第二节 方言禁忌和谐音民俗

一、方言禁忌

禁忌是人们基于对神圣的、不洁的、危险的事物所持态度而形成的某种禁制，是人们为自身的功利目的而从心理上、言行上采取的自卫措施，是从鬼魂崇拜中产生的。我们在这里主要说说湖南方言中的禁忌。

旧时上山伐木有不少语言禁忌。如伐木者之间在大山中互不直呼其名，一律用"哦嗬"来招呼对方，怕山妖鬼怪听到名字会来危害人。伐木时还忌讲"血、蛇、虎、豹、黄蜂"及其谐音字。

旧时放排的人忌讲"翻"、"散"、"鬼"等字及其谐音字。木排过险滩时不准讲话，以免惊动水鬼。蓝山瑶胞忌在河溪的木排上说"伞"（散），要将"雨伞"说成"雨遮"；也忌说"开"（分开），要将"开排"说成"摇桩"，否则木排在风浪中易散开。

行船时的语言禁忌，主要依据语言的语音和语义而定。湖南方音浓重，故各地行船的语言禁忌有的相同，有的不同。如地处澧水流域的慈利县船民，在船上不能讲"盛饭"，只能讲"装饭"，因为慈利方言"盛"谐音"沉"，怕船沉，所以改说"装饭"；"炉锅"也只能讲"黑宝"，因为慈利方言"炉"谐音"漏"，怕船漏，故改讲"黑宝"。在郴州地区，从码头开始航行便不能说"开船",只许讲"行船"。行船要择吉,俗有"七、九不行船"之说。在船上忌说"打"、"撞"、"浅"、"漏"等字。早上行船更严格,谁犯了禁忌,船主就会责令谁停止上船。船家还把平日说话作为一种预兆,俗称"口风"。如"水滚了"(水加热沸腾了)要说"水熟了","筷笼子"要说"筷蛇子","停船"要说"安船","瓮坛"的"瓮"有个单音节同音词有没入水中的意思,所以要称瓮坛为"长坛"。船家不喜欢乘客打听行程。遇到乘客打听,便总是以"行船跑马三莫算"之类的话来搪塞。因为旧时船家忌讳时间、地点和气候三个方面的公开明算,只能在心中默算,此所谓"天机不可泄露"。

渔民驾船捕鱼不仅辛苦,而且在江湖风浪中作业也颇危险。渔民们忌说"沉"、"翻"、"劫"、"霉"、"洗"、"倒"、"龙"、"虎"、"鬼"、"梦"等字眼及其谐音字。若船主姓陈,要改姓"鲍"(谐音"浮")。盛饭要说成"添饭",眉毛要叫"时毛",洗澡要叫"筛凉",倒水要叫"清水",倒桅要叫"眠桅",虎要叫"猫",鬼要叫"田儿子",梦要叫"南柯子"。语言上的禁忌也会延伸到行为方面,如在船上就餐,舀汤水喝的调羹不能覆置;吃鱼时吃了一边,吃另一边不能翻过来吃,而要去掉鱼骨再吃;碗不能扣放;筷子不能横架在碗上;就餐盛饭时,要注意当时是什么风向,饭瓢要从顺风的那边挖饭,叫"开风口",取顺风之意。船上不能坐"七男一女",认为这是"八仙过海",龙王要抢亲,于是采取抱狗抱猫或提鸡上船凑成九个的办法来免灾。渔船初到外地水域,若外地有人叫了自己姓名,认为不吉利,为避讳,当天就不下船。有的渔民相信"七不出八不归,九日出门空手归"

的迷信说法，初七至初九不出船捕鱼。造船用材要"头不顶桑，脚不踩槐"，就是说船头不能用桑木造，船底不能用槐板造，因为"桑"与"丧"谐音，不吉利；"槐"则象征福气，不能将福气踩压在脚板底下。各地建房也普遍不用桑木。

乡话流行地区的人们屋柱不能全用椿木。"椿"与"春"谐音，春天万物勃发，用椿木做柱子，预示着会人兴财旺。若谁家屋柱全用椿木，同寨的人认为那只会兴旺建房的这一家，必然起来反对。他们的心理是不要集中兴旺一家，寨子里每户都用点椿树做柱，户户都有点兴旺才好。

建猪栏时忌说不吉利的话，就连木匠也以默不作声为好，据说这样猪不会打栏惊叫。

喂猪时，忌将猪潲槽朝北放，因为"北"和"白"方言谐音，意味着白喂了，无利可图。

盖瓦匠避讳老祖师鲁班的小名"双"，故盖屋顶安瓦时忌安双行，否则是对老祖宗的不尊敬。

铁匠避讳老祖师老君小名"吹儿"，故在九月初九日忌吹口哨。

旧时养鱼的人将鱼苗放入池塘时，忌讲"鱼鹰"、"水獭"、"吃鱼"等话语。

挖小煤窑是一项危险性很大的活计。为祈求安全，小煤矿上有很多禁忌。如在窑山忌讳"死人"、"倒"、"塌"、"背时"等不吉祥的词语。

外出联手做生意，一般为三人，忌讳去四人或六人，认为"四六不扯伙"。

购物称重忌讳三斤六两,认为这是给死者烧纸钱送终的重量;也忌讳五斤四两,认为这是人脑袋的重量。若遇到这两个重量,一般都要避开。

湘潭等地卖货收款,宁可少一毛,也不收三元三角、一十三元三角或二十三元三角。因为旧时巫风盛行,巫师常用巫术为人驱鬼收魂治病,所得酬金(包封钱)正是这些数目。若做买卖的人收到这些数字的钱,认为是很不吉利的,担心有疫鬼缠身。

开药铺和棺材铺的人说话很小心。如顾客离店时,不能说"恭候光临"、"欢迎下次再来"之类的话。若这样说,顾客会认为对他不怀好意,是在诅咒他,预兆不好。

制作棺木,不宜直说,要说做"寿器",做"长生",做"大料","起千年屋"。

寿服无论男女一般为五件单衣单裤,俗称为"五层",寓意"五行命运好"。若穿七层,"七"与"妻"谐音,则"妻离子散"。寿衣忌双数,怕死"一双"。寿衣忌用蓝色,因"蓝"谐音"难",怕亡者到阴间生活艰难。寿服用青色棉布或绸子,而不用缎子,意在亡者的后代将"绵子"、"稠子"而不"断子"。

南岳、株洲播种时忌讲话,更忌小孩走来叽叽喳喳,否则鸟雀会来啄食种子。

湘西南侗胞狩猎时忌呼兽名,否则狩猎无获。

湘潭忌分吃梨子,否则会因"梨"、"离"同音而分离。

各地都忌早晨"放快",即忌讲"鬼"、"瘟"、"死"、"杀"、"病"、"龙"、"虎"、"豹"、"背时"、"倒霉"等。永顺、保靖等地还忌讲"没有"、"不要"、"睡了"等,否则这天不吉利。

湖南人虽然在欢欢喜喜中过节，但在"慎始"、"求吉"观念的支配下，其心态仍然是虔诚、严肃而警觉的，生怕做错了事、讲错了话而犯禁忌，影响全年人丁的兴旺和家境的祥和富裕。他们忌讲"死"、"伤"、"病"、"痛"、"祸"、"鬼"、"输"、"穷"、"背时"等不吉字眼；忌恶语伤人和打骂孩子；忌借钱讨债。除夕和大年初一不能讲"老虎"，即使是与"虎"同音的"斧"也要称"开山子"。如果一定要讲"老虎"，那就称"猫"。

各地都有一种对某些事物忌直称而换以替代词语的习俗。如过年时临湘一带忌直说"杀"，遇到别人家杀年猪，用"洗"代替"杀"，再加客气词语，说成"恭喜你家洗发财猪"。石门、泸溪忌直称蛇，石门改称"长虫"，泸溪改称"长腰"。湘中、湘东忌直称龙而改称"溜子"，忌直称出麻痘而改称"出喜事"，连老鼠也忌直称而改称"高客"。湘乡有一首山歌，是这样唱的：[①]

送郎送到天井边，
天井两边挂泡皮。
莫学泡皮千只眼，
要学蜡烛一条心，
黄土盖面不断情。

歌中的"泡皮"指的是灯笼。这一名称可能与忌讳有关。传说湘乡曾出过一条恶龙，把县城变成一片汪洋。观音菩萨显圣，

[①] 杨慕如. 品味湘乡话 [M]. 长沙：湖南人民出版社，2007：49—50.

制服恶龙,用一神链将其锁在一眼井中。为感谢菩萨,人们在锁龙处建云门寺。可能是人们对恶龙心有余悸,谈龙色变,就连读音相近的字也要避讳,故灯笼就叫"泡皮","出龙"叫"出溜子","垅里"谓之"溜里",韶峰上有个"文家溜",应该也可以叫"文家垅"。在湘乡人的口语中常用"泡皮"作比喻,如:"四老倌就爱吹,讲起夜壶泡皮大。"

对于小孩的乱言乱语易犯禁忌,有时候甚至会贴出"童子之言,百无禁忌"的红签以禳解。

从前,湖南无论城乡,客人到家必先敬烟。主人为前来做客的朋友们点烟火时,不要"一火点三支"。划一根火柴或按一次打火机,连续点燃三个朋友手中的一支烟,俗称"三火"。"三火"与"散伙"谐音,是不吉利的。

二、谐音民俗

方言禁忌常与谐音民俗密切相关。谐音民俗是由于字词同音或近音,在趋吉避凶心理的驱动下形成的民俗现象。方言区的谐音民俗是建立在方言语音系统的基础上的。湖南地区有许多有趣的谐音民俗现象。例如郴州拜节的礼品中的鱼必须是草鱼,不能是鲤鱼,因为鲤鱼是"大肚鱼",用作礼品被认为是对女方的不尊重。湘潭则相反,以送鲤鱼为上等礼品,因为"鲤"与"礼"谐音,表示女方"知书达礼",是对女方的客气和尊重。湘潭对送草鱼作礼品很反感,草鱼吃草,肚里是草,送去草鱼有表示岳父母是草包之嫌。

各地将团年饭煮得多,吃不完留到新年。鱼吃不完也要留到新年。就是穷人过年无鱼，也要摆上一条雕刻的木鱼。这些都是寓意有吃有剩，年年有余。平江县过年要吃芋头，"芋"、"余"谐音，取有"余钱余米家庭富余"之意。① 芹菜在湖南多做配料菜，"芹"谐音"穷"，各地改称为"富菜"。过年要吃富菜，寓意来年富足。除夕夜，农家爱烧大而干的枫树蔸。"枫"与"风"同音，寓意为来年喂猪将风吹夜长。守岁时长辈给小孩压岁钱。"岁"、"祟"同音，"压岁"即"压祟"。

正月初一吃的食品蕴含吉祥象征意义。如各地这天爱吃黏性强的圆形糯米糍粑以象征团结和乐，福寿绵长。平江、东安民间爱吃长面条，象征长春长寿。益阳民间爱吃三丸（藕丸、肉丸、蛋丸），形状圆且用红糖相拌和，象征万事圆满，甜蜜兴旺。湘乡农村喜吃白菜，象征新年百事顺遂，万事畅通。醴陵农村则要吃金瓜（南瓜）、芋头、青菜、白菜，象征新年将"堆金积玉，清清白白"。

湘西花垣苗家的新娘上轿是由亲哥哥或堂哥哥背，脚不践平地。"平"谐音"贫"。不践平地寓意新娘会兴旺发达，不会贫穷。

旧时妇女缠足，结婚时要备上三双"三寸金莲"（小鞋的雅号），其中用于上轿时穿的那一双，鞋面一定为紫色，鞋底为白色，称为"紫面白底"。因为"白"谐音"百"，"紫"谐音"子"，"百子"取意新娘去新郎家多生儿子，今后儿孙满堂。

蓝山瑶乡产妇带满月婴儿回娘家，婴儿外婆要将一蒸饭的饭

---

① 出于同样的道理，安化、双峰把芋头作为中秋节日的必备之菜。

甑倒放，里面铺贴红纸或红布，将婴儿从饭甑中穿过，俗称"拱甑子"。究其原因，蓝山方言称蒸饭为"炊饭"，"炊"与"吹"同音，寓意婴儿将"风吹夜长"，飞快长大成人。

第三节　行话和隐语

行话指社会上的一些集团、群体，由于工作上、活动上或其他目的上的共同性，在相互之间交往交流时，会创造、使用一些不同于其他社会群体的词汇、用语或符号。

湖南的木瓦工匠中流传一种俗称"木瓦工条子"的行话，分为五类：

一是姓氏行话。如对姓刘的称"集"或称姓"急河的"；对姓王的称"要"或称"横杆子"；对姓石的称"打不进"。

二是称谓行话。如称师傅为"匠老"，称徒弟为"青工"，称同行为"源老"。

三是工具名称行话。称尺为"量天子"，墨斗为"江湖"，凿子为"穿山子"，刨子为"度老"，木马为"鸳鸯"，斧子为"开山子"。

四是生产行话。如称上工为"南老上调"，收工为"南老故老"，钉钉子为"添钉"，捡屋瓦为"参见"。

五是日常生活行话。包括：（1）吃的，如称肉为"行老"，鱼为"扎老"，鸡为"窝老"。（2）用的，如称碗为"莲花子"，筷子为"先尝子"，罐子为"鸟把"。（3）同行交谈。如木匠在干活，与他交谈的人，先要站在他的砍凳右边，讲话时双手齐胸打拱，讲恭贺他的话："匠老柯的发旺哪！"木匠一听就明白来者是同行。又如，甲地木匠到乙地木匠工地找活干。若乙地木匠问："从何而来，到哪儿去？"甲地木匠答："从鲁国来，到东京去，上金山、银山。"乙地木匠虽然不认识甲地木匠，但一听是同行，就会马上想方设法帮助找事做。

旧时轿子和滑竿是重要的交通工具。抬轿子或滑竿时，前后二人要善于套步伐，做到"步套步"，踏在一个点子上。逢转弯和上坡下坡，以及路面出现异常情况时，抬前头的要及时向抬后头的"报路"，抬后头的则要及时"应路"。报路和应路有一套固定词语。路上遇到行人，前头的报："两边有。"后头的应："中间走。"遇到独木桥，前头的报："独桥两空！"后头的应："端踩当中！"上坡，报："步步高哟！"应："使劲蹬嘛！"下坡，报："溜溜坡！"应："慢慢梭！"走上平路，报："长出一口气。"应："快慢全由你。"如此，一报一应，配合默契，省力又安全。经常抬轿或抬滑竿的人，一般都有自己的搭档。

湖南境内河流纵横交错，湖泊池塘星罗棋布，渔业历来发达。养鱼先要买进鱼苗。卖方将"鱼水"（鱼苗）一碗一碗拨进买方鱼盆，边拨边唱数。唱数时，每个数字前总要唱一个"多"字，如"六碗"要唱成"多六碗"。鱼苗放入养鱼池塘时，卖方总赞"年长千斤"、"恭喜发财"之类的吉祥语。

小商贩们走街串巷，他们的叫卖声常用来直接说明所售商品的名称、特征，富于宣传性和诱惑力。根据卖方对象和出售环境的不同，时而高调，时而低声，以特有的韵味和节奏显示出地方特色。有的像湖南老少都爱唱的花鼓戏曲一样，拉长腔调，有板有韵,悦耳动听,在繁华的闹市中给人一种特殊的音乐感受。有的小贩将代声(以其他器物发出的用来代替叫卖声的声音)和叫卖声结合起来。如补锅匠和整鞋匠一面将串铁(又名惊贵)晃得叮叮当当响,一面用拖腔转韵的中音反复呼叫"补锅呃——补锅","整鞋……呃!"阉匠阉猪阉牛,常唱《加膘歌》:"吉日良辰大吉昌,奉请华佗到此方,宝刀一把将猪(牛)阉,阉个去势滚滚壮,加膘!……"①

据史籍记载,自明末以来,地处新晃侗族自治县㵲水(沅水支流)与龙溪口汇合处的龙溪口就是湘、黔、渝比邻的二十多个县市范围内最大的牛市。牛市交易过程中,除了使用本民族的语言外,大多还要讲汉话(当地人称为"客话")。而此时此地讲的汉话,大多是歇后语、双关语和江湖话的杂烩。不熟悉内情、不懂行的人听起来简直不知所云、莫名其妙。比如第二次议价时,卖主要加价说:"我是矮子上楼梯。"(省去了歇后语的后部分"步步登高")买主却只肯出原价,说:"我是外甥打灯笼。"(同样省去了歇后语的后部分"照旧")又如买主用手拍着牛背吆喝:"我看像杉木扁担啰!"(意思是说,好看是好看,但挑不起重担,犁不了多少田)卖主马上牵起牛走一圈,边走边说:"莫要不识货,太上老君的坐骑,黄飞虎的战马,再次也有八成。"如此,等等,不胜枚举。②

旧时湘潭牙行甚多。经官府批准的牙行,领有"牙帖",可

---

① 刘楚魁,彭友华. 梅山乡村非农事民俗 [J]. 怀化学院学报. 2009,(4):10—13.

② 巫端书. 芙蓉国里的民俗与旅游 [M]. 北京:旅游教育出版社,1996:155.

在招牌上写"官牙"二字。牙行的经纪人又称掮客、中人、牙子，他们熟谙市场行情，懂得江湖口诀和商场隐语。有时通过"袖里吞金"即在袖筒里捏弄手指的方式讨价还价。

旧时无论坐商行商走贩，对购进卖出和批发零售的价钱普遍对外不明说，均以隐语暗码代替，其中以一至十这几个数字的隐语暗码最多。如湘潭的许多行业都是用不同暗码代替这十个数字，例如菜贩子的"辰庚老苏街衡州庄岩辰"，南货业的"引利顺希孔交皂言切之"，粮食行的"乙都些差潘炭柴赫曲乙"，油盐花纱行的"乙斗仙叉潘炭才哈曲乙"，钱庄的"公滥餐搜母闹抄敲弯石"。连撑船师傅在船上做生意也用暗码"刘月汪则中人性张爱足"来替代。这十个暗码，有的来由还比较清楚。如南货业的"一二三"字的暗码是各取"引利顺"的一部分，即"丨刂川"。油盐花纱行"一二三"字的暗码则是字音、字形与字的笔画相结合："乙"取字音相同与字的笔画数为"一"，"斗"取字形中左上的两点为"二"，"仙"取字形中的右边部分"山"的读音为"三"。有的暗码来源令人费解，不排除有行业首领确定某些字作为暗码的可能性。如湘西的商人一至九的数字曾经用"页台歇盘查劳桥敲烧"来替代，流传久了便尽人皆知，于是改用"丹泽川线雅巴见眉湾"来替代。湘西还有用"旦底、抽工、眠川、回四、缺丑、断大、皂底、入开、去丸"来替代这九个数字的方法，也有用生活中常用的用具、工具或常见之物如"扁担、筷子、撑脚架、耙头数、抓老子、两头翘、小弯钩、眉毛数、大弯弓"来替代的。

交易记账时也采用暗码替代。如有的将大写的一至九写成

"土贝乡长仁耳木另王"。用暗码记账方式流传很广,连农村也采用,如双峰县龙田乡官托,一至九写成"｜刂刂刂乂ȣ亠亖三久"。

湘潭粮食行隐语说"他"为"踏傻子","我"为"采风们","吃饭"为"返光","客人"为"客胡子","同行"为"汉世子"。

湘潭的油盐行伙计与买方谈生意,老板认为价钱谈得合适了,便走拢去不动声色地细细讲一声"酸菜叶子",即是示意伙计不要再和买方讲价了。湘潭的油盐行还称"货物"为"哑子",寓意是货物虽像哑子不能说话,但人可以动脑筋把生意做活。

商贸隐语大多从上辈承袭而来,往往难以探究其根源。其使用目的是为了信息和行情的保密,为了垄断生意和获得利润。1949年以后,商贸隐语逐渐消失了。

旧时湖南民间秘密帮会(会党)多属洪门,俗称洪帮(也称红帮)。其名称各地不同,有称天地会(三点会、三合水、三合会)的,有称哥老会的,还有的地方称袍哥、双流、洪江会等。由于洪帮成员习惯以食指和拇指弯成一个圆圈儿,所以湖南民间又称之为"圈子会"。"三点暗示革命家,入我洪门莫通风",为防止泄露机密,帮内普遍使用隐语、隐字、手势和暗号。如发誓称"抖海",淌血称"流光子",饮血酒称"溜光三酉",刀称"白线子",妻称"佳宝"。

第四节　女书

湖南省江永县上江圩乡、城关镇、黄甲岭乡、铜山岭农场等地，历史上流传着一种记录当地土话的特殊文字，流行地域以上江圩为中心，波及毗邻的道县下蒋乡、新车乡。这种文字只在妇女范围内使用，被称为"女字"，通称"女书"。当地妇女把它叫做"长脚文"，也有人称之为"蝇形字"。

江永县舍下村的花山庙，是女书活动的主要中心。1949年以前，每年阴历五月初十后三天，是花山庙的庙会。赶庙会的多为妇女，她们来供奉姑婆神。她们手拿写着女书的纸扇、巾帕，向姑婆神跪拜，求家人平安，求子，求福，求去病去灾等。民国二十年出版的《湖南各县调查笔记》有最早关于花山庙女书的明确记载："每岁五月，各乡妇女，焚香膜拜，持歌扇同声歌唱，以追悼之。其歌扇所书蝇头细字，似蒙古文，全县男子能识此种字者，余未之见。"邻近的道县也有女书，也有个女书活动中心——新车乡龙眼塘村的娘娘庙。据说娘娘庙会的规模，也绝不在江永县花山庙之下。

关于女书的造字者，当地流传四种说法：

（1）瑶姬借用天书改编。据说瑶姬是王母娘娘的小女，名叫幺姬。她不仅花容月貌，而且聪明伶俐，深得王母宠爱。瑶姬活泼任性，她要做的事，谁也不敢阻拦，就是王母也得让她三分。一天清晨，瑶姬离开天宫下到凡间游览，迷恋上江圩普美村的秀丽风光，便偷偷地住了下来。因王母娘娘的仙境叫瑶池，因此她告诉凡人，她的名字叫瑶姬。她发现人间的姑娘们擅长描摹花朵，纺织花带，却没有文化，言不达意，意不能书。瑶姬想帮助她们提高言情记事的能力，便回到了天庭，把一套复杂的天书搬了下来。姐妹们虽然想学，但一个个目不识丁。瑶姬又把这深奥的天书——简化，并与女红刺绣结合起来，用当地的土语读唱，使这些貌若天仙的姐妹们一个个能识善写，作诗绘画，读唱自如。自此，这套改变了的天书在女人中间传递，男人不屑一顾，也不识用，因此就定名为"女书"。

(2) 女妃造字。不知什么朝代，江永县一美女被选入皇宫为皇妃。不久，即遭冷遇，只被宠幸了三晚。她远离亲人与姐妹，万般清苦，满腹忧伤，欲诉无人。她想写信回家倾吐苦情，又怕太监发现。于是她根据家乡的女红图案创造了一套秘密文字，写信诉说自己的不幸，以歌咏体写在手绢上，托人带回自己的家乡。她转告家乡的结拜姐妹，要斜着看，要用土话的音去读。于是这种文字就在妇女中传开了。有人认为宋钦宗时代江永荆田村才貌双全的女子胡玉秀（有的说叫胡秀英）即这位女妃，但胡玉秀并未入选皇宫。

(3) 盘巧造字。很久以前，上江圩乡桐口村山冲里有一个姑娘叫盘巧。她心灵手巧，三岁会唱歌，七岁会绣花。她唱的歌令人陶醉，绣的花能以假乱真。她喜欢结交姐妹。18岁那年，盘巧在山上砍柴时被道州官府的猎队抓走，关在道州城关。亲人和姐妹不知她的去向，无法营救。为了向家人报信，她煞费苦心，根据与姐妹织花边、做鞋样的图案，每天造一个字，三年时间造出1080个字，并写了一封长信，藏在一条由她养大的狗身上，带给家乡的亲人。姐妹们费了很长时间，用土话读出了这些图案字，才看懂了信的内容。亲人们去道州城关救回了盘巧，从此这种图案字就在当地女性中流传并代代相传下来。

(4) 九斤姑娘造字。传说很久以前，上江圩乡桐口村有个姑娘一生下来就有九斤重，大家都叫她九斤姑娘。九斤姑娘爱唱歌，精通女红，与很多姑娘结老庚。老庚之间感情深，要写信，但大家都不认识汉字，学习汉字也非常难。怎么办？九斤姑娘最聪明，她用姐妹们的纺织、女红图案创造了一种写土话的文字。

传说中造字者各不相同，但几种传说都有一些共同之处，即她们都是用纺织、女红图案造字，都要用土话去认字。那么，什么是"土话"呢？

江永一带的语言状况比较复杂，有瑶语和汉语。瑶语（勉话）在山区的过山瑶中使用。汉语则分为官话和土话两类：官话是当地的通用语，属于西南官话的支系；土话在平原地区的汉族和平地瑶中使用。

女书记录的是江永一带的土话，是一种汉语方言。土话内部也很复杂，如沿桃水、潇水流域有桃川话、潇江话之分。各乡、村，有的仅一溪之隔，土话就不太一样。如"我"在县内土话中就有ŋ^{21}、ŋɔ^{21}、ŋu^{21}、tsi^{21}、ɔŋ^{21}、ie^{21}、tɕiəŋ^{35}、tɕie^{21}、u^{21}等多种说法，"你"有iəŋ^{21}、na^{21}、ei^{21}、iəŋ^{21}、aŋ^{55}等多种说法。

上江圩乡普美村有声母20个（含零声母）：p、p^h、m、f、t、t^h、n、l、k、k^h、ŋ、x、tɕ、tɕ^h、ȵ、ɕ、ts、ts^h、s、∅。①

韵母32个（含自成音节的辅音）：ı、i、u、y、a、ia、ua、iɛ、uə、yə、ɔ、uɔ、ai、uai、ei、uei、ɘɯ、iɘɯ、au、iau、ou、iu、aŋ、iaŋ、uaŋ、oŋ、ioŋ、ən、iən、uən、yəŋ、ŋ̍。

---

① 普美村土话的语音系统和下文字例参考赵丽明，宫哲兵．女书——一个惊人的发现[M]．武汉：华中师范大学出版社，1990．

有五个声调：

阴平　33　（包括中古清声母平声字、浊声母去声字、浊声母入声字）；

阳平　51　（包括中古浊声母平声字）；

上声　35　（包括中古清声母上声字）；

去声　31　（包括中古清声母去声字、浊声母上声字）；

入声　55　（包括中古清声母入声字）。

一个女书字往往可以表示多种意义，如"丩"可以表示"光"、"刚"、"岗"、"官"、"甘"、"缸"等多种意义。但是，一个孤立的女书字往往很难判断它是什么意思，只有当它与其他女书字结合在一起，放在具体语言环境中才能确定它所标记的音节具体是什么意思。一般说来，女书的一个字代表着一组在当地方言中同音而不同义的汉字。例如：

字形	字音	汉字
	$ŋɔ^{31}$	我午瓦
	$noŋ^{51}$	男南农浓
	$təŋ^{51}$	田甜填
	$t^həŋ^{33}$	天添吞
	fu^{31}	父富副贺祸

但是女书和方言中同音汉字组之间的对应关系较为复杂，存在同形异音字（即多音字）和同音异形字（异体字）现象。

先看同音异形字（异体字）。有读音相同的不同女书字，代

表一组方言中同音的汉字的情况，例如：

字形	字音	汉字
ᶎ 凹	ɕi^{31}	世……
爰 岁	su^{31}	诉……
外 岁	ŋu^{33}	外……

也有读音相同的不同女书字，分别代表不同的方言同音汉字组。例如：

字形	字音	汉字
	kaŋ^{33}	光钢官
		岗缸刚
	tsei^{33}	做
		坐
	ɕy^{55}	血
		雪说

再看同形异音字（即多音字）。

138

字形	字音1	汉字	字音2	汉字
	tsiaŋ^{31}	象	siaŋ^{31}	相
	tɕi^{35}	急	sɛ^{31}	信
	fɔ^{51}	怀	tsʰɔ^{33}	猜
	ɕy^{55}	雪	nau^{31}	恼

女书具有特殊的社会功能。女书作品绝大多数是歌谣体，一般为七言诗体唱本，散文很少。多书写在精致布面手写本（婚嫁礼物）、扇面、布帕、纸片上，分别叫做"三朝书"、"歌扇"、"帕书"、"纸文"。有的绣在帕子上，叫"绣字"。这里的妇女有坐歌堂的习惯，常常聚在一起，一边做女红，一边唱歌、传授女书。妇女唱习女书的活动被称为"读纸"、"读扇"、"读帕"，形成了一种别具特色的女书文化。女书作品的主要内容有贺三朝书（新婚第三天的馈赠贺诗）、婚嫁歌、结交老同姊妹情书、自传诉苦歌、纪事叙事歌、祭祀祈神歌、往来书信、翻译改写传统故事、耍歌民谣等。

女书作品有从汉文诗歌或唱本转写的，也有本地妇女创作的。从汉文诗歌或唱本转写的女书作品既押韵又押调。如从永州西乡渡枫堂新刻的《祝英台》全本转写的女书：

不唱前王并后汉，听唱英台女娇娘 [niaŋ⁴¹]。

峨嵋祝公家豪富，家中豪富有田庄 [tsaŋ⁴⁴]。

所生一女多伶俐，年登十五好风光 [kaŋ⁴⁴]。

上无兄来下无弟，单生英台一女娘 [niaŋ⁴¹]。

偶句末字"娘"、"庄"、"光"、"娘"主要元音都是 a，韵尾都是 ŋ，声调都是平声。

也有相当多的女书作品，韵律与普通汉语诗歌大不相同，只押调，不押韵。以白水村语音为例，绝大多数女书奇句的末一字必须是仄声字，可以是 35 调（上声，来自古清声母上声字）、21 调（阴去，含中古浊声母上声字）、33 调（阳去，含中古浊声母入声字）或 55 调（入声，来自古清声母入声字）；偶句的末一字必须是平声字，可以是 44 调（阴平）或 41 调（阳平）。句中其他字的声调则比较随便。押调的字，韵母无特别要求。如《绣花歌》：①

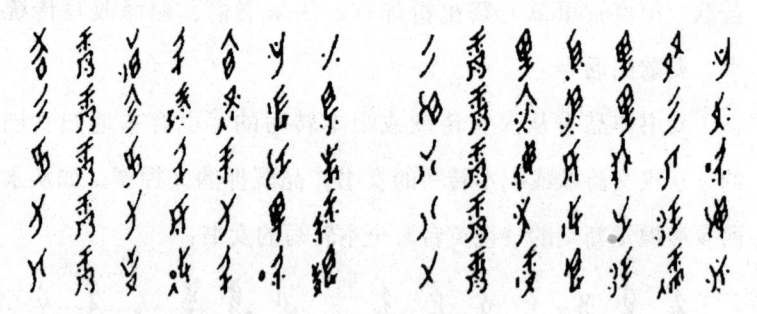

---

① 陈其光．女书押调和女字变形 [J]．妇女研究论丛．1993，(2)．

转写成正体汉字，其歌词是：

一绣童子哈哈笑［siəu²¹］，二绣鲤鱼鲤双双［saŋ⁴⁴］，
三绣金鸡伸长尾［mo²¹］，四绣海底李三娘［niaŋ⁴¹］，
五绣五子来行孝［ɕiou²¹］，六绣神仙吕洞宾［pai⁴⁴］，
七绣七仙七姊妹［məŋ³³］，八绣观音坐玉莲［ləŋ⁴¹］，
九绣韩湘子吹笛［tsiə³³］，十绣梅良玉爱花［fə⁴¹］。

奇句的末一字"笑"、"尾"、"孝"、"妹"、"笛"都是仄声（阴去调21或阳去调33），韵母各不同，分别是iəu、o、iou、əŋ、iə；偶句的末一字"双、娘、宾、莲、花"都是平声（阴平调44或阳平调41），韵母也各不同，分别是aŋ、iaŋ、ai、əŋ、ə。七言女书的末一字是拖腔和停顿的所在，是节律的重点，尽管韵母不同，因为平仄交替出现，依然构成了规律性的和谐。因此押调是女书的一大艺术特色。陈其光先生认为这种押调不押韵的方式与苗瑶语族诗歌有相似之处。

女书作品中存在字序颠倒现象，如：

跷高确像净瓶水，坐倒确像观音娘。

你家没得猪油板，茶油煮菜就是生。

这两例是奇句中出现颠倒字序的现象:"净瓶水"是"净水瓶"的颠倒,"猪油板"是"猪板油"的颠倒。为什么要这样颠倒着写呢?原来,如果按正常字序写或唱,平声字"瓶"和"油"都位于句末,那就不符合奇句末必须以仄声字结尾的要求。颠倒成"净瓶水"、"猪油板"后,仄声字"水"和"板"被换到了句末,就完全符合格律了。再如:

人嚜有缘成双对,是我无缘寡妇当。

粗书两行来相会,请喜高亲逍乐遥。

这两例是偶句中出现颠倒字序的现象:"寡妇当"是"当寡妇"的颠倒,"逍乐遥"是"逍遥乐"的颠倒。如果让"当寡妇"和"逍遥乐"位于偶句末,"妇"字和"乐"字都是仄声,就不符合偶句必须以平声字结尾的要求。颠倒成"寡妇当"和"逍乐遥",把平声字"当"和"遥"调到句末,显然也是为了符合押调的目的。

可见女书押调要求很严,如果语序与它相抵触,就打破语法的束缚,用临时颠倒字序的办法来解决。值得注意的是,颠倒字序时,末一字可以与上字换位,如"逍遥乐"颠倒为"逍乐遥";也可以将上上字调到末位,如"当寡妇"变成"寡妇当",至于如何颠倒，完全取决于押调的需要，如果上字符合格律，就把上字倒过来，否则就颠倒上上字。

女书记录的是江永土话的语音系统。只有具备一定方言基础，才能真正进入女书的世界。要深入研究其背后的文化内涵，须精通女书流行地区的土话音系。女书中保留有较多的汉语古词、方言词，甚至还有古代少数民族语言的底层。女书的研究、保护工作任重而道远。

第三章 湖南方言与民间歌谣

第一节 湖南方言与民歌近似色彩区的划分

湖南的东部、南部和西部均为山区，中部为丘陵地带，北部以洞庭湖平原为主，形成马蹄形平原。一省之中，多种地形并存，有平原有山地，有丘陵有水乡。在这样的地理环境中栖居着汉族、土家族、苗族、瑶族、侗族、白族、回族、维吾尔族等数十个民族，形成了多种民族语言并存，汉语方言分歧严重的状况，湖南民间歌谣也因之变得体裁丰富，风格纷繁。

"歌谣是一种方言的文学，歌谣里所用词语，多少是带地域性的，倘使研究歌谣而忽略了方言，歌谣中的意思、情趣、音调，至少有一部分的损失，所以研究方言可以说是研究歌谣的第一步基础。"[①] 民间歌谣与方言关系非常密切。清人黄遵宪在《山歌题记》中说："然山歌每以方言设喻，或以作韵，苟不谙土俗，即不知其妙。笔之于书，殊不易耳。"任何地域的民歌曲调都会

---

① 申小龙，张汝伦主编. 文化的语言权界 [C]. 上海：上海三联书店，1991：94.

受到当地方言特征的影响。例如湘中及湘北部分地区的大部分人口以湘语为母语，内部的经济文化交流非常活跃，使得该地区民歌（尤其是小调）在很大程度上体现出湘语音调的某些特征。以长沙话为代表的湘语与西南官话相比音调整体较高，不同音高之间的差别（旋律音程）也较大，这一特征导致了该地区民歌往往音区整体较高，而且曲调进行中多以三度、四度的音程为核心。而在湘南地区，同样是羽调式的民歌，由于西南官话的语调相比湘语比较平缓，并整体音调较低，从而影响了该地区的民歌曲调风格。民歌具有即兴、随意的特征，歌词往往会表现得口语化、生活化，因此也往往会大量使用口语词句和衬词。由于民歌都使用方言演唱，因此民歌中的衬词也就必然与方言习惯紧密联系，而不同方言区的民歌在衬词的使用习惯上也相应地体现出不同的特色。例如在湘语的习惯里，常常会用到"啰"、"嚯"等作为语气词，因而湘中及湘北民歌中就经常会用到"啰"、"啰喂"等衬词。在湘南民歌中则很少见到"啰"、"啰喂"，更多见的是"哎"、"呀"等衬词。

　　种类繁多的歌种让人们意识到，即使在湖南这样一个省的行政区划内，当地理环境、生活习性、方言都不尽相同时，其民歌所具备的基本旋律特征、特性音程与节奏、调式等特点都各自有其特色。因为使用方言，各地的民间歌谣不仅在语音上有所区别，风格上也呈现出不同的面貌。就湖南民歌而言，大块区域的色彩差异往往与大体的方言分布状况相吻合。人们尝试着对湖南民歌进行色彩分区。例如洪滔的《试论湖南汉族民歌的分区》一文把湖南汉族民歌分为湘中区、湘东区、湘西区和湘南区等四个近似色彩区。①

湘中地区所用方言主要为湘语，其民歌旋律通常流畅、柔美，音域在八度以内，常见16、35等小三度进行以及小七度大跳的进行。核心音为6135，受方言语调的影响，颤音和滑音的运用很多。这个地区的民歌以羽调式居多，商音和徵音微升，在民歌记谱中或用"↑"号表示，或直接用"♯"号，音乐界称这种微升商音和徵音的羽调式为"湘中特性羽调式"。②

湘东地区多属赣方言区和客家话流布区，主要歌种为山歌和灯调。其民歌以徵调式和角调式最为突出，其中，在徵调式的民歌中，商、徵二音为旋律的核心音；在角调式民歌中，旋律通常起伏较大，常伴有六度、七度以上的大跳。

湘西地区所用汉语方言主要是西南官话，主要歌种为山歌、花灯和劳动号子。西部是湖南省最大的少数民族聚集区，汉族与此处的少数民族长期交流，在民歌上也相互影响。音乐多采用羽调式和徵调式，但其羽调式与"湘中特性羽调式"不同，它非常强调商音与羽音，如常出现612、216的旋律进行或以两音为基础的回旋进行，如61216、21616，等等；其徵调式民歌则以561、165为特性音调。

湘南地区通行的也是西南官话，主要歌种有山歌、地方小

---

① 乔建中，苗晶. 论汉族民歌近似色彩区的划分 [M]. 北京：文化艺术出版社，1987.

② 刘宇田. 湖南民歌及民歌音调创编的合唱作品分析与研究 [D]. 长沙：湖南师范大学硕士学位论文，2003：5—7.

调、灯调中的对子调，而其中最具特点的是在低腔山歌基础上发展起来的伴嫁歌。其音乐特点是音域较窄，调式以羽调式居多，角的功能作用较明显，衬词衬腔应用频繁。除带叙事性的长歌采用较长的曲式结构外，大都曲调结构短小简练，多数由两个乐句构成一个乐段。善于经济地运用材料，以洗练的手法来表达感情和塑造形象。节拍变化丰富，以二、三拍子居多，"骂媒歌"则常以一拍子出现，还有许多曲调节拍交替进行。结束音常在弱拍或强拍的非强音位置上，成为"阴性终止"。

至于湘北，在地域上由于洞庭湖汇集湘资沅澧四大水系，连通湘中、湘东、湘西，在方言上也是湘语、西南官话、赣语交集之地，其民歌并未形成独立的音乐风格和艺术特点。

洪滔等的观点在一定程度上反映了湖南民歌的地域性差异，但是这种分区方法过于笼统，对各区内部的差异还缺少细致的分析，且有一定的臆测成分。毛毳发现"郴州辖区内的民歌就不仅是对应于'湘南区'色彩特征，而且是相对于湖南省的四个民歌色彩区域来说都可以找到相对应的色彩特征，湘中、湘南、湘东、湘西四个色彩区的民歌在郴州辖区内都存在"[1]。黄允箴认为南方民歌"各种旋律形态构成的各种色彩缠缠绞绞，难解难分，似乎无规律可循，以至于很难采用与北方色彩片统一的色彩概念，诸如色彩中心、色彩点、色彩交汇面来划分区域"[2]。而事实上这也恰好说明了湖南民歌的地域性差异局面是如此错综复杂，

---

[1] 毛毳.湖南郴州汉族民歌色彩区的划分及特征［J］.黄钟.2007，(4).
[2] 黄允箴.汉族人口的历史迁徙与南方汉族民歌的色彩格局［J］.中国音乐学.1989，(4)。

以至于无法简单、大致地去进行合理的分区。"任何一种民歌色彩的形成,都会是民族属性、语言、生活环境、对外交流等多方因素共同作用的结果。而且民歌色彩的形成既不是朝夕之间可以完成,也不会是形成之后就恒久不变的。"①

尽管从大体上来看我们可以认为不同方言区的民歌因受方言的影响而存在色彩上的区别,但这种大体上的倾向却难以提供清晰的分区依据。因为历史上多次大规模的移民运动和不同方言之间的相互影响、渗透使得每一个大的方言区内部又呈现出极为复杂的交错歧异的局面,进而也使得民歌色彩在同一个方言区内部又呈现出"同区异色",在不同方言区之间又出现"异区同色"的复杂局面。

此外,方言对民歌的影响也会体现在使用不同方言的同一民族的民歌上。例如,湘西土家族与鄂西土家族存在着一些相似的民歌,但受到两地方言差异的影响,民歌中使用的衬词有着明显的区别。"湘西根据本地方的方言特点,擅长于在绝大部分民间民歌中采用《摆手歌》的衬词体系……'也、哎咳、嗬、也嗬'就是最好的说明。鄂西土家族在衬词的运用上依地方方言的特点,长于在民间民歌使用'姐呀罗也、衣呀的儿衣'这种衬句形式的衬词,同时还有'哦、啊、呢'等单个衬词的应用。"②

但是,使用同一方言的不同民族,因其民族音乐传统的差异,其民歌也呈现不同的色彩特征。湘西地区虽然有土家、苗、

---

① 李闽. 湖南民歌中的地域性差异成因 [J]. 中国音乐(季刊). 2010,(3).
② 田世高. 土家族音乐概论 [M]. 北京:中央民族大学出版社,2002:289.

侗、瑶等多个民族聚居，但由于各少数民族逐渐改用汉族人的语言，形成了以西南官话为主要交际工具的语言现状。各少数民族的民歌不可避免地受到共同交际用语（西南官话）的影响而体现出某些共性。但是各民族的传统文化仍然在其内部沿袭，代代相传，影响着本民族的民歌，使该地区不同民族的民歌出现差异。例如，湘西土家族流传的小调中存在一种常见的旋律习惯——很多徵调式的旋律都喜欢从宫、羽两个音开始。而这种习惯显然来源于土家族内部沿袭的传统，因为在鄂西土家族流传的小调中也存在着同样的特征，但在其他民族的民歌中没有发现与此相似的习惯。再如，湘西许多苗放民歌喜欢采用宫调式，这些宫调式的民歌在结束时往往喜欢通过商落到宫，并且结束的宫音时值都较短。这种特点在苗族民歌中很常见，但在其他民族的民歌中却很少见。

当然，也有事例证明，在特定的条件下，不同民族彼此之间的族性差异在民歌里存在几乎消失的可能。例如湖南西部靖县的三锹乡包括上锹七寨、中锹七寨、下锹四寨，分别居住着苗、侗、汉三个民族，共约一万多人。由于这里地理环境相对封闭，与外界缺乏交流，当地三个不同民族的人逐渐靠拢，产生了强烈的相互认同感，以至于相互结盟，自称为"锹族"。该乡的三个民族在日常生活中仍然各自使用本民族的语言，但在歌唱时却都使用一种特殊的共同方言——酸话，并且都喜欢演唱多声部民歌。彼此之间的族性差异在民歌里几乎消失，似乎已经形成了共同的民歌。靖县别的乡镇尚没有发现多声部民歌。李纲认为共同民歌的形成主要是"因为历史和地理的缘故，加之自认为'锹族'的这种弱小和孤独感，他们逐渐形成了一种认为只有'和音'和'声音抱团'才是'有力的'、'好听的'概念，形成了较为独特的音乐审美方式"[1]。

可见，方言的异同只是不同民歌色彩赖以形成的因素之一，它是民歌近似色彩区划分的重要依据，但不是唯一依据而只能是依据之一。

湖南民间歌谣极其丰富，种类繁多，我们选取其中最具代表性的若干种类，借以进一步考察民间歌谣与方言之间的紧密联系。

第二节　劳动号子

号子是在集体劳动中协同使劲时，为统一步调，减轻疲劳等所唱的歌。号子的分类方法不尽相同。有的人将传统的劳动号子按不同工种分为搬运、工程、农事、船渔和作坊五类。搬运号子指在人力直接负担重物的运输劳动（包括装卸货物、挑抬重物、推车拉磙等）过程中所唱的号子；工程号子指在建筑（造房、修路、开河、修田等）、开采（采石、伐木等）工程等协作性强的劳动中（如打夯、打硪、打桩、撬石、打锤等）所唱的号子；农事号子是专指在农业劳动中，音乐节奏与劳动节奏紧密结合，有较强的实用性功能的民歌，主要有车水号子、打粮号子等；船渔

---

[1] 李纲. 湖南靖县多声部民歌音乐研究[J]. 衡阳师范学院学报（社会科学版）. 2002,（4）.

号子指用于水运、打鱼、船务等水上劳动过程中的号子；作坊号子有盐工、木工、榨油、榨菜、打蓝（染料制作）等号子。

湖南境内有山地、丘陵、平原、水乡等各种地形地貌，河流密布，湖泊众多，劳动形态繁多，号子种类齐备，但在地域分布上存在差异。例如长沙地处湘江下游，是我国传统四大米市之一，物产通过码头流通量大，搬运繁忙，从而产生了很多搬运号子。这些搬运号子，有按工种分类的抬件号子、抬滚号子、起重号子；有作为行动号令的上坡号子、丢包号子、拐弯号子，还有统一劳动速度和节奏的小跑号子。在建筑工地上也还有一些建筑号子，如夯歌、碰歌等，这类号子曲调丰富。劳动号子的唱词，多即兴创作，也有一部分是固定的唱词，但都很简朴，节奏明快，富有生命力。如《搬运号子》："嗨哟、嗨哟、嗨哟、嗨哟，哥们并排走齐步。嗨哟、嗨哟、嗨哟、嗨哟，左右左右走。"又如《抬件号子》："压得重，嘿啰嘿，走得快，嘿啰嘿；烧了庙，嘿啰嘿，和尚在，嘿啰嘿。"劳动号子的旋律，有的沉重，有的雄浑有力，有的则婉转悠扬，还有的轻快活泼。

益阳的号子主要有工程号子、农事号子、船工号子、搬运号子四类。[①] 打硪号子是益阳工程号子的代表，如流行于沅江的《打硪歌》、《打飞硪》，益阳的《飞硪号子》，南县的《泥鳅有须又无鳞》。益阳地处洞庭湖南岸，人们常年修建堤坝，以防洪患，于是产生了打硪号子。车水号子是益阳农事号子的代表，主要流行于益阳县、桃江县。光是桃江县就有三种车水号子。车水号子

---

① 唐海燕. 浅析南洞庭湖区号子的文化特征［J］. 大众文艺. 2010, (24).

演唱形式主要有独唱及一领众合，其曲调流畅自由、律动感很强、高亢嘹亮，以羽调式为主；旋律中倚音、波音等装饰音较多；唱腔中常用略带颤抖的下滑音、颤音拖腔等特殊音效。用水车车水一般劳动强度大，劳动者必须使出全身力气，在双腿使劲的同时，忍不住呼喊。由于劳动强度剧烈，劳动者不能持久，必须换人。二人头车二换一，三人头车三换二，等等；但换人时间上得有规矩，约定车页在车轮辘上转50圈或80圈不等称一线水。数完一线水，便换人。如此车水号子的歌词主要以喊圈"数槽子"为主，娱乐性不强，如桃江车水号子："又一个一也又一个二，又一个三嘞一个四……"一般从一喊到二十个为一节，为了让休息的等待者听得清楚。船工号子是在水运、打鱼、船务等水上劳动过程中演唱的号子。益阳有洞庭湖、资水，自然有船工、渔民在劳动中演唱号子。益阳的船工号子主要有背纤号子、摇橹号子、撑篙号子、放排号子。其中资水的木排号子比较系统、完整，有搭树、拖树、扎排、起帽子、开排等十几道工序，每道工序都有相应的号子。搬运号子主要用于装卸货物、挑抬重物、推车、拉碾等搬运劳动，是劳动体力负荷最强的一种。益阳主要有推拉号子，如安化《拖树号子》。

衡阳地区是典型的江南丘陵地区，江河星罗棋布。劳动号子传唱最广、流传最多的有搬运号子、船工号子、放排号子、建筑号子等。"由于地域性及方言关系，劳动号子的地方风格显著。"[1]

---

[1] 米瑞玲．衡阳"劳动号子"的分类及其艺术特色[J]．中国音乐（季刊）2010，(2)．

下面我们考察几种湖南境内具有代表性的号子。

一、澧水船工号子

澧水船工号子（也称船夫号子）2006年被列入第一批国家级非物质文化遗产名录，编号Ⅱ-33。澧水流域位于复杂的褶皱地带，河网密布，沟壑纵横，原来的长途运输只能靠水路船运，因而河道之上桅杆林立，船工众多。在船工的艰辛劳作过程中自然而然产生了劳动号子。

澧水船工号子按照地域的不同，可分为上河腔和下河腔两种。上河腔传唱于桑植以下、石门以上的区间，这里山高水急，河面狭促，滩头多礁石，行船十分艰险，故船工号子节奏紧快、高亢有力、衬词多于唱词，以摇橹数板为主。下河腔则传唱于澧县，下至津市、安乡一带，这里属于湘北平原，河面宽阔，虽时有大风大浪，但较之上河流域却平缓很多，故节奏稍慢，唱腔趋于舒畅。

澧水船工号子在功能上以协调动作为主，在表达上以语言为主，音乐更像是一件漂亮的装饰。其音程、音节、旋律、和声等在船工那里并没有特殊意义，只是信手拈来。这些音调不是从某处"专门习得"，而主要是出自两个方面：一是根据歌词按本地方言依字行腔，二是拿所接触的当地音调为我所用（但要与语言、节奏相和）。[①] 它吸收了当地方言、地方小调旋律。

澧水船工是澧水船工号子的创造和传唱者，他们不识乐谱，

---

① 李志萍. 澧水船工号子及其保护浅说 [J]. 科技信息. 2008，(33).

极少有人识字，没有固定的唱本和唱词，也不需要专门从师，全凭耳濡目染，口耳相传。与一般民歌小同，澧水船工号子以无实际意义的语气词为主，穿插因人因地因时即兴编创脱口而出的歌词。因为号子首先要配合劳动节奏、统一步调以达到松弛有序、鼓舞干劲的目的，具体语义内容的表达反而居于次要地位。在内容上歌词和船工的生活密不可分，多以反映船工们的生活和劳动场面为主题，如"太阳出来红满天，船工汗水湿衣衫"，"山高水险不用怕，步步蹬稳往前爬"等；他们偶尔也会发发牢骚以缓解劳动压力，如"高山乌云即刻到，拉纤好比过天桥；泥烂路滑难行走，汗水雨水流成槽"等；也自然会唱到爱情，如"大河溜溜涨水，起白溜溜的浪；河边溜溜的二姐，搭拜溜溜的上"，"风儿吹来河儿弯，情哥搭信要鞋穿"，等等。

号子的衬词比较重要。如引子部分的"嗨哦啊，哦哩呵啊，哟哈，哦哩呵啊，哟呵哟呵，咃沙哦的嗨呀"，从领唱到合唱全是衬词。再如"太阳（哪的个）出来（呀哎），红似（啊的个）火（啰呵），驾起（呀的个）船儿（哪哈），走江（哎）河（啰呵呵呵）"，这是平板摇槽时唱的，衬词与旋律和合唱相配合，极大地增强了音乐表现力，表达了一种轻松自在的心情。流传甚广的"幺妹子呼嗨调"就是因其衬词而得名：[1]

枞树围子，幺妹子嚼嗨！杉木棹啦，幺妹子咿哟！

---

[1] 周玉屏，陈瑾. 澧水船工号子的艺术特点和文化价值研究[J]. 大舞台. 2013，(5).

新撬木排，幺妹子嗬嗨！顺江飘啦，幺妹子咿哟！

岸上大姐，幺妹子嗬嗨！远望我啦，幺妹子咿哟！

津市回来，幺妹子嗬嗨！再看娇啦，幺妹子咿哟！

二、酉水船工号子

酉水发源于湖北省鹤峰西北部，蜿蜒流经湘西自治州龙山、保靖、古丈、永顺等县，汇入沅水。20世纪60年代以前，酉水是湘西与外界物资交流和文明传递的主要渠道。酉水河谷狭窄，滩多水急，河道曲折。酉水船工号子，指酉水河段船工劳动时唱的号子，在酉水上下游之间的保靖县河段最流行。2008年酉水船工号子入列中国第二批国家级非物质文化遗产，编号Ⅱ-98。

酉水船工号子分为橹号子、桨号子、纤号子、卸货号子等，其中，"橹号子"和"桨号子"最有特色。[①]"橹号子"的领唱者所唱歌词带有号令性质，其他船工多以一些衬词和吼喊伴唱。歌词多为船工即兴编唱，他们采用夸张、讽刺、比喻等手法，描述酉水河两岸的风光、民俗，以及自己的苦难生活。如：

辰州上来十八滩（众唱：哎嗬），

二面二幅桂竹山（众唱：哎嗬）。

人说桂竹无用处（众唱：哎嗬），

小小桂竹撑大船（众唱：哎嗬）。

船儿弯到北关山（众唱：哎嗬），

---

① 熊晓辉. 古老的酉水号子[J]. 民族论坛. 2003, (11): 30.

打酒称肉铁炉巷（众唱：哎嗨）。

东关豆腐西关酒（众唱：哎嗨），

流氓痞子溪子口（众唱：哎嗨）。

在风平浪静的河面行进时，船工们感到一阵阵轻松，便会唱起优美抒情的"桨号子"。"桨号子"的歌词一般也是由船工们即兴编唱，而且时间较长，曲调高亢悠扬。如：

爱玩爱耍（众唱：哎嗨），篙上浪哪（众唱：哎嗨），

堂板开在嘛（众唱：哎嗨），西湖墙哪（众唱：哎嗨）。

丝瓜井里（众唱：哎嗨），不像样哪（众唱：哎嗨）。

哪个有钱嘛（众唱：哎嗨），调出堂哪（众唱：哎嗨）。

酉水船工号子的歌词多为口头即兴创作，方言词语和地名等的运用，使得歌词乡土气息浓郁，体现了歌手对生活的深厚感悟。如湘西永顺县酉水号子"要把梓木拖下水"中的一段：

末船哥哥你莫捱，头船拢了送亲岩；送亲岩，黄牛滩，虎王正坐猫儿山。

末船哥哥你莫捱，黄狗恋窝吼一吼；船儿拢了鸬鹚岩，八部大王在江口。

"捱"为湘西方言，有"迟缓、磨蹭"的意思。"送亲岩"、"黄牛滩"为酉水河险滩名称。船工将自己比喻成黄牛和黄狗，

将媳妇比喻成虎王和八部大王,含蓄委婉地将自己思念家人的情感惟妙惟肖地展现出来,使人不由得联想起勤俭、泼辣的土家族妇女形象。既唱出了船工生活的艰辛,又体现了船工的乐观豁达。

三、洪江排工号子

湖南省怀化市洪江区古称"雄溪",坐落在沅水与巫水的交汇处。自古以来,这里水路交通便利,商贾云集。从洪江沿沅水而上,可达贵州的镇远、黄平,再改用马帮穿越云、贵,可至缅甸、印度。巫水发源于雪峰山麓的绥宁、城步(现属湖南省邵阳市),20世纪50年代之前,那里原始森林密布,成批的木材由水路长年运至洪江汇集,然后再编扎成木排,浩浩荡荡,从这里顺沅水而下,经洞庭入长江而直达武汉,甚至上海。水路运输因而蓬勃兴起,无数排工在此喊号劳作。他们兼收并蓄,又满口乡音入调,形成了具有浓郁地方特色的洪江排工号子。

洪江排工号子主要产生于编排、扎排、放排这三个劳作过程,每个劳作程序都有相应的号子伴随。每首号子都代表一种具体的劳动程序。其中包括拉板号子、划船号子、收缆号子、拉缆号子、倒簧号子、拉木号子、船潭号子、推车号子、放排号子、收排号子等二十余种。

洪江方言属于西南官话,又受到湘语的影响,歌词中具有浓厚的乡土语音特色,如平翘不分,f、h(u-)不分,n、l不分,古全浊声母平声字今声母逢塞音、塞擦音时念不送气清音,因此出现了把歌词中"山茶花"唱成"三杂发"、"手拿榔头"唱成

"搜啦狼都"、"排湾洪江"的"排"唱成"百"一类的现象。①

四、罗子山高腔号子

位于辰溪、溆浦、怀化交界之地的罗子山区，在人们的劳动生活中形成了一种极为特别的地方民歌演唱形式——高腔号子。这里是瑶族、苗族、侗族、汉族等多民族杂居区，瑶族同胞占当地人口的93%。他们的日常生活劳动处处都伴随着高腔号子：出门有邀伴号子，上山劳动有茶山号子，劳动休息时有喝茶抽烟号子，谈情说爱有相约号子和夜歌号子，喜庆时有迎客、送客号子、饮酒号子，等等。歌手们应用高超的假声歌唱技巧，唱出纯净透明而又能传遍山野的声音，指挥数百人乃至上千人劳动的节奏。在民间艺人的教学中没有歌谱，都是靠年长的歌师言传身教，代代口传。高腔歌手都是在家乡"歌海"中长大的，歌圩和劳动生活就是大课堂。

罗子山高腔号子一般都具有自由填词、随意演唱的特点。歌词内容极为丰富，词的比喻表现手法相当细腻、含蓄。

罗子山号子并没有"一领众合"的演唱形式，也就没有"咳"之类的衬词。用得最多的衬词是"哇哇"、"啰咳"、"啊"、"啦来"、"啦"、"吔咆"，等等，在劳动情绪比较紧张、节奏急迫的号子中，一般均为"哇哇"衬词；而抒情性的对歌，恋歌、信歌中衬词用得比较自由，不同于其他号子的呼号性虚词。

---

① 蔡多奇. 漩涡里飞出的歌——《洪江排工号子》的音乐艺术特征探析[J]. 新闻天地（下半月刊）. 2011，（3）.

在实际演唱中，号子歌手强调咬字吐字的"松、甜、圆"的歌唱方法。松指咬字吐字自然，使歌手能保持较松弛的演唱状态，"哇哇"衬词在这里巧妙地起到了修整、调理、衔接的作用。甜指的是咬字吐字亲切、细腻、委婉动听。特别在唱爱情号子时，尤其强调这一点。圆指的是用韵。

在罗子山号子中，对歌词的韵特别讲究，对每天各个时辰的词韵也作了规定，如上午只能唱"来"字韵的歌。如四平腔《早上来》：

早上来，早上来，戴个帽檐来，
戴个帽檐做什么？戴个帽檐遮日头（tai）。

近午时，规定唱"中"字韵的歌。如长声号子《满姑打米落厨中》：

日头当顶又当中，满姑打米落厨中，
手拿全盘淘白米，八面锣裙起旋风。

只有到了下午才能唱其他韵的高腔号子。如呐腔《高坡落雨》：

高坡落雨两边流，官家闺女实难求，
哪个求得官家女，柑子树上结石榴。

而晚上又回到唱"娘"字韵的歌。如四声号《月亮出来亮堂堂》：

> 月亮出来亮堂堂，照在后园花狗娘，
> 狗娘身上三巴掌，叫你叫贼莫叫郎。
> 你要叫贼饱饭喫，你要叫郎命不长。

如在演唱中唱错了韵，众人就会一起呼喊："把你的歌埋起来吧……"

罗子山高腔号子独特风格的形成，与当地独特的方言有着密切的关系。瑶民在罗子山扎根后，首先就是将瑶歌词改为罗子山方言来演唱，经过与当地方言的长期磨合，高腔号子的旋律也发生了一些变化。旋律随着当地语言的字调而有所改变，唱腔和演唱方法也因之发生了一些改变。今天，瑶族高腔号子都是用本地的方言演唱，但仍然做到"腔随字走"、"字随腔行"，且能"字正腔圆"。[①]

罗子山高腔号子中最负盛名的是茶山号子，这是瑶族同胞在挖茶山、捡茶籽等时为解除疲劳、振奋精神，统一劳动节奏，提高劳动效率而创作的一种独具特色的民间歌谣，主要传唱于辰溪县黄溪口镇与罗子山瑶族乡、苏木溪瑶族乡、上蒲溪瑶族乡和仙人湾瑶族乡一带。这里居住着蒲、刘、丁、沈、石、陈、梁"七姓瑶"，约三万余人。在挖茶山前，鼓手要先祭拜山神、念咒语与焚香，以求山神保佑人们阖家平安，来年油茶丰收。然后，挖

---

① 杨果朋．湖南怀化瑶族高腔号子歌的音乐特征［J］．音乐创作．2008，（3）．

山的男男女女、老老少少在山脚下一字排开,鼓手在前方不远处击鼓,加上小锣伴奏。号子声随着小锣、小鼓节奏的变化,时而缓缓抒情,时而高亢激越。号子的内容随时段的不同而有区别,虽有一些固定的唱词,但多为即兴创作,题材十分广泛,涉及生产、生活、爱情、民族历史、民间传说、神话等多方面。如早晨开挖时唱:"日出东方亮,打扮去远乡;坐一行,行一行,梳头打扮来山冈;早晨来,早晨来,打个帽檐遮日光。"上午休息时唱:"新打锄头各有楔,邀起大家吃袋烟。"休息后开挖时唱:"吃你烟,谢你烟,谢你金花插两边。"快吃午饭时唱:"东边烧了火,西边起了烟;点心煮熟了,还在主人边。"送午饭时唱:"姐儿穿身青,担饭进茶林;手攀茶树枝,喊郎吃点心。"午饭后唱:"姐儿穿身青,头包花手巾;我郎问你到哪里?我到冲里送点心。"吃了午时饭,要唱未时歌:"堂屋椅子拖又拖,和姐两个论理坐。"下午收工时唱:"枪木鼓杵两头黑,打起锣鼓送日头;日头送到天脚下,今日晚了明日来。"

《哇哇歌》与《早晨来》是辰溪茶山号子中最具代表性的作品。

辰溪茶山号子都是用当地方言演唱,自由填词、随意演唱,简短的歌词通常在句首或旋律的骨干音上出现,可表达人们日常生活中的喜、怒、哀、乐等内容,且都能达到字、腔、韵的完美结合。如《早晨来》中的几段歌词:[1]

六月日头焦,晒坏嫩花姣,绣花楼上坐,快把花扇摇。

---

[1] 米瑞玲. 辰溪"茶山号子"及其演唱特点 [J]. 中国音乐. 2005, (3).

> 日头阴过墙，情姐收衣裳，无心来收衣，有心来望郎。

辰溪茶山号子衬比词多，反复运用的衬词"哇哇"有以衬应和、以衬助兴、以衬仿声、以衬传情的作用，给演唱者的即兴创编提供了思考的时间，也为歌者炫技提供了条件。

辰溪茶山号子2006年被列入湖南省非物质文化遗产，2008年被列入第二批国家级非物质文化遗产代表作名录。

五、硪歌

硪歌即硪工号子。湖南地区每年冬季有大修水利的传统。打硪是传统水利工程中不可或缺的一项繁重的体力劳动。为了协调动作，提高效益，消除疲劳，振奋精神，打硪号子（亦称硪歌）应运而生。

澧州硪歌是指主要流行于澧水流域中下游澧阳平原及周边地区的安乡、津市、澧县、临澧等地的硪歌。它的曲式多样，歌词要求押韵，按地域分布，已基本形成四大流派：高山调、花丘调、平原调、湖乡调。高亢嘹亮的硪歌声在洞庭湖区不断辐射着，传至汉寿、鼎城、澧县、津市、华容、南县和湖北公安、石首等地。

安乡硪歌是澧州硪歌中的佼佼者。

安乡县位于湖南省的北部西洞庭湖地区。境内多河港湖汊，松滋、藕池、虎渡、澧水等八条河道自北向南泄流。整个县境被河道分割成五个大垸，有400公里临洪大堤。水患一直是安乡境内的最大灾害。千百年来，安乡人民为了安居兴业，年年在秋冬两季定要修堤筑垸，用石硪夯实堤身。在修筑临洪大堤、夯土打硪过程中，逐步形成了颇具水乡特色的安乡硪歌。相传明万历年间围堤修垸时就有硪歌伴随其劳动，如"昔日唐皇坐龙廷，天下三载无收成，金殿下旨修水利，黎民百姓喜盈盈"。1952年在荆江分洪工程建设中，中央领导人毛泽东、周恩来、李先念等对此工程非常关注，调动解放军十万大军、工人四万人和十万安乡民工上工地，硪工队数以千计。荆江分洪工地硪歌冲天，极大地鼓舞了部队官兵及广大民工的士气，仅用七十多天的时间荆江分洪工程即宣告落成。1954年洪水淹没了整个安乡县境。在人民政府的帮助和各兄弟县市的支持下，1955年打响了兴修水利的攻坚战，几十万劳动大军上堤修垸，使硪歌得到进一步的发展与提高。20世纪六七十年代大搞农田水利基本建设，又使安乡硪歌得到了更进一步的发展与完善，安乡县文化馆的干部抓住机遇，创作出不少紧贴时代步伐、群众喜闻乐见的硪歌歌词，这个时期是安乡硪歌发展的鼎盛时期。简单的劳动口令逐渐形成了有节奏又有旋律、声腔优美的劳动号子，成了修堤工地一种不可缺少的劳动文化现象。安乡硪歌遍布于安乡县安福乡、安凝乡、下渔口镇、黄山头镇等八镇十二乡，一、二农场，50个居委会，258个村民委员会，村村有硪工队，组组有硪工员。

夯实堤基的工具有抬硪、飞硪（亦称片硪）与夯硪。安乡硪歌因之有了三种类型，即抬硪歌、飞硪歌和夯歌。抬硪歌如：[1]

---

[1] 佚名.形成于集体劳动的安乡硪歌.中国安乡网：http://www.anxiang.gov.cn/Html/Gwsc/077208410315923；http://www.anxiang.gov.cn/Html/Gwsc/077208410315923_2.html，2007-7-2.

(1) 领：呃吆咳咳，齐：吆啦呃咳咳，

领：哎呀火火咳，齐：咳啦火火，

领：咳呀火咳火，齐：咳呀呐咳，

领：呃啦个咳咳，齐：呃呐的当吭！

(2) 领：抬起硪来夯地脚！

众：吆呀嗬，吆哑嗬！（石硪抬起落下两次）

领：一夯就是一肚子歌，

众：吆呀吆嗬嗨！嗨呀吆呀嗬！（石硪又抬起，迅速落下四次）

领：妹推车子我打硪，

众：吆呀嗬，吆哑嗬！（石硪抬起落下两次）

领：我的硪歌飞过河。

众：吆呀吆嗬嗨！嗨呀吆呀嗬！（石硪又抬起，迅速落下四次）

领：车子听歌长翅膀，

众：吆呀嗬，吆哑嗬！（石硪抬起落下两次）

领：硪听号子长了脚，

众：吆呀吆嗬嗨！嗨呀吆呀嗬！（石硪又抬起，迅速落下四次）

飞硪歌如：

(1) 太阳出来一点红，各位硪友来上工，
硪辫一拿就开唱，金鸡难比领硪工。

164

(2) 打硪的伙计听我唱,石硪飞在头顶上,
不打太阳不打月,下下打的海龙王。

(3) 打起石硪/把歌唱,硪工情绪/高万丈。
八位同志/齐努力,堤身随着/歌声长。
打硪莫打/哑巴硪,板起面孔/不快活。
你说古来/我说今,你打哦火/我唱歌。
太阳出来/一点红,各位硪友/来上工。
硪辫一拿/就开唱,金鸡难比/领硪工。
打硪伙计/听我唱,石硪飞在/头顶上。
不打太阳/不打月,下下打的/海龙王。
五月里来/是端阳,割完小麦/快打场。
六月骄阳/红似火,车水灌田/润秧禾。
早谷扬花/正要水,十八姣娘/正配郎。
张郎李郎/选好郎,好吃懒做/当和尚。

夯歌如：

领：(吆也火),齐：(火呵火火吆),领：一首(呃)夯歌呃,齐：(吆也火),领：(吆也火),齐：(火呵火火吆),领：四(呵)四方传啦,齐：(吆也火),领：(吆也火),齐：(火呵火火吆),领：筑起那河堤呐,齐：(吆也火)!

安乡硪歌歌词大体可分为即兴编唱、反映打硪生活、数硪、叙事四类。[①] 其中常用的是叙事类,在持续时间较长的打硪劳动

---

① 夏淼.安乡硪歌论[J].艺海.2007,(4):144.

中，硪歌领唱者常常编唱一些有人物、有故事情节的歌词，内容主要来源于民间传说、历史故事。如《说唐》、《水浒》、《三国演义》、《赵五娘进京》、《孟姜女》、《十二月放羊》，等等。歌词句式结构基本上是四三结构的七字句，如"打起石硪｜把歌唱，硪工情绪｜高万丈。八位同志｜齐努力，堤身随着｜歌声长"等。也有少数三三结构的六字句，如"伙计们｜加把劲，密点打｜慢点行"等段子（这种句式多用在打快硪）。衬词、衬句在硪歌中占有十分重要的地位，几乎没有一首硪歌能脱离衬词、衬句单独存在，有的硪歌歌词少，衬词、衬句多，甚至全部是衬词、衬句。衬词、衬句多用"咳、也、呀、啦、嘛、也咳吆火咳、咳哒咳吆火、火火吆火咳呀"等。

安乡硪歌的音乐曲调高亢明亮，气势壮阔，最适合打硪这项强体力集体性劳动。领硪工往往"先声夺人"，气势非凡，将众硪友的情绪一下子调动起来。受安乡地方方言影响所致，硪歌音乐曲调进行时常出现四度、五度、六度大跳，这样，使得安乡硪歌显得格外旋律优美、活泼跳跃。

由于移民的迁入和人口的变化，安乡境内存在方言分歧：东南部居民使用湘方言，俗称南乡人；西北部居民使用西南官话，俗称西乡人。由于两地方言歧异的语音特征直接作用于两地硪歌音乐的音调结构，因而形成了南乡硪歌和西乡硪歌两大流派。南乡硪歌以下渔口镇为代表，西乡硪歌以安福乡和安凝乡为代表。

西乡硪歌如《飞硪歌》（采录于安乡县深柳镇，演唱人为熊兴坦）：

打硪的伙计听我唱，石硪飞在头顶上，不打太阳不打月，下下打的海龙王。

南乡硪歌如《抬硪歌》（采录于安乡县安裕乡，演唱者为任爱国）：

打硪莫打哑子硪，板起面孔不快活。你说古来我说今，你打硪嚯我唱歌。

近些年来，农村水利工程建设由于机械化的推进，劳动方式的改变，打硪夯土的形式逐渐稀少，安乡硪歌也因此走向濒危，于2006年被定为湖南省非物质文化遗产重点保护项目。

硪歌当然不只是湖区有，湖南其他地区也广有分布。如梅山地区旧时整修塘坝、田埂、水渠和造田压底时往往用打夯的方法将土压紧压平。夯锤落地要求平稳，如打夯者配合不协调，夯锤就东倒西歪，影响力度和平稳度，甚至还可伤人。因此，打夯是一种需要高度集中思想、高度团结协作的劳动。为此，便由领夯员唱打夯歌，其余打夯者附和，同时与领夯员抬起夯锤，并使之自由落地。有些打夯歌系当地通用"版本"，更多的是由领夯员即兴编唱。

1974年冬季的一天，涟源县太和人民公社利新大队西公坳"百亩大坵"造田工地，下午三时左右，天色突然阴暗起来，看样子要下雪了，人们正在议论纷纷，一位领夯员却见景生情，领头唱起了生动的打夯歌，众人跟着附和：[①]

[①] 刘楚魁，彭友华. 梅山乡村非农事民俗［J］. 怀化学院学报. 2009, (4): 10—13.

领夯员：天往地下罩，众人：嘿呀着。

领夯员：地往天上拱。众人：嘿呀着。

领夯员：黑狗身上白，众人：嘿呀着。

领夯员：白狗身上肿，众人：嘿呀着。

领夯员：大人忙柴火，众人：嘿呀着。

领夯员：小孩玩雪龙，众人：嘿呀着。

领夯员：青年拍雪照，众人：嘿呀着。

领夯员：老人床上蒙。众人：嘿呀着。

第三节　山歌和田歌、渔歌

"山歌，是农民在田野山冈自我愉悦，自我抒情的歌曲"[1]，是人们在野外劳动（上山砍柴、赶脚驮货、放牧、农事耕耘等）或行走时，用来消愁解闷、抒发情感、遥相对答、传递情意而唱的民歌。湖南又是我国主要的水稻产区之一，河流湖泊众多。湖南的山歌、田歌、渔歌丰富多彩，这里举出几例以见一斑。

一、新化山歌

新化山歌是指流传于今湖南省娄底市新化县的山歌，新化山歌2006年入列湖南省非物质文化遗产首批名录，2008年6月又

---

[1] 全国编辑委员会.中国民间歌曲集成.湖南卷[C].北京：中国ISBN中心.1994：290.

成功入列第二批国家级非物质文化遗产项目名录，编号Ⅱ-95。

从唱腔上分，新化山歌可分两大类，即高腔山歌与平腔（低腔）山歌。据罗慈花调查，新化高腔山歌多流行于水车、奉家山、天门、长峰、琅塘、金凤、古台山等边远高寒山区。这些地方山高坡陡林密、人烟稀少、交通不便。人们对峰遥见时打个招呼，解闷时唱个山歌，都必须扯大嗓门，用传得远的以头腔共鸣为主的假嗓吼唱，其代表作是《神仙下凡实难猜》。平腔（低腔）山歌则分布在白溪、洋溪、槎溪、油溪等小平原、小盆地乡村，这些地区地势平坦，人员聚集，交通较为便利，人们交流方便，人们在田野劳作时多演唱平腔（低腔）山歌，其代表性曲目是《兴隆山歌》。[①]

新化男子说话嗓门大又粗，女子说话高亢透亮，就像在唱歌。因此，曾有人说过"新化山歌的音乐是语言化的音乐，语言是音乐化的语言"。据老一辈的艺人介绍，"新化山歌"的行腔韵味与其方言声调有着密切的关系，新化方言属湘语系统的老湘语，具有湘方言的一般特点，又有自己的独特性。

新化山歌的音乐大多以两个不同形式的大、小三度音调相结合形成 la do mi sol 四声音列构成，la 处于低音位置，故常为调式的主音，构成了新化山歌中最常用的调式——羽调式。

新化山歌充满了"吃得苦，霸得蛮"，敢为天下先的精神。如《船工葬水不怨天》中唱道：

[①] 罗慈花. 新化山歌艺术特征与传承现状研究［D］. 乌鲁木齐：新疆师范大学硕士学位论文，2011：13.

驾船要驾毛板船，乘风破浪走江天。

舍下血肉喂鱼肚，折落骨头再撑船。

这首新化山歌把船夫那种不屈不挠的精神、韧劲和不怨天、不怕死的性格表现得淋漓尽致。

"民歌是口头流传，口头保存的艺术形式，其歌词也是以口头语言形式而存在，歌词所采用的语种（或方言、土语）从语音、语义、语法、修辞等方面对民歌的风格都着重要的影响。"[①]新化山歌的歌词极其口语化，歌中常有日常生活中的大白话，如《麻雀儿麻》：

麻雀儿麻，灰底里爬，

娘烧火，女绩麻，

爷在桃园采细茶，翁妈在灶屋里炒泡泡，

嫂嫂在房里养毛毛，哥哥在灶屋里蒸甜酒，

甜酒蒸得喷喷香，大旗锣鼓接姨娘，

姨娘姨娘你莫笑，送得你过桥，

姨娘姨娘你莫哭，送得你到屋。

歌中的方言词"翁妈"指妈妈，"泡泡"指玉米花，"毛毛"指小孩子。

---

① 李文珍．民歌与人生［A］．中国民歌采风教学与研究文集［C］．上海：上海音乐出版社，2004：166．

衬词在新化山歌中扮演着重要的角色。有些山歌从头到尾使用同一个衬词，如溜溜山歌中的衬词"溜溜"，波罗山歌中的衬词"波罗"。请看《娇莲爱我我爱她》（歌词节选）：

路边（溜溜）草，我爱（溜溜）花，
娇莲（溜溜）爱我，我爱（溜溜）她。

这是高腔山歌中的溜溜山歌，歌中的每一句中间都有衬词"溜溜"。

有些歌曲中使用多种不同的衬词，有单音节的，也有多音节的。如高腔山歌《郎在高山打鸟玩》（歌词节选）：

郎在对门高山（噢）打鸟玩（啦），
姐在河边（噢）洗（罗）韭菜。
哥哥唧，
你要韭菜（哪）拿几把（咧），
你要想见（哪）面夜里来（罗）。

这首歌曲是一首情歌，本段唱词加入了"噢"、"啦"、"罗"、"哪"、"咧"等衬词，丰富了歌曲的感情。

再如《海棠花》（歌词节选）：

一（罗衣哎子）说（罗衣哎子）花（罗）也，干（哪）妹妹（呀），

海棠一枝花（呀呼哩嘿哟），海棠（衣罗衣呀子）花（罗）也，

　　哥哥唧（呀），妹子头上插（呀呼哩嘿哟）。

　　这段歌词中，"罗衣哎子"、"罗"、"哪"、"呀"、"呀呼哩嘿哟"、"衣罗衣呀子"等衬词加起来比歌词字数还要多，这些衬词的加入使歌曲的旋律优美生动，情感更为丰富真挚。

　　新化山歌中的衬词还有"哦嗬嗬"、"匡且匡"等。这些衬词中"罗衣哎子"、"哪"等一般出现在句中，"呀呼哩嘿哟"、"匡且匡"等一般出现在句末，"哦嗬嗬"则用于歌曲的结尾。这些衬词虽无实意，但却在歌曲中的作用和表现力是不能代替的。

　　在修辞上，新化山歌巧妙地运用了诗歌中赋、比、兴、夸张等艺术表现手法。例如以物比人："小小菜园隔块墙，丝瓜苦瓜栽两旁。郎栽苦瓜苦想妹，妹栽丝瓜思想郎。"以物起兴："板栗子开花一根线，去年想你到今年，去年想你犹小可，今年想你忘插田，耽误阳春大半年。"夸张："去年同哥喝杯茶，香到今年八月八，不信请到房中看，床头一朵茉莉花。送郎送到石山窝，手板捧水给郎喝，我郎喝了手板水，天干三年不口渴。"这些手法的运用，使新化山歌达到了很高的文学艺术境界。

　　新化山歌多用复沓的手法，即在一首作品中将某些字、词、句甚至章节多次重复或交替使用。如《十爱》：

　　一爱爱你姐的头，头上挽起凤凰头，爱姐爱你很乖头；
　　二爱爱你姐的眉，眉毛弯弯像条龙，爱姐爱你很乖眉；

  三爱爱你姐的脸，冬瓜面，黄子口，爱姐爱你很乖脸；
  四爱爱你姐的耳，金环银环带满耳，爱姐爱你很乖耳；
  五爱爱你姐的手，金箍银箍带满手，爱姐爱你很乖手；
  六爱爱你姐的衣，乖态长衣套短衣，爱姐爱你很乖衣；
  七爱爱你姐的裤，四尺五寸毛蓝布，爱姐爱你很乖裤；
  八爱爱你姐的裙，花花裙子套姐身，爱姐爱你很乖裙；
  九爱爱你姐的腿，细长腿子生得巧，爱姐爱你很乖腿；
  十爱爱你姐的脚，红绸鞋子粽粑脚，爱姐爱你很乖脚。

  这首山歌运用了风趣的方言俚语和复叠的艺术手法，将姑娘的迷人风姿描绘得生动而细腻，也将小伙子对于姑娘的爱慕刻画得十分深刻。

  在演唱形式上，新化山歌有独唱、对唱、齐唱、一领众和等多种。独唱多用于高腔山歌，具有强烈的抒情性，例如《情姐住在巴竹山》。人们独自劳动时常会兴起而歌，兴尽而止，用以消除寂寞，妇女们在劳动中唱一些山歌用以表达内心情感。一人独唱，歌声有时候会吸引他人接应，于是你来我往，对唱遣闷。新化山歌的陶情歌曲很多都采用对唱形式。青年男女在野外劳作或者喜庆节日、聚会时常常随情即兴创作歌词，互问互答，进行感情交流。在家庭或亲友聚会以及结婚、嫁女等民俗活动中也时常对歌。如罗慈花记录的情歌《我郎真心实意辞牡丹》：

  男唱：我郎真心真意辞牡丹，
     辞过牡丹花不攀。

打熄柴蔸封了火，

龙归大海虎归山，

虎归山，我郎再不回头望牡丹。

女唱：哥哥唧，

人在世间莫辞路，

工夫要做花要攀，

花要攀，人无闲事在凡间。

男唱：妹妹唧，

我郎大水莫打这蔸回头草，

日头不照背阴山。

背阴山，蜜蜂虽小不采你，

这蔸臭牡丹。

齐唱一般是指人们在山间田野里集体劳作或是聚集休息时，一起唱山歌，如在插秧时大家一起唱的山歌《姑娘插秧》。这种演唱形式在建国初期极为流行，与当时"人民公社"制度有关。一唱众和是由一位领头，其他人尾随其后，随声附和。如《兴隆山歌》就是一群叫花子出去讨米的时候唱的歌，通常由一个叫花子带头领唱，其他的叫花子附和。

20世纪50年代以前，由于生活困难，很多人都没有上过学，大部分新化山歌手都是文盲，不识字，加上其野蛮彪悍的性格，说话特别直白。他们演唱的山歌歌词极其口语化，通俗易懂，随意自由，直白朴素，没有过多的加工雕饰。改革开放以来，一些人对新化山歌进行了整理，如1987年由周少尧编辑整理的《中国歌谣集成湖南卷新化资料本》共收集新化歌谣 372 首，当中的山歌是根据一些老艺人的口述，后经过反复加工，去除了原来唱词中的粗俗现象，保留了新化的乡音俚语后整理出版的。可惜的是，这种整理行为也带来了一些消极的影响，使得山歌的原生态面貌和口语化特征遭到了一定程度的破坏。有必要对民间歌谣的整理方法作进一步的深入探讨。

二、浏阳客家山歌

浏阳客家山歌是指浏阳客家人用客家方言演唱的山歌。浏阳客家山歌大致可分为高腔山歌、平腔山歌、低腔山歌和儿歌四种。[①]

高腔山歌多为成年男人以假嗓音歌唱，一般加上"啊呜，啊呜"等衬音，曲尾多加有"哦嗬——"的呼叫声。属于这一类风格的有东乡、西乡、北乡的"过山丢"、"钻山音"等。例如《来禾师傅肚里空》：

[①] 陈艳芳. 浏阳客家山歌研究［D］. 长沙：湖南师范大学硕士学位论文，2009.

歌中"来禾"是在禾行间踩行，将杂草踩入泥中，并给禾施肥，"来"是同音字。"麻囊"指绩麻时用的篮子。"挨日工"是说挨时间。

"平腔山歌"在浏阳客家山歌中数量最多，音乐曲调缓慢悠长、委婉，大多用本嗓子（真声）唱，也有用假嗓唱的，曲尾一般加上"哦嗬——"或"哦——喂"的呼喊声。例如《阿妹唱歌好声音》：

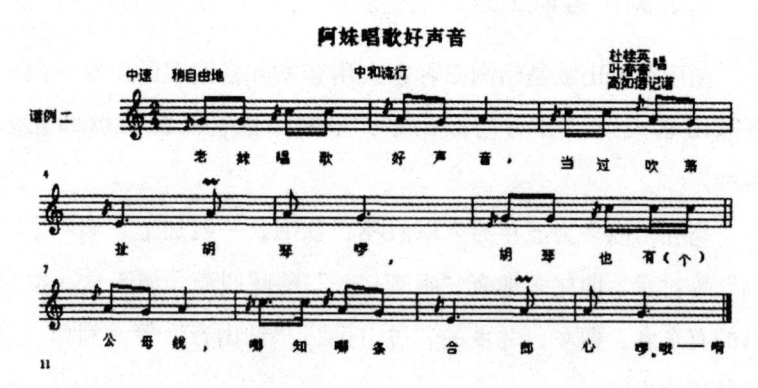

阿妹唱歌好声音

低腔山歌也叫"哼歌子"歌，曲调抒情优美，很少装饰音，音域也不宽，用真声演唱，多为妇女在室内纺纱、绩麻时所唱，但也有野外劳动时唱的。如《扯扯歌》：

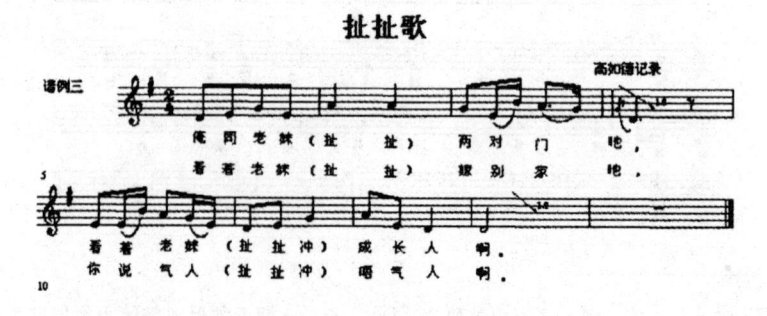

扯扯歌

儿歌轻松活泼，节奏简单，音调口语化。如在北乡一带流行的《摇啊摇》：

摇啊摇

北乡谣行

谱例四

客家山歌随客家人进入浏阳这片土地后，受浏阳本地山歌、方言、风格等各个方面的影响，其山歌形态呈兼容性发展，"锣鼓歌"就是客家山歌在浏阳发展出的典型特色形式。

浏阳客家"锣鼓歌"是在原有客家山歌的中间，加入模仿锣鼓的声音衬词，例如《老妹好比桂花香》：

老妹好比桂花香

杜桂英唱
高如德记谱
张文谱搜集

谱例九

曲中模仿声音的衬词都对应着不同锣鼓乐器的声音，分别是：

咚——鼓心音（或鼓、锣、钹同击音）

当——鼓边音（或鼓边、锣、钹同击音）

匡——锣音（或锣鼓同击音）

且（茶）——乳锣、锣、钹、鼓边同击声

匡（况）——闷鼓、闷钹、闷锣音

多（打）——鼓侧音

这些衬词在模仿乐器声音的同时，也模仿了音乐节奏，既丰富了山歌的音乐形式，加强了节奏感，又增添了其歌唱气氛，充分表达了客家人对更丰富的娱乐生活的向往。

客家人遵循着"宁卖祖宗田，不忘祖宗言"的古训。最能体现客家山歌特色的还是客家方言的运用。

浏阳客家山歌讲求平仄的调配恰当。在句子中使用平仄相对自由，但是句与句之间的平仄却很讲究。在浏阳客家山歌中，最普遍、最好唱、最好听的形式是平平仄平（四句体）或平平仄平平（五句体），就是一、二、四或一、二、四、五句押平声韵；第三句不押韵。例如情歌《茶树开花香又甜》：

茶树开花香又甜（平），

今年开花望明年（平），

好花只怕霜雪打（仄），

妹丑只怕阿哥嫌（平）。

再如五句体《插田山歌》：

赤脚双双来插田（平），

低头望见水中天（平），

行行插得齐齐正（仄），

退步原来是向前（平），

　　插好秧苗盼丰年（平）。

浏阳客家山歌是用浏阳客家方言来歌唱的，讲究的是用方言的音来押韵，如《那个大嫂真漂亮》：

　　一眼望见对门坑，那个大嫂真漂亮；

　　走路就像风摆柳，唱歌好像画眉声。

在普通话中"坑、声"与"亮"是不押韵的，但在客家方言里，三个韵脚是押韵的，用客家方言去唱，才能唱出歌的韵味来。

浏阳客家山歌中杂有许多俗语，富有浓厚的客家生活气息，使山歌充满情趣。例如盘歌《唔知阿哥姓麻格》：

　　初到贵地一么生，唔知阿哥麻格名，

　　唔知阿哥姓麻格，冒名冒姓喊不成。

"一么生"、"麻格"、"冒"、"唔"等方言俗语的使用，使得山歌更显客家的生活气息。

随着外来移民的持续增多，客家话与其他方言相互影响，客家山歌渐次渗透了其他方言语调，从而打破了客家山歌传统歌词的"二二三"、"四三"等结构模式。例如浏阳客家人唱的山歌《绣花女》共四段，每段的歌词、旋律都不一样，与传统歌词相比，差别很大。在句式上，这首歌共二十句唱词，只有六句七字句，其余均长短不一，最长一句竟达二十七字。在句法上，每段的第四句出现了好些叠字和叠意的句式，如"上七下八、七八一十五"、"城内城外、上街下街、南街北街、东街西街"等，既有叠意又有叠字。请看其中的一段：

> 日头出来（呐）点点红，
> 晒坏个美丽娇娘哈在路中，
> 我郎看得过不得意，
> 驮我上七下八七八一十五里，
> 到鸳鸯山上歇荫凉，到我寒舍吃茶（呐）汤。

叠字叠意句式普遍运用于浏阳本地山歌中，如《郎在外间打山歌》的第一段歌词：

> 郎在外间打山歌，
> 姐在房中织绫罗。
> 我不晓得，是何子个（上屋下屋岭前坳背巧娘巧爷）生出这样聪明伶俐的崽啊？
> 打出这样（干干净净索索利利钻天入地漂洋过海）的好山歌？
> 打得那鲤鱼是游不得水，打得那黄牛子滚下坡。我绫罗不织听山歌。
> ……

这两首山歌在运用叠字叠意句式方面是何其相似。再看客家山歌《绣花女》中的"过不得意"、"不晓得"等表达方式与浏阳本地山歌《郎在外间打山歌》中的"游不得水"、"不晓得"的趋同，反映出浏阳客家山歌歌词结构和词语运用习惯的变化，这很可能是受浏阳本地方言和山歌句式影响的结果。

三、田歌

田歌是长江、珠江流域水稻种植区广大稻农犁田、拔秧、插秧、除草时传唱的一种即兴编唱的民歌体。在这些地区农民一般要种两季甚至三季稻子，劳动强度非常大，很自然地产生了以唱歌调节情绪、解除疲劳的自发要求。田歌的体裁形式与山歌接近。有些学者把田歌也纳入到"山歌"的体裁之中。[1]

湖南是中国主要的水稻产区之一，田歌分布广泛，代表作有韶山的《插田歌》、岳阳的《罗罗咚》等。湖南田歌有犁田歌、扯秧歌、插田歌、踩田歌等多种类型。

犁田指用耕牛拉着犁在水田里耕地。这在湖南水稻种植区是一种最常见、每年开春后或双抢期间都要做的一件重要的农活，通常都是由男性从事。男人们犁田时喜欢"打山歌"，内容多为幽默、调侃性的，也有关于农活或爱情的。如常宁犁田歌《对门大丘好打犁》:[2]

---

[1] 周青青.中国民间音乐概论[M].北京：人民音乐出版社，2003：31.
[2] 段桥生，米瑞玲.衡阳"田歌"的种类及其艺术特色[J].中国音乐.2009，(3).

自由地

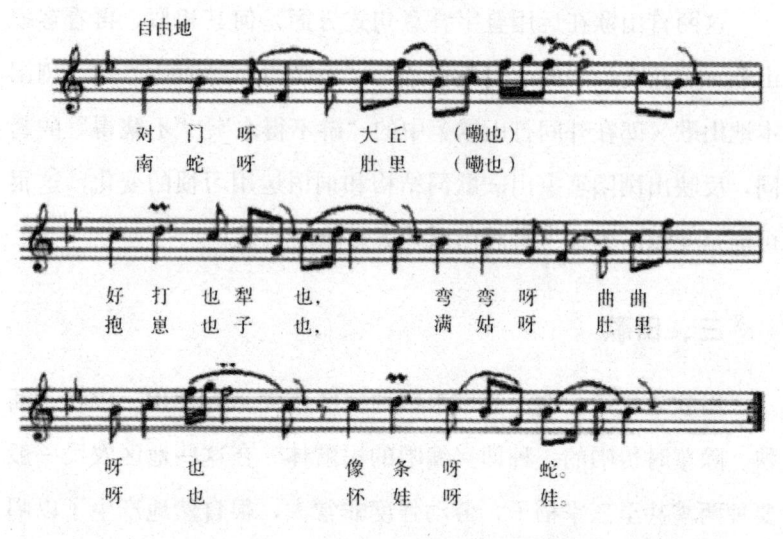

对门呀　大丘　（嘞也）
南蛇呀　肚里　（嘞也）

好打也犁也，　弯弯呀　曲曲
抱崽也子也，　满姑呀　肚里

呀也　　像条呀　蛇。
呀也　　怀娃呀　娃。

(刘哲善唱　张维银记录)

扯秧歌是指湖南农村春插（插秧）或双抢期间，人们在水田里弯腰扯秧时，为缓解疲劳而唱的田歌，一般由女性唱的较多。例如衡南扯秧歌：

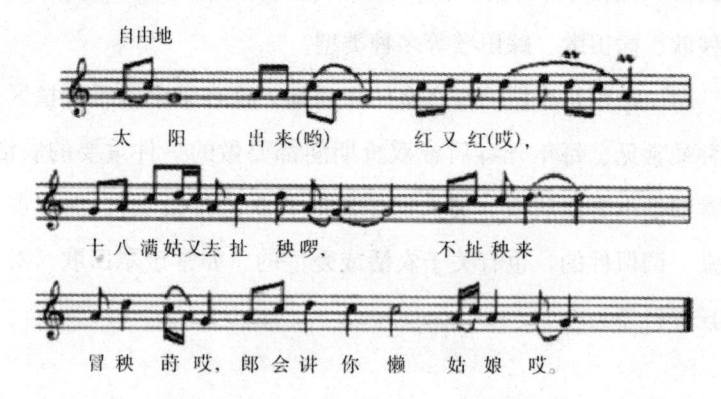

自由地

太阳　出来（哟）　红又红（哎），

十八满姑又去扯　秧啰，　不扯秧来

冒秧莳哎，郎会讲你懒　姑娘哎。

(胡殷红唱　吴利宾记录)

插田是一件劳动强度较大的农活。最紧张的那段时间里，人们整天弯着腰，顶着太阳或冒雨站在水田稀泥里，将秧苗分成一小撮一小撮，按照一定的纵横间距一蔸一蔸地插入稻田，为了缓解腰酸背痛，消除单调，活跃气氛，调动情绪，于是便唱起了插田歌。例如祁东插田歌《满姑爱的莳田郎》（"莳田"就是插田的意思）：

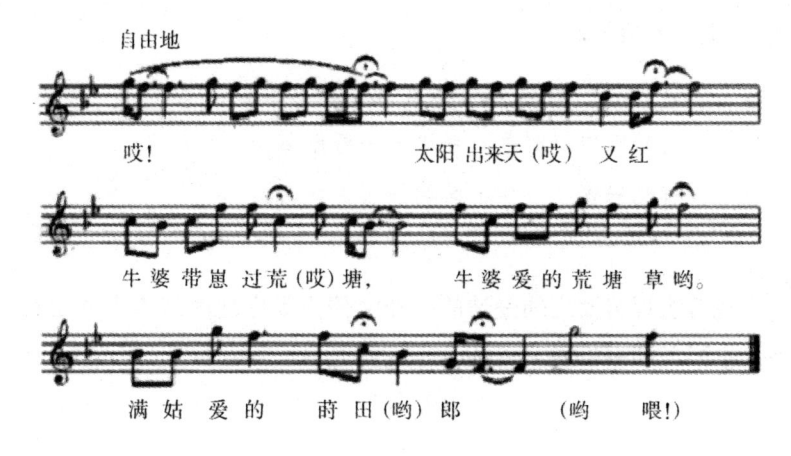

> 自由地
> 哎！ 太阳出来天（哎）又红
> 牛婆带崽过荒（哎）塘，牛婆爱的荒塘草哟。
> 满姑爱的莳田（哟）郎（哟喂！）

（周家梅 邓荣耀唱 张安国记录）

湖南插田歌流传久远。《洞庭湖志》就载有明朝吴申的《插田歌》："咏也呵，咏也呵，楚人竞唱插田歌。"俗话说："插田不唱歌，禾少稗子多。"可见湖南人对插田歌的重视。插田歌的演唱形式不一，有的是由专人在田塍上边打鼓边唱，插田者跟着唱；有的是插田者兴头来了自发唱，以歌引歌；有的是一人领头众人唱和；有的是田插完毕，插田者和邻居里舍到主家唱。插田歌常采用高腔唱法，声音高亢，旋律跳跃性较大。内容丰富，表达自然。有的表现对丰收的憧憬。如流传于湘乡的双江、得胜和潭市镇一带的插田歌《一年胜过十年春》：

唱起来，贺起来，恭喜主家大发财。
斗子下田打收成百石量词,十斗，石子下田万收成。

年胜年胜年年胜，一年胜过十年春。

有的是劳动者表现自己智慧和豪情的。如流传于湘中地区的《我郎唱得万般歌》：

大丘田中好唱歌，半天云中好雁鹅。
雁鹅撒得千般子，我郎唱得万般歌。

也有表现男女之间爱情的。如流传于娄底地区的永丰和走马镇一带的《问姐喜欢不喜欢》：

四月插田水又深，
摸粒荸荠有半斤。
掐光尾巴洗光泥，
双手送到姐怀里。
问姐喜欢不喜欢？

踩田歌是农人在踩田时唱的田歌。踩田是一种"以趾代锄，且行且拔"（清代《晃州厅志》）的农活。俗话说"水田一蔸草，有如毒蛇咬"，"禾踩三道脚，米都不缺角"。在将秧苗插入水田一周左右，农人手扶棍子，在稻田里一行一行地用脚将田里的稗子及杂草踩入泥中，偶尔也弯腰用手将草拔除并揞入泥里。踩田歌多以歌唱爱情、祈望丰收为内容。

湘北的洞庭湖区稻田面积大，踩田时众人一字排开，齐头并进,边踩田边唱踩田歌。如有一首《耨禾歌》唱道:"上塅栽禾下塅青,看到栽禾又吃新,看到讨亲又生子,看到生子又生孙,花花世界闹乾坤。"

湖南一些地方把踩田叫做"楝田","楝"字是同音字,本字待考。例如衡南楝田歌《年年增产收成多》:

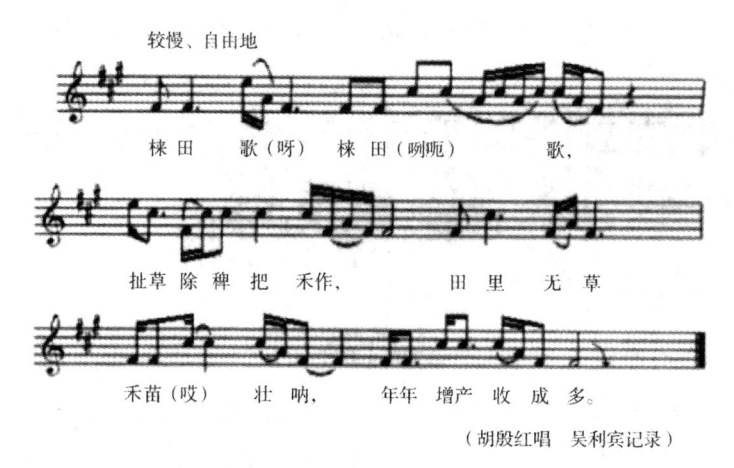

[较慢、自由地]
楝田 歌(呀) 楝田(咧呃) 歌,
扯草除稗把禾作, 田里无草
禾苗(哎) 壮呐, 年年增产收成多。

(胡殷红唱 吴利宾记录)

歌中"把禾作"是"把水稻种植"的意思。再如祁东楝田歌《楝田要根楝田棍》:

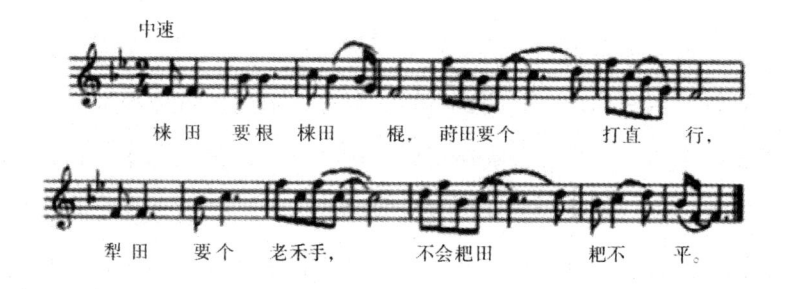

[中速]
楝田 要根 楝田 棍,莳田要个 打直行,
犁田 要个 老禾手, 不会耙田 耙不 平。

(彭其美唱 张安国记录)

歌中"楝田棍"是指踩田时手扶的棍子。"莳田"是插田的意思,插田时先要用专用的农具在田中笔直地画上纵横相交的格子。"老禾手"指种田的老把式。

湖南田歌词体结构短小，既有固定的唱词，也有即兴创作；内容包罗万象，常常以歌唱劳动与爱情为主；多为七字句四句体，也有"垛句体"的连环田歌或句数不定的"散体"田歌；一般田歌都带有字数不等的"哎"、"也"、"啊"、"哟"、"呃咧"、"来"、"哦"等衬词做自由的拖腔。湖南田歌旋律以五声徵调式最为突出，节拍较为自由，音调辽阔悠扬，线条起伏明显，表现方法生动朴实，音乐与地方方言的语调关系极为密切，具有浓郁的地方色彩。

四、洞庭渔歌

洞庭渔歌是一种古老而独特的民间歌谣。早在宋代范仲淹《岳阳楼记》就有"渔歌互答，此乐何极"的记载。它具有原生性和即兴性的特点。其演唱是一种自发的文化行为。这种被当地渔民称为"丫口腔"（意思是张口就唱）的洞庭渔歌，直接源于渔民的生活方式和生存状态，反映了渔民的心声。渔民在生产生活中，愿望需要表达，情绪需要释放，渔歌便应"需"而生。同时，演唱洞庭渔歌对时间、空间、场地、道具、服饰等都无特别要求，简单到只带一张嘴便可以演唱，往往以渔民见景生情、即兴抒怀、随口编唱的方式出现，取材灵活，信口道来。旧时洞庭湖渔民，长年累月漂泊在湖上捕鱼，不论酷暑还是寒冬，总是忙碌不停，还要忍饥受气，甚至挨打遭骂。在贫苦窘迫的单调生活中，渔歌是他们解忧消愁的良剂。在五黄六月，太阳烤得肉痛心焦时，就唱《晒歌》：

> 太阳一出照九州,晒得情哥汗不流。
> 人在船上无处躲,船板烫脚人溜溜。
> 想起阿妹回家远,要不打鱼无米油。

在放鸬鹚打鱼时,便唱《海歌》,用诙谐滑稽的话语唱出一反事理常情的"古怪歌"(或称"颠倒歌")以逗笑取乐,开心散闷:

> 风吹麻石滚上坡,洞庭湖里鸟架窝。
> 枫树尖上鱼撒子,鸬鹚上树把鱼捉。

渔郎们爱唱的《十二月打鱼歌》是一首湘北"五句歌",描绘的虽是悲惨凄凉的生活,抒发的却是昂扬的斗志:

> 正月打鱼是新春,洞庭湖水一掌平;渔郎荡起双飞燕,下网打鱼冷浸浸;拉得肥鱼寒了心。二月打鱼二月二,土地菩萨祝寿辰;渔郎撒下春光网,想起老板黑良心;打得鱼来肚子空。……七月打鱼七月七,牛郎织女会佳期;洞庭水涨湖面大,湖霸收租按水仪;渔郎无钱难娶妻。……十二月打鱼雪花飞,冰凌衣帽雪白眉;热汗融合伤心泪,点点化作打鼓槌,击响春雷闪光辉。

渔家姑娘,三五几个坐在湖洲柳树下织渔网,轻轻唱起《十二月织网歌》,情到深处,催人泪下:

……

十二月织网又一年，一年辛苦一年酸。金梭穿断银梭线，织网千张没得钱。渔霸强征泪涟涟，奴与渔郎不团圆。

洞庭渔歌的曲调主要来源于湖区广泛流传的地花鼓、采莲船、灯调等民间歌谣，又吸收了兄弟地区的音乐养分，这些音乐元素与湖区原有的粗犷悠长的船工号子、湖歌等相互影响、交流，日渐形成了以五声徵调式为主的洞庭渔歌调式。

在歌唱中，洞庭渔歌的唱词与曲调往往会产生多种变化，一段旋律可以搭载多种歌词，而一段歌词也往往可以配合多种曲调，完全取决于演唱者的智慧和心情。其唱腔常采用平腔、高腔等交替使用，节奏自由规整但不失变化，曲调柔和，较少使用大跳音程，旋律性起伏比较频繁。平腔接近于说话，如诉如吟，音区较低，音域不宽；高腔音域也不宽，但音区较高，故显得嘹亮。曲调进行有甩腔、拖腔、润腔等，随情变化，有时跳进后尾音向下滑或以装饰性收音。演唱时常常以"领"、"和"的形式交替出现，齐唱类似于劳动号子的"和腔"，旋律进行在低音区且下行时，与打高腔带拖音的领唱部分有机地结合起来，在音调上造成一呼一应的态势，给人以波澜壮阔的力量之感。

洞庭渔歌流行于洞庭湖区，以当地湖区的方言演唱，因而具有鲜明的地方语言特色。[①] 歌中常常使用语气词或感叹词作为衬词，如"呀"、"乃"、"啰"、"呧"，等等，多根据当地方言的变

---

① 彭桂云.洞庭渔歌的艺术特征及人文价值［J］.艺海.2011,（1）.

化而变化。

洞庭渔歌有织网、补网、推船、拖船、荡桨、摇槽、行船、走风、拉纤、撑篙、想郎、送郎等二十余种。2006年6月，由岳阳市申请的东洞庭渔歌作为民间音乐，被列入第一批湖南省非物质文化遗产名录。

第四节　儿歌和牧歌

一、湖南民间传统儿歌

民间传统儿歌称为童谣、小儿语、儿语、孺子歌，是长久以来一直流传在儿童间的一种歌谣。

儿歌具有浓郁的地域特色。[1] 汪习麟指出："儿歌要能朗朗上口，口口相传，没有一点地方色彩，恐怕首先就无法为孩子所接受，孩子不接受，当然也就流传不开，……作为儿歌，自然必须富有当地的山河色彩、语言特点，从而形成一地风格。"[2] 儿歌的地域性与儿歌的创作者、接受者和传承者都生活在特定的地域有关。只有发生、存在于儿童身边的、具体可感的事与物，儿童才有兴趣去为它们创作或吟唱儿歌。儿歌的地域性也是客观条件限制的结果。旧时交通不发达，人们受地理环境、生产力发展水平的限制，与外界接触较少，尽管现代生活条件有所变化，但活

---

[1] 周书云．民间儿歌特征研究［D］．湘潭：湘潭大学硕士学位论文．2003．
[2] 汪习麟．儿童诗散论［M］，西安：陕西少年儿童出版社，1984：109．

动、交流的范围总还是有限的。儿童从小生活在特定的地域,受到该地风俗习惯的熏陶,说着当地的方言土语,创作、吟唱的儿歌必有其地域特色。"一个地方的戏剧、曲艺、歌谣、谜语等文艺形式都是以方言作为工具才得以表达的。"[①] 儿歌是歌谣中的一种,使用的自然是流行地区的方言。儿歌歌词的方言性是其地域性的突出表现。

儿歌歌词的方言性首先表现在歌中使用的方言词语(包括特定的地名和表示地方特有事物的词语)上。如邵阳称青蛙为"麻怪",新邵儿歌《矮子矮》唱道:"矮子矮,钓麻怪。麻怪跳过墙,矮子骂尽娘。"又称萤火虫为"洋花虫"或"洋火虫",儿歌唱道:"洋花虫落落,下来吃饽饽(蛋),你吃黄,我吃白,留到壳裸摆碟碟。"在湖南隆回爱溺床的小孩为祈求晚上不溺床,每逢上床时向鸡笼拜三拜,念道:"鸡公鸡公,我认你做亲爷,你替我夜晚屙,我替你白天屙。""鸡公"即公鸡、雄鸡。"亲爷"指亲生父亲。"屙"指拉(尿)。再看一首猜谜的邵阳儿歌:"大山上面冒雨气,大山下面落雨气。宝庆河里发大水,武冈州里出日头。"歌中所说的宝庆河指的就是资江在邵阳境内的河段;武冈州即今武冈市。长沙儿歌《坡子街》唱道:"坡子街[kai^{33}],转隻弯,一来来到三王街,三兴街,三泰街,三三得九九如斋。"坡子街、三王街、三兴街、三泰街、九如斋均为长沙老地名。另一首长沙儿歌"杨裕兴的面,奇珍阁的鸭,德圆里的包子真好

[①] 转引自申小龙,张汝伦主编. 文化的语言视界[C]. 上海:上海三联书店,1991:92.

喫。火宫殿样样有，有饭有菜有甜酒，还有白糖盐菜藕"。简短的几句话概括了长沙最有名的几家老字号的几种著名小吃。

方言的差异，在儿歌中还表现在字音和押韵的不同上。同样的字在不同地方发音不同；同一组字，在普通话里押韵，在方言中可能不押韵，而方言中押韵的字，在普通话里却不一定押韵。如湖南吉首儿歌："有个大姐年十七，过了四年二十一，寻个丈夫才十岁，她比丈夫大十一。一天井台去打水，一头高来一头低，不看公婆待我好，把你推到井里去。"歌中最后一句末尾的"去"与前面的"七、一、低"在普通话中是不押韵的，但在几首方言中"去"白读念 $tɕʰi^{35}$，"七、一、低"分别念 $tɕʰi^{11}$、i^{11}、ti^{55}，四个字是押韵的。再如吉首儿歌《麻雀雀墙头坐》："麻雀雀 [$tɕʰio^{11}$]，墙头坐 [tso^{35}]，叽叽喳喳骂哪个 [ko^{35}]？骂你爷娘不是人 [$zən^{11}$]，把儿卖到苦竹林 [lin^{11}]。要柴烧 [sau^{55}]，坡又高 [kau^{55}]，要水吃，水又深 [$sən^{55}$]。打湿罗裙不要紧 [$tɕin^{42}$]，打湿花鞋千万针 [$tsən^{55}$]。千一针 [$tsən^{55}$]，万一针 [$tsən^{55}$]，妹妹费了几多心 [$ɕin^{55}$]。"儿歌韵律形式多种多样，有押宽韵的，有押一字韵的。如湖南澧县儿歌："讲起头，尽是头，天上有日头，地下有岩头，遇到一个黄毛丫头，她要找我剃胎头，我拿来一把钝斧头，把她砍得血直流。"除了最后一个韵脚"流"外其他韵脚都是"头"字。长沙童谣《月亮粑粑》中就使用了大量的方言词语，并且具有独特的韵味：

月亮粑粑 [$pa^{33}pa^0$]，肚里_{里面}坐个爹爹 [$tia^{33}tia^0$]_{爷爷}，
爹爹出来买菜，肚里坐个奶奶，

奶奶出来绣花，绣隻糍粑，

糍粑跌得井里，变隻蛤蟆 [ka¹³ma⁰]，

蛤蟆伸脚 [tɕio²⁴]，变隻喜鹊 [tɕʰio²⁴]，

喜鹊上树 [ɕy¹¹]，变隻斑鸠 [tɕy³³]，

斑鸠咕咕咕，和尚喫豆腐，

豆腐一匍渣，和尚喫粑粑，

粑粑一匍壳 [kʰo²⁴]，和尚喫菱角 [ko²⁴]，

菱角溜溜尖，和尚望哒天，

天上四隻字，和尚犯哒事，

事又犯得恶 [o²⁴]，抓哒和尚剁脑壳 [kʰo²⁴]。

儿歌借助歌词反映着地方的风土人情。中秋佳节，湘潭地区有烧宝塔习俗，儿歌唱道："八月十五烧宝塔，打开腰门杀鞑鞑。五家一把刀，鞑子无处逃，一人一把火，鞑子无处躲。"相传元代统治者（当地人称为鞑子）入主中原，把汉人分成五人一家，由一个鞑子兵管理，此兵操纵五家生杀大权。五家共用一把刀，晚上不能关门睡觉。湘潭民众不能忍受，约定八月十五晚上以烧塔为信号，一齐动手杀鞑子。此习俗沿袭下来，并在儿歌中反映出来。在隆回县，除夕夜大人小孩围坐在火塘前吃炖烂的猪脑壳。当地人认为以脑补脑，吃了猪脑以后就会聪明，于是儿歌唱道："烧起个熊熊火，炖起个猪脑壳，一人吃一碗，油得莫奈何。"邵阳地区多山，民众爱吃辣椒，没有辣椒吃不下饭，儿歌《打掌掌》唱道："打掌掌，摆两样，摆样麻子摆样姜。麻麻辣辣又喷香。""麻子"在当地方言中指芝麻。

儿歌讲求节奏性。如邵阳儿歌："虫子/虫子/飞，飞/到/竹山/里，捡/个/饽饽/蛋，把/宝宝/伴/夜饭。"二字一拍与一字一拍交错，朗朗上口。

儿歌常常使用顶针、反复、谐音等修辞手法。如凤凰儿歌《扁担打着我的脚》："唉哟哟[io¹¹]，扁担打着我的脚[tɕio¹¹]，先冒_别哭，着_{涂抹}点药[io¹¹]。什么药？膏药。什么膏？鸡蛋糕。什么鸡？公鸡。什么公？老公公。什么老[lau⁴²]？豆腐脑[lau⁴²]。什么豆？豌豆。什么湾？台湾。什么台？抬电视机进屋来。"再如双峰儿歌《月光光》："月光光，地光光。两姊妹，同拜香。东一拜，西一拜，拜到前面好世界。世界好，买甘草；甘草甜，买包盐；盐苦咸，买菜篮；菜篮差，买冬瓜；冬瓜毛，买葡萄；葡萄酸，买衣衫；衣衫长，买老姜；老姜辣，买唢呐；唢呐吹开花，回去是个哭喇叭。"几乎每一种修辞格都能在儿歌中找到，每一首儿歌都运用了修辞格。

儿歌真实地表现了儿童的生活和内心世界。永顺县有儿歌《归贵阳》叙述了不良继母带给儿童心理创伤："归贵阳，归贵阳，有钱莫讨后来娘；前娘杀鸡留鸡腿，后娘杀鸡留鸡肠；鸡肠挂在篱笆上，过去过来哭一场；前娘过身送棺材，后娘埋在小半塘；黄牛过去踩一脚，水牛过去抬一角；前娘坟上插根香，后娘坟上插根棒；前娘坟上烧把纸，后娘坟上屙堆屎。"儿歌有一类看似荒诞的反歌，如澧县儿歌："说倒话，唱倒歌，河里的岩头滚上坡。腊月二十八，有人偷黄瓜，背褡_{背心}衣袖搁满哒。瞎子看到的，聋子听到的。哑巴一声喊，跛子就开赶，赶到淤泥湖，摔得灰直扑。"这类儿歌把毫不关联的事物牵扯到一起，在内容上

193

找不出连贯的依据，在成人看来荒诞不真，儿童却毫不在乎，反而觉得有趣。

儿歌更是儿童的启蒙教材。祖辈对孙子的教育从儿时就已开始，俗话说"三岁看老"，祖母抱着孙子边拍边唱边教儿歌，是多么温馨的画面。《月光光》就是一首梅山地区历史悠久、广为流传的童谣：①

月光光，海光光，担担水，洗学堂，学堂洗倒亮亮音"漾漾"光。东一拜，西一拜，拜到南京捡世界音"盖"。世界多，捡田螺，田螺高利头上开白花。姐姐戴金花，妹妹戴银花，哥哥骑白音"帕"马，扮到摔倒桥底下音"哈"，捡抓露丝马。娘一边，爷音"牙",指父亲一边，公公奶奶音"蔫蔫"冇一边，担起扫故扫把打王天。王天底下一眼塘，二个鲤鱼十八长，太咯大的拿倒呷哩，细咯小的留倒讨婆娘。讨个婆娘懒又懒，灶背地拉屎做柴烧，门背地射尿掺坛子，公婆嗅音"份"倒臭，脚过来劈两刀，公婆嗅倒臊，脚过来揪两揪。

梅山人重孝道明事理，这首儿歌从小就教育孩子要孝敬祖辈，爱护兄弟姐妹，长大后要娶个好媳妇。

二、牧牛歌

俗话说："牛是农家宝"，"冇牛莫种田"。湖南农家多养有耕

---

① 刘曼君. 梅山古童谣初探［J］. 湖南人文科技学院学报. 2012，(3).

牛，而放牛也就成了农村孩子自然的使命。看牛伢子们在山野、田原之中牧牛时唱的儿歌被称为牧牛歌，有的地方叫做看牛歌或放牛歌。它既有儿歌的某些特点，又有浓郁的山野风味。它一般分为起歌、接歌、对歌和收歌等形式。

湖南最有特色也是最有趣的牧牛歌要数其中的撩发歌、骂歌子和盘歌。

伢子们精力旺盛，爱叫爱闹，牧牛时喜欢撩拨他人与自己比歌。在广阔寂静的山野，比起歌来往往群情激昂，场面热闹。因此，牧牛歌的"撩发"性特别强。放牛伢子先唱出一首富有挑战性的歌以"撩发"对方来接歌，这被称为"撩发歌"。例如韶山的牧牛伢子们唱的"撩发歌"：

撩发歌来撩发歌，撩发对门伢子对山歌，我一不要你对好久，二不要你对好多，我只要对到日头落山就收歌。

牧牛伢子对歌时，只要对方回慢了点，就唱起骂歌子来。骂歌子野性突出，牧牛伢子唱起来，不留情面，其村言辣语锋芒毕露，充分显示了个性特征和独特的艺术风格。如衡阳市常宁县的牧牛歌《要你姐姐捡骨头》就是一首骂歌子：

那边死息哑了喉，老虎把你过垭头，有人帮你来搭信，要你姐姐捡骨头。

盘歌是以歌唱形式互相盘问并作出解答的歌。这是湖南各民族盛行的赛歌风俗在牧牛歌中的反映。它通过歌唱来斗智赛才以定输赢，对开启牧牛伢子的思路，锻炼他们的答辩和应变能力，激发他们的求知欲望和学习积极性，扩大他们的知识面都十分有益。与我国古代童谣具有强烈的政治性不同，它的内容丰富，从天上到人间，从动物到植物，从大陆到海洋，从历史到现实，各种事物都是歌唱的对象。如汉寿县的牧牛歌：

〔盘问〕天上的梭罗树是什么人来栽？地下的黄河是什么人开？什么人把守三关口？什么人一去不回来？
〔解答〕天上的梭罗树是王母娘娘栽，地下的黄河是泾河老龙开，杨六郎把守三关口，韩湘子化斋一去不回来。

湖南牧牛歌中的盘歌有的还有"歌头"。"歌头"位于盘歌的开头。牧牛伢子在"歌头"中，运用比喻、拟人、夸张和排比等修辞手法，以夸张而自豪的语气，宣称自己如何有本事，会唱的歌是如何多，以长自己的士气，灭对方的威风。如洞庭湖区的牧牛伢子唱的歌头：

唱山歌，问山歌，你的山歌没有我的多。我担担山歌岳阳桥上过，扁担一断泼山歌，山歌倒了大半河。

湖南牧牛歌的歌词没有拖得很长的数板句子，一般以七言为主，但无严格限制。常见的是七言四句体，"一句四顿"，成"二二二一"节奏。韵律上一二四句相押，一韵到底，且均押平声韵，例如上文所举的常宁县牧牛歌《要你姐姐捡骨头》。也有杂言四句体牧牛歌，句子的长短、字数取决于内容，如流传在桃源各地的牧牛歌《青篾的花篮是蓝篾的底》七言十言十一言相间成"十、十一、十一、七"的格式，不押韵：

　　青篾的花篮是蓝篾的底，我唱个的歌儿是惹下的你。我不惹得东来是不惹得西，单惹那边看牛的。

长沙牧牛歌中的"起歌"《只要你比到太阳落水就圆歌》里甚至还有长达十二言的：

　　一块板子撂过河，我找河那边伢子比山歌，我不同你比好久，只要你比到太阳落水就圆歌。

不过，牧牛伢子未成年，其生理和心理特点决定其不宜唱太长的歌句，所以除了"撩发歌"外，较少出现十二言或超过十二言的歌句。

五句体在湖南牧牛歌中也较常见，一般也是长短句间杂，如湘潭牧牛山歌《我骑骡跨马唱山歌》就是"八、七、九、九、八"句式，一二四五句押韵，一韵到底，且全部为平声韵：

　　拳头古大唧唱起歌，柚子高唧跑江河。跑到湘潭城里买匹马，跑到长沙城里买匹骡，我骑骡跨马唱山歌。

牧牛歌中的八句体多出现在盘歌中，其中盘问四句，解答四句，有七言的，如常德牧牛歌（盘歌）：

［盘问］什么团团在天边？什么团团在水边？什么团团跟郎走？什么团团姐身边？

［解答］月亮团团在天边，荷叶团团在水边，草帽团团跟郎走，茶盘团团姐身边。

也有杂言的，如流传于桃源燕家坪的牧牛歌《丝瓜开花过六月》五言七言相间，成"五、七、五、七"格式：

［盘问］什么开花黑？什么开花紫淡色？什么开花白？什么开花过六月？

［解答］蚕豆开花黑，茄子开花紫淡色，辣椒开花白，丝瓜开花过六月。

湖南牧牛盘歌较多见的格律形式还是六句为一节，均为七言；一句三顿，二二二一节奏；一二三句相押，四六句换韵，每韵的结尾句（第三句、第六句）均为平声韵。如安乡县西山牧牛歌中的盘歌：

［盘问］那边伢儿你莫吵，我有几事将你考。什么出世一身毛？什么出世一身坨？什么出世打单身？什么出世两公婆？

［解答］那边伢儿你莫吵,这些小事不用考。冬瓜出世一身毛,苦瓜出世一身坨,丝瓜出世打单身,豆角出世两公婆。

湖南牧牛歌很少有呼唤性的短衬句,但衬字、衬词的运用很普遍。衬字、衬词的运用,扩充了牧牛歌的结构,增加了牧牛歌的韵味,唱起来易于上口,更具嬉戏娱乐性,更能突显牧童天真活泼、爱撩爱吵的性格特征。牧牛歌的衬字常和语气词结合运用,有的出现在句中,有的出现在句末,有时单用,有时叠用。如常德市鼎城区的牧牛歌《不是对头我不撩》:

这边望见(啰)那边高(嘞)(呃),那边一树儿(喃啰)好仙桃(呐)(嘞),不是仙桃(嘛)(啰)我不吃(嘞)(呃),不是对头(嘛)(喃啰)我不撩(呐)(呃)(呃呃)。

湖南牧牛歌中还有将几个单一的衬字组合在一起的情况,近乎语言游戏,增加了牧牛歌的活力和谐趣,更显挑逗兴致和山野特征。如常德牧牛歌《郎在高山》:

郎在高山(啰哩啰),姐在坪地(啰哩啰)。掉了的手巾(啰哩啰),回头寻(呐哥哒哥)。不知哪个捡起(啰),快给我(哒哥)(啰哩啰)。

湖南牧牛歌还大量运用象声词做衬词。与一般民歌用象声词做衬词不同的是,牧牛歌中的象声词既起衬词的作用,又是句子不可缺少的组成部分。如临澧县的牧牛歌《咯嘎》（"咯嘎"是模拟雁鹅、野鸭等野禽声音的象声词）：

什么咯嘎在天边？什么咯嘎在水边？什么咯嘎随郎走？什么咯嘎姐胸前？

雁鹤咯嘎在天边，野鸭咯嘎在水边，胡琴咯嘎随郎走，车儿<small>纺车</small>咯嘎姐胸前。

第五节　仪式歌

仪式歌是伴随着民间的风俗、祀典和宗教活动而歌唱或吟诵的歌谣。它内容丰富，主要有诀术歌、节令歌、礼俗歌、祭典歌等。这里讨论其中具有代表性的几种：

一、上梁歌

上梁是湖南建房过程中最能体现民俗风情的一道工序。在开梁口的时候木匠唱道：

先开东，主东金银满堂中；后开西，主东骡马叫嘻嘻。

在鞭炮声中，木匠高唱上梁歌，将梁安放到屋垛上。上梁歌内容丰富，各地不尽相同。如地处洞庭湖平原的临澧县，上梁歌包括序歌、烧香、拜天地、治煞气、说梁、升梁、拿云梯、拿架串、五谷祭梁、上梁、甩粑粑等内容。地处雪峰山区的洞口县，上梁歌包括匝梁、开梁、杀鸡宴（祭）梁、上楼梯、上梁赞语、赞鲁班工具、吊筛、敬酒、抛物、唱赞歌等内容。地处沅水流域的常德县，上梁歌包括赞梁歌、斩鸡祭梁歌、开梁口歌、钉梁歌、缠梁歌、栓红歌、祭酒歌、抛梁丢粑粑歌等内容。

梅山地区建新房圆垛时，为首的木工师傅一手拿斧子，一手拿雄鸡，先在几个垛子和间墙上走一圈，然后从刚摆好的梁上走过去，边走边唱。梅山各地的歌词不一，但都是赞美主家和祈盼幸福安康方面的贺词，如："鲁班制定，砌屋上梁，恭喜主家，新建华堂，子子孙孙，世代荣昌，兴！"唱罢，木工师傅站在梁上用斧子在雄鸡的脖子上轻轻地划一刀，让其流点血（但不能杀死），然后将其抛向空中，接着唱："雄鸡上天，日久天长，恭喜主家，人兴财旺。兴！"屋下众人跟着大叫喊："兴！"，然后燃放鞭炮，赞好话，以示祝贺，主家则笑嘻嘻地给那个木工师傅和每一位赞好话的人一个红包，当然给木工师傅的是大红包，给其他人的是小红包。

上梁歌反映了人们对语言制服邪鬼的神秘魔力的信仰。如桃源县的《治煞气歌》（《赞雄鸡歌》）：

斧头一响天门开，鲁班师傅下凡来。
左手提把金刚斧，右手提只凤凰鸡。
此鸡不是非凡鸡，是王母娘娘报晓鸡。
头戴凤凰霞帔，身穿五色彩衣。
日在昆仑山上叫，夜在主东家里啼。
别人要起无用处，鲁班师傅隔煞气。

　　　　天煞归天，地煞归地，年煞月煞日煞时煞，
　　　　木马斧头锉子煞，有雄鸡抵煞。
　　　　鸡血落地，大吉大利。
　　　　东头先起，富贵到底。

　　上梁歌寄托了人们对家庭兴旺、生活平安美好的愿望与追求。如常德县的《开梁口赞歌》：

　　　　一轮红日出东方，照在主东华堂上。
　　　　吉日良辰选今日，主东接我上屋梁。
　　　　立金柱，上金梁，立在梁头喜洋洋。
　　　　梁上又无口，我给主东开梁口。
　　　　梁口开得深又深，秤称银子斗量金。
　　　　梁口开得浅又浅，荣华富贵万万年。
　　　　开了东来又开西，开得骡马笑嘻嘻。
　　　　金口开在银窝里，一年四季，百事顺利。

　　在临澧县，上梁毕，木匠登上房顶，抛撒糍粑粑或糖果、圆饼，他边撒边唱《甩粑粑》歌：

　　　　一手粑粑甩东，买庄又买田；
　　　　一手粑粑甩北，代代出角色[①]。

[①] 角色：在这里指有才华有能力并有一定社会地位的人物。

东边一朵紫云起,西边一朵紫云开。

两朵紫云齐喝彩,我把主东请拢来。

粑粑一对,万年富贵;

粑粑一双,陈谷满仓。

粑粑一大一小,代代儿孙做阁老。

围观者不分男女老少都纷纷争抢。争抢者越多,争抢得越激烈,主人就越高兴,认为是房子建成后家庭兴旺、子孙满堂的好预兆。

在洞口县,抛撒完粑粑,木匠进入厅堂唱《赞华堂》:

一进门来喜洋洋,主东修座好华堂。

前有青龙并白虎,后有朱雀配凤凰。

天口盖的是琉璃瓦,地下又用宝石镶。

左修库来右修仓,真龙地上起华堂。

鲁班师傅来划墨,八洞神仙来踩梁。

外雕一对金狮子,内雕双凤永朝阳。

左脚进门生贵子,右脚入门状元郎。

高屋大厦人兴旺,荣华富贵万年长。

二、嘉禾伴嫁歌

伴嫁哭嫁是旧时湖南南部地区农村相沿已久的一种婚礼习俗,是姑娘出嫁前夕,女伴们(歌手)陪伴出嫁姑娘时集"哭"、"唱"和"舞"于一体的一种惜别活动。各地名称不一,如嘉禾县称"坐歌堂",桂阳县叫"坐花筵",苏仙区谓"坐花园"。伴嫁时唱的歌,嘉禾县叫"伴嫁歌",桂阳县叫"唱娘娘"。哭嫁唱的歌,嘉禾县叫"哭嫁歌",汝城县叫"哭喂喂"。

关于伴嫁哭嫁习俗,文献中不乏记载。宋代曾慥《类说》卷四"歌堂"条云:"南人尚乡歌,每集一处共歌,号'歌堂'。"清代《永州府志》载:"道州嫁女……设歌筵宴女宾,有歌女四人,导新娘于中堂,至夜歌声唱合,群女陪于中堂。"宁远、新田亦相似。清同治七年《桂阳直隶州志》卷二十七载,明代教谕曹友白作芙蓉竹枝词,其中一首写道:"采茶末了又蚕桑,萝婢荆妻镇日忙;闻道邻家新嫁女,花筵约伴唱娘娘。"附注:"州人嫁女之先一夕,招众女伴设酒果数席,饯于中庭,曰坐花筵。瞧女毕,女哭,众女齐歌以乱之,曰唱娘娘。"同治版《嘉禾县志》载:"嫁女前夕,具酒馔,集妇女歌。歌阕,母女及村姑伯姨,相向而哭,循叠相继,达曙乃止。"民国《嘉禾县图志》礼俗篇说:嫁女前夕,"女伴相聚首,谓之伴嫁"。伴嫁时"姻族女亲咸集,夜歌达旦",或"各举一小瓷盆,对歌而跳"。[1] 民国《蓝山县图志》卷十三记载:凡嫁女之家,姻族女亲咸集,夜歌达旦,谓之坐歌堂。中夜哭别亲属、女友,谓之哭嫁。天明后新姐将嫁,姊妹伤怀,痛哭别离。

嘉禾伴嫁歌是湘南伴嫁歌的代表。2006年,嘉禾伴嫁歌入列湖南省非物质文化遗产,编号Ⅱ-8。

关于伴嫁歌的由来,有一种传奇有趣的说法。相传楚怀王的

---

[1] 湖南省嘉禾县地方志编纂委员会.嘉禾县志[M].合肥:黄山书社.1997:245,297.

孙子——义帝熊心的女儿楚玉，偶遇嘉禾逃婚女陈线云，在得知其不幸遭遇后出手相助，并在陈线云出嫁前一天晚上，突然领着一群仙女从天而降，来到陈线云家的厅屋里，与她相伴慰劝。陈线云和楚玉一唱一和，连唱数百首当地流传的"哭嫁歌"，其中有七首长歌，长的达一百四十多句。歌词内容大都是感谢父母养育之恩和劝说父母别干涉儿女婚姻自由的。众仙女踏着节拍，边歌边舞，不时还与线云、公主互相对唱。直到天亮时分，公主楚玉才率领众仙女踏着彩云拂袖归去。就这样，楚玉带领仙女来禾仓堡（即嘉禾县）所唱的歌、所跳的舞被凡人效仿，每有姑娘出嫁，皆有亲朋好友、街邻女伴陪新娘度过出嫁前的夜晚。周而复始，约定俗成，伴嫁歌便作为一种婚嫁礼仪一直传袭至今。[1]另一个民间故事说：某村一个许氏人家，父母包办婚姻，要把女儿嫁给一个恶霸。女儿誓死不从，于是独自逃进山里。恶霸气急败坏，派人放火烧山。姑娘只好再次出逃。她逃到了城里，结识了一个名叫楚云的神仙。楚云成仙前也有过被逼婚的经历，因此，他极为同情许姑娘。他施展法术，教训了恶霸，又亲自来到许家，请求与许姑娘成婚。许家父母只好允诺，但提出要办一个特殊的礼仪。楚云于是约来一帮仙女，办了一个热热闹闹的堂歌会，用歌唱的形式，表达了许姑娘逃避逼婚，追求幸福的悲喜心情，这就是伴嫁歌的由来。[2]

在嘉禾一带，家有娇女出嫁，即张罗酒席与茶席，设歌堂，

---

[1] 李天富等. 走进嘉禾伴嫁歌堂［J］. 生命世界. 2012，（4）：76—85.
[2] 张亚伶. 漫谈湘南伴嫁歌［J］. 邵阳学院学报（社会科学版）. 2007，（4）：117—121.

召集村邻姐妹婆姨相伴而歌,并以舞助兴,这就是伴嫁。参与伴嫁的人,有"歌头"、"伴头"及歌舞手若干。"歌头"是当地有名的业余歌手,或者是东道主的亲朋。"伴头"则是一些担任端茶送水、助阵助兴等服务性工作的歌手。她们灵活殷情,出没于歌堂上下。同乡邻里的男女老少则是歌堂中愉快的观赏者。

"伴嫁歌"内容广泛、形式丰富。从类型上看,有"伴嫁歌"、"伴嫁舞";从演唱形式上看,有独唱、齐唱、随唱、表演唱、领唱与合唱;从歌曲体裁上看,有耍歌、长歌、射歌、哭歌、骂媒歌、歌舞;从舞蹈上看,有把盏、走火、走马、换篆香、娘喊女回、纺棉花、划船、卖酒酒、推磨、手巾舞、喜烛舞等。

嘉禾伴嫁歌堂通常始于新娘出嫁前两晚,由新娘家在堂屋或厅房内张灯结彩,摆上几张茶具坐席,奉上糖果、烟、茶、瓜子。传统伴嫁一般分两步进行,出嫁前二晚的伴嫁叫"伴小嫁",于晚饭后开始唱"耍歌",半夜即散;而出嫁前夕的伴嫁叫"伴大嫁",一般人家伴嫁只安排这一晚的活动。[1]

伴嫁活动分为八个仪式:安席歌、耍歌、射歌、长歌、伴嫁舞、哭嫁歌、送姐惜别歌、徒歌。[2]

入夜时分,先到歌堂的三四名伴头摆好茶具坐席,然后出门面向四方喊上几声:"喂——某某的女仔嫁人了,姑嫂姊妹来唱歌哦——""好,来了——"随着应声,穿红着绿、打扮得花枝

---

[1] 一说旧时富裕人家伴嫁歌要唱二至三个晚上,谓之"伴大嫁";穷苦人家只唱一晚,谓之"伴小嫁"。

[2] 李天富等.走进嘉禾伴嫁歌堂[J].生命世界.2012,(4):76—85.

招展的年轻闺蜜，焕然一新的伯母婶子、姑嫂、姐妹都陆续来到歌堂。于是，歌头起音，大家唱起安席歌来。安席坐定后，便拉开了伴嫁歌堂的序幕。

耍歌是指歌堂中伴嫁姑娘们为了活跃婚嫁气氛和安慰新娘，相互玩耍取乐而唱的歌。它是新娘出嫁前一天晚上伴嫁歌堂中的主要活动内容，数量约占整个伴嫁歌的70%左右。耍歌曲调短小别致，即兴性强、取材灵活，见什么唱什么，语言直白，情感朴素。耍歌的内容极其丰富，有传播历史和生产知识的，有歌唱妇女劳动生活的，有喜庆逗耍的，有宣泄离别情绪的，有对于美满婚姻的向往追求的，有反对封建礼教的……其中经典常用的歌曲有赞歌《八看姐的美》、喜歌《团圆歌》、恋歌《日头出来晒杨家》、怨歌《半升绿豆》、情景道别歌《娘喊女回》等。

《半升绿豆》是旧时伴嫁歌中最具有代表性的曲目。它埋怨父母"养女不择家"以致女儿"嫁去三天都不满，就像路边烂草鞋"，也较好地表现了女儿出嫁时对父娘的离情别绪。①

半	升	绿	豆	选	豆	种	哪，
千	家	万	户	都	不	许	哪，
嫁	去	了	三	天	都	不	满	哪，
吃	了	好	多	冷	茶	饭	哪，
受	了	好	多	酸	辣	苦	哪，
嫁	鸡	随	鸡	嫁	狗	随	狗，

---

① 张亚伶．漫谈湘南伴嫁歌［J］．邵阳学院学报（社会科学版）．2007，（4）：117—121．

[乐谱：歌词]

我娘（那个）养女　　不择家房　　呀，
偏偏（那个）嫁给　　不做三草鞋　呀，
就像（那个）路边　　烂三草鞋　　呀，
喝了（那个）好多　　冷菜汤　　　呀，
挨了（那个）好多　　蛮巴掌　　　呀，
嫁了（那块）木头　　背起走　　　呀，

（罗　罗　里　　　来又　来）。
（罗　罗　里里　　来来又　来）。
（罗　罗　里里　　来来又　来）。
（罗　罗　里里　　来来又　来）。
（罗　罗　里里　　来来又　来）。

妈妈（他）害了我。
妈妈（他）害了我。
妈妈（他）害了我。
妈妈（他）害了我。
妈妈（他）害了我。
妈妈（他）害了我。

再如《娘喊女回》以歌代哭，如泣如诉，情感真切感人：[①]

女啊，喊你早晨回来，女啊！
哎咳娘啊，早晨回就露水大来，娘啊！
女啊，露水大就露水大来，女啊！
哎咳娘啊，上午回就日头大来，娘啊！
女啊，日头大就借把伞来，女啊！
哎咳娘啊，借把伞就借不出哪，娘啊！

[①] 全国编辑委员会. 中国民间歌曲集成（湖南卷·下卷）[C]. 北京：中国ISBN中心，1994：932.

"射歌"与"拉歌"近似,又称"励歌"或"利歌",也叫"令歌"(即命令你干什么)。在伴嫁过程中,它通常放在耍歌之后,即兴性强。当耍歌唱到饱和程度时,便出现互相点将的局面,同时还可以通过射歌邀请、礼送伴友,并可通过射歌示意伴头上茶:"新打茶壶面面光,来到你家好地方。唱歌唱来口又干,一盘萝卜一盘姜。"见新娘不哭,也可用射歌促其哭,营造一种出嫁的气氛。"射歌"诙谐多趣,唱词多以幽默见长。一字一音的衬词衬腔非常有利于表现诙谐、幽默的表情特点,使演唱上更容易行腔润色,乐意得到补充,词义得到延伸。

长歌是一种叙事性歌曲,曲调舒缓、忧伤,内容多取材于历史上的婚姻悲剧故事,闻者无不黯然泪下。长歌歌词较长,《十八年终罗四姐》长达126句,《梁祝歌》最长194句,较短的也有三十多句。长歌中的《十八年终罗四姐》、《梁祝歌》、《孟姜女》、《卖花娘子》、《菜和饭》、《初一早晨去拜年》、《白碗白盏白花飞》被称为"七女姻缘"。长歌中也有《不唱经、不唱文》之类的劝人行孝积德、兄弟和顺、不行奸巧之事的民歌。长歌在歌堂声誉最高,会唱长歌的歌手最受人尊重,不过,相传演唱长歌者命不长久,得不到好姻缘,又因婚嫁是喜庆之事,因此一般歌堂很少唱,要唱也只能由声誉最高的老歌手或歌头来唱。

唱完长歌即将天亮,新娘离别在即,姐妹们相处时间越来越短,堵在心头的离别情绪终于爆发,于是大家跳起伴嫁舞来,把伴嫁歌堂再一次推向高潮。因无乐器伴奏,常以歌伴舞,跳伴嫁舞时唱的歌也就称为舞歌。舞者也会顺手拿起歌堂上的茶具、酒具等生活用品(一般是碟子、茶壶、香烛、雨伞、锅盖、米筒、烟斗)做道具为舞歌伴奏。舞歌曲目有《青布罗裙白布头》、《背岗岭上紫竹摇》、《纺棉花》、《娘喊女回》等。例如《背岗岭上紫竹摇》：

背岗岭上(么来哎) 紫竹摇(那么 哎嚓哎)，
保护龙天(么来哎) 不落雨(那么 哎嚓哎)，
摇上摇下(马咪哎子哟) 摇龙天(那么 哎哟哎)。
让我姐妹(马咪哎子哟) 坐花轿(那么 哎哟哎)。

此后新娘拜别亲人，唱哭嫁歌。哭嫁歌是一种情绪音乐，以哭代唱、唱中有哭。唱词随哭随编，即编即唱。内容多为恋旧展别的，也有埋怨父母的、骂媒婆和轿夫的。其数量之多，难以统计。《嘉禾县图志》载："新娘将嫁旬日，见亲人必哭，妆嫁者至哭，花轿至哭，声嘶，女伴代哭。"[①] 如《骂媒歌》：

死媒人，瘟媒人，花言巧语
欺骗人，骗得我娘心肠软，不爱
娇娇爱金银，死媒人绝媒人，
要你嘴巴生疔疮，要你
下咐巴长喉盼。

---

① 湖南省嘉禾县地方志编纂委员会.嘉禾县志[M].合肥：黄山书社.1997：245.

再如《哭轿夫》歌词：

> 轿夫哥，抬轿的哥！
> 借你的眼睛做灯笼，
> 借你的肩膀做凳坐，
> 借你的脚板做凳脚。
> 抬轿的哥！
> 你若不顾狗气力打飞脚，
> 我就歪着坐，用脚跺，
> 跺得你头上冒汗，鼻子出气，
> 跺得你肩上的皮一块一块地脱。

新娘上轿后，女伴们唱送姐惜别歌。

婚后三天，新郎偕新娘到女家回门，女家姑嫂姊妹齐聚一堂，恭维、戏弄新郎，先用辣椒泡茶，用针把筷子钉死，在酒杯下粘一条红纸，让新郎大出洋相。酒过三巡，姐妹姑嫂便开始念诗，其声调铿锵，抑扬顿挫，似唱非唱，叫提"四句"。除"新郎生得窈窕，配到我家姐好，丝鞋送一双，同偕到老"四句约定俗成，不可更改外，其余四句大都属于即兴之作。此谓"徒歌"。至此，整个伴嫁活动才算圆满结束。

伴嫁歌反映了湘南妇女不向宿命低头的抗争精神。如《半升绿豆》的最后两句"是谁订出恶规矩，吃人不把骨头吐"，又如《骂媒歌》指责无良媒婆"生前害人精，死后下油锅"。更有甚者，"真事情来假事情，这场官司打得成，一打官司衡州府，二打官司上京城"。

俗话说"男入学堂，女进歌堂"。伴嫁歌有教女性如何协调与男方家庭成员关系的，如《做媳妇难歌》和《嫂嫂恶歌》；有教女性如何调整女方家庭关系的，如《怨爹娘歌》和《离娘歌》；有教女性如何促进人际、族群、区域关系的，如《交姐妹歌》和《赞姐妹歌》。伴嫁歌影响了一代代湘南女性的成长过程和人生历程。

伴嫁歌唱词句子或长或短，没有定式。如《团团圆圆进歌堂》唱词：

团团圆圆进歌堂，
姊妹就座一旁，
花轿到只怕命不长。
离不开亲姐妹离不开妈妈娘，
离不开哥嫂离不开绣花房。

伴嫁歌歌手们把衬词、衬腔叫做配头。当地妇女和民间歌手有一句口头禅说："没有配头唱不起歌。"可见衬词衬腔在伴嫁歌中的重要性。在数千首伴嫁歌中，90%以上都运用了衬词衬腔。

伴嫁歌衬词有单字衬词，如"打起锣鼓（呧）闹（喂）起台"，"吃了一台饭（哎）扫了一个台（呀）"，"哪个（那）唱得有来路？给他（那）挂块（就）头号牌（哎）"中的"呧"、"喂"、"哎"、"呀"、"那"、"就"等；也有双字衬词，如"有歌（那个）姊妹（呀）请出来"，"哥要（一个）歌来，要好（一个）

多呀"中的"那个"、"一个"等；还有多字衬词，如"无歌（那个）姊妹呀两边（哋）排呀（哪荷嗬）"，"（哪）席坐（哪）起（哎依呀中哪嗬子）爷（嗬咳呀哪呀子依也哎依呀中哪嗬子）爷"，"峨眉（来）结紫花（咧呃罗里罗里）"中的"哪荷嗬"、"哎依呀中哪嗬子"、"嗬咳呀哪呀子依也哎依呀中哪嗬子"、"咧呃罗里罗里"等。

伴嫁歌里有时会用当地一些植物花草的名称如"金草花"、"牡丹花"、"野兰花"、"野菊花"、"茶子花"等作为衬词，例如：

十（啊）七（就）十八到你家（绫那罗子呀），磨起（那）头发（就）开了叉，（牡丹花呀绫那罗子呀配红花）。（《十七十八到你家》）

送姐送（呀）到（呀）八角楼，八角（耶）楼下（呀）好（哇）梳头（哇哎嗨哎），（茶呀茶子花耶花呀拉茶子心咧哎嗨哎）。（《送姐送到八角楼》）

有时也会用象声性衬词，如模仿渔鼓声的"蹦蹦蹦"，模仿青蛙叫声的"咕呱呱"；还有用一般生活俚语做衬词的，如"全福寿"、"爱时兴"，等等。

它们或出现在歌曲的开头，或在乐句的句首、句中或句末，对陪衬正词、延伸词义、承前启后、保字行腔、装饰旋律、收字归韵、行腔润色、烘托气氛、抒发情感、渲染情绪等都具有积极作用，而且能突出语言特色和地方风味。如《正月当兵百花开》歌词"朝中文书（格妹子索呀）累累来（呀个嗬咳嗬）"中的衬词"妹子索"就是湖南嘉禾当地的方言。

伴嫁歌讲求口语化、方言土语化。嘉禾属于西南官话和湘南土语双方言区。"嘉禾人民在唱伴嫁歌时不是用普通话,而且是用当地的一种土话演唱的";"伴嫁歌之所以特别,是因为用嘉禾的土话来演唱,用土话演唱才能体现其独特的地方风味,表现了伴嫁歌的神秘与动听"。[①] "湘南土话变化繁多,语音语调几乎是一村一个样,嘉禾谚语'十里不同音',就是说相隔十里就已经听不懂对方的话了。"[②] 所以,就算是旋律和内容相同的情况下,歌词也可能有一定的差异。比如"妈妈呀害了我"这句歌词,西南官话基本上就这么唱,但在土语中就会是"jiajia 呀害了 sa"或"meiya 呀害了 sa"或"jiajia 呀害了 guo",等等。其中 jiajia 和 meiya 在土语中都是妈妈的意思,sa 和 guo 都是我的意思。但无论怎样唱,她们都会采用自己最好听的、最押韵的衬词演唱,所以独具魅力。[③]

方言的发音特点也会影响到民歌的唱法。"嘉禾人用方言交谈时,每句话的句尾几乎都有滑音的痕迹,其民歌也受其影响,滑音唱法非常丰富,形成一种风格特点,有的已融化在曲调中了。主要有上滑音和下滑音,演唱上滑音时,要将气很快'提'起,然后突然将声带放松,气流也同时截住;演唱下滑音时则气

[①] 文霞.湘南嘉禾伴嫁歌民间音乐文化研究 [D].长沙:湖南师范大学硕士学位论文.2009:36—38.

[②] 李迪,陈超.湖南嘉禾伴嫁歌与土家族陪十姊妹歌之比较 [J].湖北民族学院学报(哲学社会科学版).2010,(2):11—14.

[③] 李迪.湖南嘉禾伴嫁歌初探 [J].天津音乐学院学报(天籁).2005,(3):71—80,42.

息迅速下沉，声带顺势放松"；"伴嫁歌在受嘉禾方言的影响下，在歌词'子儿''得儿'处弹舌，增强了歌曲的趣味性。"①

语言的音调对歌唱音调的形成是非常重要的。杨荫浏《语言音乐学初探》指出："语言的音调与歌唱的音调有内在的联系，语言的音调影响吟诵的音调，而吟诵的音调又影响了歌唱的音调。"可见旋律起源于音调。毛矗认为："地域方言与当地民歌的旋律有着血肉难分的密切关系，可以说，民歌的旋律音调就是当地方言音调的夸张，只不过随着歌唱时情绪的激动变化，发出的音调在原有基础上起伏更大，或因情感表达的需要更加婉转。但无论怎样变化，其方言的基本音调总是会贯穿其中的。湘南民歌中，由于语言的关系，羽调式的运用比较普遍，同时，无论旋律怎样起伏变化，几乎在每首羽调式歌曲的结尾句（也有的时候是在歌曲的中间）这个特有音型都会用到或经变化后贯穿其中。因此可以说，地域特色音型的贯穿运用，也是湘南伴嫁歌的艺术特征之一。"②

伴嫁歌由于受到地方语言的影响，唱词较自由，较多地贴近说唱，所以在节拍上，出现了根据说话的高音确立小节线的复杂的混合拍子。如《我姐生得白如银》变换拍子发生在唱词后半部分的句逗停顿，打破了原有的节奏平衡，使音乐显得优美生动。

---

① 文霞．湘南嘉禾伴嫁歌民间音乐文化研究［D］．长沙：湖南师范大学硕士学位论文．2009：36—38．
② 毛矗．浅析湘南"伴嫁歌"的艺术特征与文化功能［J］．中国音乐（季刊）．2007，（3）：226—229．

三、湘西土家族哭嫁歌

哭嫁也叫"哭出嫁"、"哭上轿",是广泛流行于湘西土家族的一种婚礼习俗。土家族姑娘用"哭"和"唱"的方式来迎接出嫁结婚这一人生中最重要的仪式。

"哭嫁歌"始于何时无从考证。清乾隆《永顺县志·风土志·风俗》记载:"歌丧哭嫁,崇巫尚鬼……"清人彭秋潭《竹枝词》:"十姊妹歌歌太悲,别娘顿足泪沾衣。宁山地近巫山峡,犹似巴娘哭竹枝。"具体描述了土家族哭嫁的场景,指出了哭嫁歌与古代民歌竹枝词的"犹似"关系。清末民初《永顺县志》记载:"嫁前十日,女纵身朝夕哭,且哭且罗离别辞,父母兄嫂以次相及,嫁前十日,曰填箱酒,女宾吃填箱酒,必来陪哭。"可见,哭嫁歌在清代已十分盛行。

湘西土家族曾把哭嫁水平的高低作为衡量女子才智和贤德的标志。能出口成章,唱得如泣如诉、嗓子嘶哑、两眼红肿的会受到众人的赞赏。相反,如果女子不会哭嫁的话,则将会受到非议与讥笑。因而,不少女子从小便观摩或陪哭,学习哭嫁。有的在出嫁前还要向有经验、德高望重的人请教。[①]"唱哭嫁的原因有很多,一是舍不得离开父母,因离别之情而唱;二是舍不得弟兄姊妹,因今后没有玩伴而哭;三是教育功能,父母的婚前教育,告诫女子到了婆家应该怎么样;四是对未来婆家和丈夫的焦虑担

---

① 景安东.长歌当哭——湖南湘西土家族婚嫁歌"哭"的艺术特征探析[J].音乐创作.2012,(8):151—153.

忧；五是娱乐作用，众多姐妹亲人聚到一块，大家叙旧、聊天，比比看谁的口才好，谁的嘴乖，谁的嗓门亮，谁唱得最好听。有的时候姑娘即兴发挥的词没说好，大家都会笑。因为哭嫁是个即兴演唱的过程，调调仅有一个简单的框架，然后往里面填各种词。"①

土家族哭嫁歌主要包括序歌《哭开声》、《哭爹娘》、《哭哥嫂》、《别姊妹》、《骂媒人》、《哭开脸》、《哭梳头》、《哭戴花》、《哭穿露水衣》、《哭离娘席》、《辞祖宗》和尾声《哭上轿》，此外还有《哭木匠》、《哭八仙》、《哭十二月花》、《哭十杯酒》等礼节性的内容。

由于哭嫁是由新娘、亲属和陪嫁女自愿、自发地进行的，所以在形式上往往是由新娘主哭，接着，亲人们顶腔接声劝哭，你一声，我一声，音乐语言既押韵又不强求，天然本色，口语化。

早先哭嫁歌用土家语哭唱。改土归流以后，在汉文化的影响下，土家语哭嫁歌逐渐被汉语取代，于是就有了汉语哭嫁歌。大致说来，汉语程度较高的地方，一般用汉语表达；土家语盛行的地区，就用土家语"哭唱"。土家语"哭唱"语言直白，句式自由，长短不一，不求韵律，地方特色浓厚；汉语"哭唱"则句式工整，一般以七言为主，讲究文采，语言如诗。②

"哭嫁歌"既有传统唱词，也有即兴创作。歌词有固定的结构：每句歌词的句首必称呼对方，然后再发展句子内容，但一定是抱以待嫁或送嫁者的真情感怀，最后以感叹的语句结束。③ 例如龙山县田禹顺演唱的《哭嫁歌》（母女对哭）：

---

① 李美玲. 湘鄂土家族"哭嫁歌"考察纪行 [J]. 歌海. 2011, (6): 20—25.
② 刘廷新. 土家族"哭嫁歌"探幽 [J]. 中国音乐教育. 2002 (4): 29.
③ 刘栋梁. 湘西土家族"哭嫁歌"的艺术特征 [J]. 艺海. 2011, (10): 73—74.

女儿哭：安……吭坑，我的爹呀，我的娘！铜盆打水透底清，女儿今日要离双亲。安……吭坑，父母养来父母生，今日离娘放悲声，女儿不得孝父母，好比浮萍未定根。

娘哭：安……吭坑，我的女，我的崽！你是娘的肉，你是娘的宝。不是爹娘心肠硬，不是把你赶出门，树大要分桠，女大要出嫁。伏天一达阳雀去，鸡崽长大离娘亲，女儿如今长成人，离爹离娘去成亲。

四、丧歌

丧歌，又称孝歌，是活着的人为祭奠亡人所唱的一种民间风俗歌。中国自古以来就有以歌代哭的丧葬习俗。《隋书·地理志》载："始死，置尸馆舍，邻里少年，各执弓箭，绕尸而歌，以箭叩弓为节，其歌词，说平生乐事，以致终卒……"清乾隆十二年《善化县志》（善化即今长沙市望城区）："夜聚丧家，更尽时，一人鸣锣挝鼓唱孝歌，号为闹丧"；"其远乡间有演戏伴灵者，屡奉禁而莫之止，恶习难遽变也"。乾隆二十一年《湘阴县志》载："夜聚丧家，于更尽时，挝鼓唱孝歌，号为闹丧，尤为非礼。"乾隆丙子年（1756）《湘潭县志》："乡俗相沿，遇戚里丧，群相邀集，声金击鼓，设饮讴歌，谓之闹丧。"乾隆癸未年（1763）《清泉县志》（清泉县即今衡阳市所属东郊及衡南县）："编氓之家，于是夕令一人挝鼓而歌，其词大率为哀慰幽灵之语，侵晓乃罢，谓之唱夜歌。"同治十二年《浏阳县志》："有将载，邻里夜聚，击鼓坐歌达旦，谓之唱夜歌。"同治十三年《黔阳县志》卷十六载:"丧家每夜群聚而讴,鼓歌弦唱,彻夜不休。"① 在湖南,这种习俗沿袭至今。在繁缛的丧葬仪式中会穿插进行各种各样的丧歌表演,比如人死后,通常先请巫师念经,这时要由僧道唱"为死者开路"的丧歌,多歌唱神话或歌颂死者生前功德。当丧家在司仪的安排下行祭拜、吊唁等礼仪时,专门邀情来的歌师或丧家本人要唱开场歌、哭丧歌、悼歌等,多为悼念死者、孝子歌颂亡者功德等。到了夜晚,丧家通宵守灵,这时要唱一种俗称"夜歌子"的丧歌。出殡之日,家属和其他人常常在沿途边唱丧歌,边撒纸钱。这种种丧歌的演唱在湖南各地有不同的称呼,如湘中长沙一带统称为唱"夜歌子",湘西黔阳一带称唱"散花调",湘北华容地区称"坐丧鼓"或"跳丧鼓"。

湖南民间丧歌的音乐结构主要有单曲和套曲两种,单曲形式最为普遍,套曲形式在少数地区流行,如临澧的《澧北丧鼓》就由起腔、吟腔、平腔、送歌郎四个曲子组成。

各种丧歌的结构篇幅以及演唱形式和地方色彩也各有不同。湖南民间丧歌的演唱形式主要有四种:(1)从头唱到尾,这是最常见的形式。(2)念白—唱词—念白,如长沙市望城区的《夜歌子》。(3)边哭边唱,如会同县的《葬歌》,双峰县的《哀腔》等。(4)边打鼓边唱,又具体分为坐丧鼓和跳丧鼓,如华容的《八百里洞庭到长沙》(坐丧鼓)及《十二月景》(跳丧鼓)。②

湖南各地民歌的风格差异也反映在各地丧歌的旋律特点上,

---

① 袁铁坚.试探湖南夜歌子与楚文化的渊源关系[J].湘潭大学学报(哲学社会科学版).1986,(S2).
② 朱艳林.湖南丧歌论析[J].星海音乐学院学报.1995,(1,2).

使湖南丧歌也呈现出不同的地区色彩。

长沙市望城区丧仪音乐主要由"儒教丧礼音乐"、"打孝歌"和"西乐"三个部分组成。"儒教丧礼音乐"与"打孝歌"的历史较为久远，但相互独立存在，并不同时使用。一般来说，儒教丧礼音乐所依附的儒教丧仪因其体现的是儒家思想而被视为正统，但因其烦琐，花费较多，大多为比较富裕的人家使用。"打孝歌"则较为简单，往往为经济状况较差的人家使用。

"儒教丧礼"音乐来源民间，分为唱腔和器乐两部分。唱腔曲牌多源于湘剧高腔牌子和花鼓戏牌子。音乐曲调主要是打锣腔和川调，唱腔旋律受当地方言影响较大，多采用级进音程，与唱词紧密结合，并且运用了极具特色的"湘徵"音，体现出明显的湘中地方风格，如《上香曲》：

打孝歌所用曲调主要为当地的夜歌子。节奏较为规整，歌词多为七字一句、四句一段。"调式多为羽调式，曲调流畅，以级进为主，与当地方言非常接近。"[①]

---

① 黎敏. 湖南望城县丧仪音乐调查报告［J］. 中国音乐学（季刊）. 2003,（3）.

梅山地区民俗中历来重丧葬，俗称"当大事"。唱"丧歌"是当地丧葬仪式中很重要的一环，俗话说"做三天道场，当不得一夜的傩歌"。唱丧歌在当地也称"唱傩歌"、"唱夜歌"、"打夜鼓"。当地人又称丧歌为"讴歌"、"夜歌子"、"夜歌"、"孝歌"、"孝堂歌"、"孝歌子"、"丧鼓歌"等。在丧歌的程序中有"劝丧"和"辞丧"两项。"劝丧"又叫"劝亡"，就是劝告丧者灵魂要安心往阴间去，不要久留阳间。如有的歌师用形象生动的比喻劝慰丧者灵魂归阴：[①]

　　去去去，安心去；留留留，实难留。将军难留弓上箭，藕丝难吊洞庭船。……

有的歌师用历史上的著名人物、三岁孩童以及老寿星也逝世的事例，劝导丧者灵魂莫再留恋人世。例如：

　　花开花落年转年，人老何曾转少年。
　　尧帝舜帝汉武帝，哪个皇帝有万岁？
　　孔子曾子和孟子，哪个圣贤能不死？
　　彭祖寿年八百岁，果老二万七千春，如今到底哪里存？
　　三岁孩童也是死，八十公公也要亡。……

"辞丧"，是歌师代替丧者灵魂向天地和人间辞别。歌师首先

---

① 陈珲．略论梅山丧歌［J］．邵阳师专学报．1996，（6）．

用"唱十二个月"的形式辞别天、地、山、房、门、坪等,接着辞别田地、池塘、兄弟、姐妹、儿女、邻居、亲友,等等。如辞丧时,送歌师师祖,有的唱词就是这样的:①

  送歌郎,送歌郎,送你歌郎歌爹把路行。
  送你歌郎歌爹新化去,新化地方行不行?
  新化地方我不去,笋芽山界实难行。……
  送歌郎来送歌爹,送你歌郎哪里去?
  送你歌郎到扬州。扬州地方我要去,一半阴来一半阳。
  绫罗绸缎周身裹,日杀猪来夜杀羊。
  安心要到扬州去,赶紧起身把路行。
  正好五鼓要天光,天光时节好辞丧。

  歌中唱到的新化、笋芽山等都是当地或附近的地名,只要合口对景,无论哪里都行,但最后一定要送到扬州去。在民俗中,扬州是一个理想的人间乐土,把师祖前人的各方神仙送到如此福地,才可显示出送行者的情真意切来。歌师用地道的方言唱得悲哀凄切,听众伤心落泪,有的丧堂甚至到了同声一哭的境地。

  孝歌语言声调都是以方言声调为基础的。例如湖南南部永州市宁远县的孝歌和哭丧歌,它的道白、唱腔都遵循着宁远方言的语言声调运作,散发出浓厚的乡土气息。在宁远的孝歌和哭丧歌

---

① 刘铁峰.南楚上梅山区域内葬俗中的丧歌演唱习俗[J].湖南人文科技学院学报.2010,(1).

中，多半是民间小调式的旋律和五声徵调式。旋律流畅简单，音域跨度不大，平稳进行居多。下面是《十月怀胎》的谱例：①

这首歌的完整歌词是：

一月（哪个）怀胎在娘身，无影（哪个）无踪（哪个）又无形，好比（哪个）水上浮萍草，不知（哪个）生根哪边沉。二月（哪个）怀胎在娘身，肚内（哪个）孩儿不知人，心中（哪个）有话她不讲，闷闷（哪个）沉沉不做声。三月（哪个）怀胎在娘身，头闷（哪个）眼花不安宁，鞋子脱了不想穿，硬硬踏着（哪个）脚后跟。四月（哪个）怀胎在娘身，面黄（哪个）肌瘦不像人，回到（哪个）屋里镜子照，看到（哪个）面貌吃一惊。五月（哪个）怀胎在娘身，她心想（哪个）酸的肚里行，闻到（哪个）杨梅想成了，自己又不

---

① 匡蔚．湘南宁远民间丧葬仪式音乐考察研究［D］．长沙：湖南师范大学硕士学位论文，2010.

能上山岭。六月（哪个）怀胎在娘身，天气（哪个）炎热受苦行，人家（哪个）个人还难受，何况（哪个）母亲两个人。七月（哪个）怀胎在娘身，她心（哪个）要想（哪个）娘家人，东又思（哪个）西又想，又恐怕（哪个）孩儿路上生。八月（哪个）怀胎在娘身，为娘肚内（哪个）好伤心，一天（哪个）喝娘（哪个）三口血，喝娘（哪个）血水痛娘心。九月（哪个）怀胎在娘身，肚内（哪个）孩儿变了人，他横又（哪个）冲来（哪个）直又撞，搞得（哪个）母亲不安宁。十月（哪个）怀胎在娘身，肚内（哪个）孩儿要降临，公婆（哪个）立香来祷告，指望（哪个）孩儿早降临。阎王（哪个）只隔一张纸，鬼门只隔（哪个）一座城。母亲（哪个）非常（哪个）来痛苦，痛得（哪个）母亲不安宁……

宁远孝歌中夹杂了许多方言词语，如《十月怀胎》中的"不知人"就是不认识人的意思。再如下面一段丧歌歌词：

耶耶哎耶耶啊！
你辛辛苦苦养大我们三兄弟，
没有过一天好日子哦，
我就讲，等起好新屋，
就接你去住几个月的啊，
哪晓得你就走得那样快哦，
哎！

歌中的"耶耶"是宁远土话里对"妈妈"的称谓,"起屋"是建房子的意思。

湘西苗族有"闹丧"的习俗,其祖先崇拜观念充分地体现在吊亡歌中,中心思想是提倡对祖先的孝顺,代表作有"二十四孝歌"、"丧葬开缸歌"、"鼓褪的由来"、"擂鼓歌"、"闹台歌"、"立营歌"、"送终歌"、"叹亡劝孝老人歌"(其下分为"哭父歌"和"哭母歌",根据丧亡对象而定)、"十月怀胎歌"、"送鼓歌"、"撒芸歌"、"送神歌"等。这些吊亡歌流传和运用于湘西苗汉杂居地区苗家的丧场之中,多用汉语演唱。歌词内容一般有以下几方面:(1)歌手在歌唱进入正题前和歌唱结尾时的谦虚歌,(2)进入正题后对前人行孝的赞美歌(如"二十四孝歌"),(3)对祖先业绩的赞颂和对后人的嘱托歌(如"叹亡劝孝老人歌"、"十月怀胎歌"等),(4)借题发挥,唱历史人物故事歌和娱乐歌,以调节丧场气氛。其中的"叹亡劝孝老人歌"流传最广,歌中赞美在古代农业社会条件下的祖先业绩道:[①]

说起老年在生事,积德是个善心人。
创立前程花世界,克勤克俭度冬春。
"耕读"二字是根本,盘儿育女立业根。
田园耕种洒热汗,饮食饱暖坐红尘。

可惜的是,老人不幸染上重病,辞别了人间:

---

① 张应和. 湘西苗族"闹丧"习俗漫谈[J]. 民族论坛. 1997,(2).

只想永受千年福,谁知大限不容情。

猛然染上终身病,茶不思来饭不吞。

只想一日好一日,谁知霜上又加冰。

吃尽丹方药无效,只见重来不见轻。

水流花谢难回转,亡魂渺渺往西行。

于无可奈何之际,不由得发出对生死别离的慨叹:

世间百事都有解,黄泉路上不饶人。

堆金难买终身路,阎王勾簿不容情。

天赐银钱万万贯,难买长生路一根。

未成注生先注死,取一人来了一人。

最后话题一转,对丧家发出了语重心长的劝慰:

山中也有千年树,世上难逢百岁人。

钱若能买黄泉路,几多富贵变长生。

在坐之日当尽孝,如今祭葬礼当行。

要请术士择吉日,随龙藏身如落针。

要请堪舆分山水,埋金藏玉留子孙。

歌手进一步对丧家的未来前景作了如下美好的预测和期盼:

从此孝家多兴旺,富贵荣华得太平。

唱郎是个朱雀口，说得灵来叫得灵。
今晚大吊情无限，心要同口口同心。
要做船行舵也应，莫做兵行将不行。
莫学漏斗千只眼，要做蜡烛一条心。

第四章　湖南方言与本土戏曲

　　地方戏与当地的民间音乐,都有一个自然性的条件,即"语音同化"或叫"语言地方标准化"。为了使当地的群众听得清,听懂词意,就必须全力去寻求听众最喜爱、最熟悉,并且乡土气息最重的语言演唱,即"错用乡语","改调歌之"的办法,来争取群众。[①]

　　从最广泛的意义来说,任何一种戏曲,其起源都局限于一定地域,采用当地的方言、改造当地的民间歌舞而成。换句话说,任何剧种的雏形阶段是地方戏,其中少数经过迁徙和改良流行于全国,其余大部分仍然以地方戏的形式存在。[②] 著名音乐学家杨荫浏曾专文全面论述了语言与音乐的关系。[③] 孙从音也论述戏曲唱腔音乐的形成、传播与语言的关系,他认为:"戏曲唱腔中的各种声腔在各地流传、发展而形成多种流派时,除了受到各地民间音乐的影响外,同时还和地方语言以及某一流派的创始人和继

[①] 黄华丽,杜立. 浅谈祁剧高腔音乐特色 [J]. 创作与评论. 2012,(4).
[②] 周振鹤,游汝杰. 方言与中国文化 [M]. 上海:上海人民出版社,2006:151.
[③] 杨荫浏. 语言音乐学初探 [A]. 语言与音乐 [C]. 北京:人民音乐出版社,1983.

承人等在发展戏曲唱腔时对某个地区语言的习惯和爱好,都是分不开的。"[1] 可以毫不夸张地说,地方戏的生命力就在于使用方言,或者说戏曲先是地方的,而后才是民族的。

季国平发现,当今时代"原本土生土长、地域色彩极浓的地方戏曲,却时有以方言为累赘,甚至简单地将方言改说普通话或地方普通话,拍电视戏曲片也改讲普通话。这似乎是一片好心,为了适合其他地域的观众观看嘛!其实,方言是地域文化的象征,地方戏曲的形成是区域化的结果,其存在的价值正在于其独特的区域特色和乡土魅力,方言改说普通话后,地方戏失去了乡音,也就失去了独有的魅力和价值。离开了方言和声腔,地方戏还是地方戏吗?""我们要看到方言背后的本土文化和乡土情结,以及方言、乡音的独特韵味。……可惜的是,我们的地方戏却自己放弃这种独到和魅力。"他指出:"应该看到,方言、声腔是在特定的历史条件下形成的,同时,方言和声腔又积淀着深厚的地域文化。因此,方言、声腔其实已经不只是一个语言问题和娱乐问题,乡音连着乡情,寄予着人们的情感,凝结着文化的认同,无论你身处世界何地,一句方言,一出家乡戏,最能勾起游子思乡之情和同胞之感,引起故乡情感的共鸣。失去了方言,地方戏就失去了剧种独有的内涵和灵魂,也就失去了该剧种。"[2]

湖南省是戏曲资源极为丰富的地区,据统计,20世纪80年代湖南境内历史上或当时还活跃的剧种除国剧京剧以及民国时期

---

[1] 孙从音. 戏曲唱腔和语言的关系[A]. 语言与音乐[C]. 北京:人民音乐出版社,1983.
[2] 季国平. 方言、声腔与戏曲音乐创作[J]. 艺术评论. 2013,(5).

由外省输入的越剧、侗戏外,还有湘剧、祁剧、辰河戏、衡阳湘剧、常德汉剧、荆河戏、湘昆、长沙花鼓戏、邵阳花鼓戏、衡州花鼓戏、常德花鼓戏、岳阳花鼓戏、零陵花鼓戏、阳戏、湖南花灯戏、傩堂戏16种,加上少数民族戏剧苗剧等,共20种。[①]此外,还有特殊剧种影戏、傀儡戏等,其中傀儡戏又有邵阳的布袋戏,永兴、祁阳、湘西等地的杖头木偶等不同类型。湘剧、祁剧、花鼓戏、巴陵剧被称为湖南省四大剧种。我们以这四大剧种为代表,探讨湖南方言与本土戏曲之间的联系。

第一节 湘剧

湘剧主要以长沙、湘潭为活动中心,主要流行于"长沙府十二属"(即长沙、善化、湘阴、醴陵、湘潭、湘乡、宁乡、益阳、攸县、安化、茶陵等)即今湘南东部17个县市,江西与湖南毗邻的北起修水、南至吉安的各县,广东的坪石、岐门、乐昌、桂头、犁市、韶关等地。旧时民间习称为"大戏班子"、"长沙班子"或"湘潭班子",一度被称作"长沙湘剧"。

湘剧有高腔、低牌子、昆腔、弹腔以及杂腔小调等多种声腔。这里重点讨论高腔、昆腔的本土化问题。

从戏曲声腔的发展史来看,任何声腔,都毫不例外地是在地

---

① 中国戏曲志编纂委员会. 中国戏曲志·湖南卷[M]. 北京:文化艺术出版社,1990:66—67.

方民间音乐中滋生，并在戏曲化的道路上，兼收并蓄，不断衍化而逐步规范完善起来的。湘剧高腔也不例外，从它的音调、旋律和表现特点来看，完全是以湘中民间音乐及语言为其声腔发展的基础的。即使它源出江西弋阳腔（大约在明代初年传入湖南），也是在继承弋阳腔的艺术形式与特色的前提下，已经结合了湖南本地的方言、民间音乐，并依照湖南地区群众的感情、性格、风俗习惯和美学观念，进行了改造和发展而成为地方化的声腔的。正由于它"继承了弋阳腔'错用乡语'、'句调长短、声音高下，可以随之入腔'的特有手法和'徒取其畸农、市女顺口可唱'的优点，不仅能够创造出群众喜爱的有声有色的唱腔，而且还使它具有'传奇家曲别本，弋阳子弟可以改调歌之'的长处"。[①]

湘剧高腔音乐受到了长沙地区六声的深刻影响。[②] 湘剧的语言遵循"中州韵、长沙字"的原则。所谓"中州韵"，就是它的咬字是按照北方口音的声母与韵母拼合而成的字音。比方长沙方言的施（si）政（zen）要念成施（shi）政（zheng），从（zong）要念成从（cong），停（din）要念成停（ting）等。所谓"长沙字"，就是字音的声调高低不是按照普通话的阴、阳、上、去四声来念，而是要按照长沙方言的阴平33、阳平13、上声41、阴去55、阳去11、入声24六声来念。

长沙方言六声的特色是将平声、去声都分阴、阳，古全浊上声字归阳去，而且保留了一个念成舒调的假入声。在实际发音

[①] 石生潮. 湘剧高腔的形成[A]. 高腔学术讨论文集[C]. 北京：文化艺术出版社，1983：263.
[②] 陈飞虹. 湘剧高腔音乐的特色[J]. 艺海. 2003，(4).

时，阳平较普通话低，上声念降调，入声在普通话中没有。作为音乐来说，六声肯定比四声丰富多彩，特别是长沙方言中的入声字，还能使音乐旋律增添不少色彩。

```
3 2 63 12 …… 6 6i65 | 5 55 | 0 22 | 3（多册）2165 |
哎呀 月兒    呀，            你
12 653 | 0 2 16 | 65 615 | 05 32 | 5 13 2 61 | 065 35 | 12 165 |
在那  上蒼 之中， 照見了 萬國九州， 五湖  四海。
0532 | 6 561 | 1 2 3 | 01 651 | 51 6135 | 05 2532 | 2165 253 | 0 2 16 |
照見了別人的夫妻，倒有個夫唱婦隨，照着我 苦  命， 李氏
5653 235 | 01 651 | 2125 321 | 3 5 12 5 65 | 1635 261 | 0 532 |
三 娘 歎無 半 點 愁有萬千，哎呀 月    怎的
3.i 6532 | 352 1165 | 3.5 12 | 012 6156 | 1 11 | 0 55 | 6 — ‖
不    去不去 照花         臺。
```

上述谱例是湘剧高腔《磨房会》中李三娘所唱的【宜春令】中的一个腔段。这个腔段完全是按照长沙方言的六声来演唱的。比方属于阳去调 11 的"在、上、命、氏"分别唱成了 12（在）、2（上）、2 53（命）、16（氏），而属于入声调 24 的"国、别、月、不"分别唱成了 13（国）、65（别）、1 635 26 1（月）以及 3·1 6532（不）。这些字在普通话中基本上都属于去声 51 和阳平 35。如果按普通话演唱，就不会产生以上旋律，特别是很难形成由入声字谱成的五度、六度，甚至七度大跳。

与此同时，由于长沙方言中的阳平 13 字较普通话的阳平 35 调值要低，又形成了其旋律的另一色彩。如上例中的"湖"、"随"、"娘"、"愁"等字因属于长沙方言中的阳平声字，所以便出现了 35（湖）、35（随）、235（娘）、3（愁）等低音区进行的旋律，这对于增宽湘剧高腔曲调的音域，加强其曲调的起伏都起

到了十分重要的作用。

此外，长沙方言中一些念成阳去 11 的字，有时也能将其念成阴去 55（实际调值为 45）。例如上述谱例中的"在"、"上"、"命"、"氏"、"万"等字，也都可以读成阴去，这更增添了曲调的多种走向性。

有关湘剧昆腔地方化问题的史料极少。《湖南地方剧种志·湘剧志》说普庆班是"以长沙方言提炼为舞台语言的昆剧班"（第 165 页），也就是用中州韵的"长沙官话"，来规范昆腔的舞台语言。事实上，清代乾隆年间大普庆班由京南下或"新到吴伶"进入长沙唱戏，不可能很快就会运用"长沙官话"，开始必然是像袁中道《游居柿录》中所说的那样"优伶二部间作，一为吴歈，一为楚调，吴演《幽闺》，楚演《金钗》"。经过较长时期的演出，在舞台实践中相互影响、融合而逐步实现地方化。另一方面，本土艺人学习、演出昆腔，必然会经历一个"楚人强作吴歈"的过程。到光绪十一年（1885），九麟科班出身的著名小生熊庆麟"仍在大普庆班唱戏，他唱昆腔剧目用长沙官话为舞台语言"[①]。湘剧著名琴师彭菊生（1898—1970），曾师从昆曲笛师邱义林学笛，而邱与熊庆麟是小普庆班的同事。彭菊生生前曾告诉著名剧作家、原湖南省戏剧家协会主席范正明说，他看到的昆腔戏，道白完全是长沙官话了。范正明问他唱腔旋律怎么化？彭老说："字正腔圆，腔随字转嘛！"[②] 可见，昆腔至迟在清同治、光

[①] 湖南省戏曲研究所. 湖南地方剧种志·湘剧志 [M]. 长沙：湖南文艺出版社, 1992：158.

[②] 范正明. 湘剧昆腔浅探 [J]. 艺海. 2011,（2）.

绪年间就已实现了地方化。但其丑角，如《活捉三郎》之张文远、《五才子》之佛印等，还保留着"苏白"，一直到现在的弹腔戏里仍然如此。

衡阳湘剧，民间称为"衡州班子"或"衡州大戏班子"，亦称为"衡阳汉调"，是湖南省特色浓郁的地方大戏剧种之一。它是自明初至嘉靖年间，由引进的昆腔和弋阳腔，融合本地民间音乐，吸取了地方方言和生活习惯，发展成以昆腔为主，高腔、弹腔及杂曲小调兼容的多种声腔剧种。流行于湘南东部，包括衡阳市、郴州市和衡阳、衡山、衡东、耒阳、常宁、安仁、炎陵、茶陵、攸县、永兴、桂东、宜章、汝城、桂阳、郴县等县市，及毗邻湘南的赣南西部地区如永新等地，还有邻近湘南入粤要道的广东坪石、岐门、乐昌、桂头、犁市、韶关等地。[1]

昆腔传入衡阳后，至迟在清康熙中叶，即已形成具有浓厚的衡阳地方语音特色的声腔。清刘献廷在《广阳杂记》中记载其康熙三十一年（1692）旅寓衡州时的见闻实录说："剧演《玉莲环》，楚人强作吴歈，丑拙至不可忍。如唱'红'为'横'、'公'为'庚'、'东'为'登'、'通'为'疼'之类。又皆作北音，收于开口鼻音中。使非余久滞衡阳，几乎不辨一字。"[2] 正是由于这种具有地方色彩的昆腔形式，使昆腔在衡阳民间深受欢迎，以致清乾隆刊《衡阳县志》记载说："昔梨园子弟唯署间召之。今凡民间诞辰婚夕……动召优人度曲。每秋冬之际，笙歌无虚日。"

---

[1] 尹青珍，洪载辉．论衡阳湘剧的艺术价值 [J]．戏曲研究．2006，（1）．
[2] 刘廷献．广阳杂记 [M]（卷三）．北京：中华书局，1957：147．

2006年以湖南衡阳为申报单位的湘剧成功申报了第一批国家级非物质文化遗产，2008年以湖南省湘剧院、长沙市、桂阳县为申报单位的湘剧成功进入国家第二批非物质文化遗产名录。

第二节　祁剧

祁剧旧称"祁阳班子"或"祁阳戏"，因发源于湖南省祁阳县而得名。祁阳位于湖南（古属楚）南部，故清末江西、福建等地称祁阳戏为"湖南班"、"楚南戏"，1949年后正式定名"祁剧"。它社会基础深厚：在湖南，它活跃在永州、邵阳、郴州各县和黔阳等地，东边的汝城、北边的衡阳等地也是祁剧的流行地区；在广西，它活跃在桂林、全州、柳州等地，是桂剧的前身；在广东，它活跃在南雄、韶关、连州等十四县，是广东汉剧的前身；在江西，它活跃在赣州、吉安、宁都等赣南十八县；在福建，闽西也常有祁剧班社去演出，祁剧成为闽西汉剧的前身；此外，北至武昌的白沙洲，西至贵州东部，云南西南部，都有过祁剧的风流倜傥。清朝同治年间，左宗棠带兵打仗，曾经带着祁阳班子跟随军队，把祁剧带领着一路唱到了新疆。因祁剧流传地域广，影响大，所以梅兰芳先生曾说过"祁阳子弟满天下"，郭沫若先生曾称赞"祁剧是全国名列第二的优秀剧"。[①] 2006年6月10日湖南省政府正式公布，祁剧和祁剧"目连戏"成为湖南省第

[①] 转引自欧阳友徽. 祁剧起源于何时[J]. 湖南科技学院学报. 2012, (1).

一批省级非物质文化遗产。2008年祁剧又被列入国家级非物质文化遗产名录。

关于祁剧的起源,《湖南戏曲音乐集成·湖南省零陵地区卷》说:"明代,弋阳与昆山诸腔先后传入湖南,流传到永州一带,与当地的民间音乐相结合,逐渐形成具有地方特色的高腔、昆腔。清乾隆中期,弹腔南北路逐渐兴起,并得到迅速发展,……随着声腔的增多,剧目和表演艺术的日益丰富,逐渐成为一个多声腔的剧种——祁剧。"《湖南地方戏剧史料》也说:"祁剧逐渐形成自己独特的风格,成为独立的剧种为明宪宗年号,即公元1465年—1487年间,祁剧距今已有500年的历史。"[①]

在其发展过程中,祁剧逐渐分为永河、宝河两大流派,二者原先只是从地域上进行区分,相距不远,语音并无大的差异,以后才在艺术上形成流派,其形成年代说法不一,集中为明代中叶和清道光年间。大体上说,永河弹腔戏多,宝河高腔戏多,但舞台语言统一用经过规范过的祁阳官话。

祁剧唱腔以高亢激越见长,其声腔是由高腔、昆腔、弹腔(包括南路、北路)及地方丝弦小调等组成的。剧种语言的形成经过了漫长的过程,大致可分为三个阶段:第一阶段是弋阳腔通过明初的江西移民、江西商人邀班来湘演出等途径进入湖南,流入祁阳一带,由于初来乍到,它就像当时徐渭所说的"宋人词"、"益以里巷歌谣",舞台语言是"错用乡语",还谈不上规范化。第二阶段是到了明末,昆山腔流入湘南,在业已形成的高腔剧团

---

① 转引自李京玉. 祁剧起源考说 [J]. 湖南科技学院学报. 2010, (11).

中引发了一场不小的变革,"四方歌者皆宗吴门",任务之一就是要学习昆腔的语言,但这并非易事,虽然已采用了北方语音,但发音不准;直到进入第三阶段即清康熙乾隆期间的皮黄(南北路)传入湘南,与高腔、昆腔相结合后,形成湘南(祁阳)多声腔剧种,"中州韵"与"湖广调"融合起来,祁剧语言的音韵规范至此得以形成。

祁剧高腔的形成得益于三个方面:一是弋阳腔调被直接运用到祁剧演出剧目并发生相应的变化,二是弋阳腔与地方音乐(祁阳小调)相互融合并形成腔体,三是佛教音乐的传入并被借鉴运用于高腔,使祁剧高腔得到迅速的发展。[①] 清同治九年(1870)修撰的《祁阳县志·艺文》所载邓奇逢追叙明代嘉靖年间祁藩王轶事诗《祁阳杂咏》之四云:"曼声度曲宴中庭,那得烟花乐部听;但扮齐人与妻妾,一双不借笑优伶。"可见明代嘉靖年间祁阳已有高腔戏班的活动。

"只沿土俗"、"错用乡语"是祁剧高腔的基本特征之一。在其唱腔中吸收融化地方山歌、小调、俗曲及宗教音乐等,如"甘州歌"的腔调就是融合了祁阳小调并运用乡音土语演唱的,这使得高腔曲调具有浓郁的乡土气息,形成了自己的特色与风格。[②]

甘州歌:

[①] 黄华丽.祁剧高腔曲牌与声腔初探[J].黄河之声.2009,(20).
[②] 张学旗.简论祁剧高腔[J].科技信息.2009,(32).

祁阳小调：

[乐谱：来呵 衣呵衣呵 来 呵衣呵 咳 千人万人歌声 唱噢 来 呵 咳!]

明末进入祁剧的昆腔，到清代大部分已被地方化。以昆腔演唱的祁剧也被称为"祁昆"，它是昆腔在结合了祁阳本地的语言和山歌、小调等民间因素以后而形成和丰富起来的。清朝康熙乾隆年间，徽调（南路二黄）和汉调（北路西皮）传入湖南，在它们共同的作用下形成了祁剧中的弹腔，也称南北路。光绪以后弹腔已成为祁剧的主要唱腔。

戏曲语言是整个戏曲艺术的基本组成部分。一个剧种的语言，不仅仅是这个剧种所独具的艺术风格和特色的重要标志，而且对于这个剧种声腔艺术的形成和发展起着极为重要的作用。一个剧种的舞台语言，是在漫长历史长河中发生、发展和形成的一种特定的艺术形式，在音韵上有着高度的统一性和规范性，具有鲜明的剧种特色。舞台语言音韵是演员艺术造诣方面的一项基本功，它包括道白和演唱。演员和作曲者，必须特别熟悉本剧种语言的音韵规律，正确掌握咬字行腔的要素，才能塑造好剧中人物的艺术风格和形象。

昆腔所用的语言，除了丑角采用苏州话（苏白）之外，都是以中州韵为主。周德清《中原音韵》序言说得很明白："欲作乐府，必正言语，必宗中原之音。"在祁阳方言中，许多字音的声母、韵母、字调都与中原音韵相背。比如，中原音韵中声母是j、 q、x一类的字，在祁阳方言中声母变成了zh、ch、sh（实为舌叶音ʧ、ʧʰ、ʃ）。中原音韵中声母是zh、ch、sh的字，在祁阳方言中声母变成了z、c、s。还有一些中原音韵中的zh、ch、sh声母字，在祁阳方言中念成了j、q、x，如"真"、"张"、"掌"、"仗"、"照"等字用祁阳方言念出来，就像是念"金"、"江"、"讲"、"降"、"叫"；"唱"、"长"、"昌"、"仇"、"朝"、"陈"等字，祁阳方言念成"呛"、"强"、"羌"、"求"、"桥"、"琴"；"身"念xing，"首"念成xiu，"上"念成xiang，"实"念作xi。此外，"武"念作"府"、"肉"念作"素"、"无"念作"胡"、"眉"念作"迷"……凡此种种，都是不符合中州音韵的。如果把湘南方言原封不动地搬上舞台，必将造成混乱，祁剧不可能兴盛和发展，更不可能流传广远。

数百年，祁剧前辈艺人们发挥了他们的艺术才华，对祁剧语言艺术进行了创造性的提炼、规范，产生了独具特色的完整的祁剧语言体系，创建出了一套"单、双、空、实、满"的咬字法则。单就是所谓的"尖音"，即与细音相拼的舌尖前音，如"自"（zi）、"词"（ci）、"司"（si）等字便是。双指的是"重团音"，即舌尖后音，如"之"（zhi）、"迟"（chi）、"师"（shi）等字便是。空指的是"团音"，即与细音相拼的舌根音，如"急"（gi）、"气"（ki）、"歇"（hie）等字。运用满口共鸣发声咬字的字音皆属于"满"，如"虎"、"华"、"黄"、"马"、"跨"、"满"、"苦"、"豪"、"宽"等字都是满。大凡不属于"单"、"双"、"空"、"满"的字，都属于"实"音一类，也就是一般的字音。如"平"、"民"、"旦"、"木"、"土"、"令"、"分"、"河"、"良"、"友"等字皆是实。

"单"、"双"、"空"、"实"、"满"的咬字方法主要有以下几个作用:[①] 一是分化祁阳方言与中原音韵声母浑混不清的同音字，使听众准确无误地听清楚台上演员的唱、念词语，而不至于基知不分，欺虫不分，希诗不分，不至于把"修书"变成"休书"、"私人"变成"诗人"、"太守"变成"太朽"，"他是人"变成"他是神"……二是使语言在色调、力度、浓淡、共鸣等方面产生更悦耳的音乐性和节奏感，有"单"有"双"，有"空"有"实"有"满"，丰富多彩，富有戏曲韵味。三是使台词高呼远送，让观众能听得到听得懂。如"将令"的"将"是单音（齐齿呼），咬字必须尖锐，出声明亮，字头有力，送得远而清，独具戏曲特色。"欺压"的"欺"是"空音"，发声共鸣宏大而传送得更远，浑厚有力，如果用祁阳土音［ɕʰ］声来说唱，那就没有弹力，必无好的效果。总之，上述咬字方法把差别悬殊的湘南方音土语与中原音韵相结合，加以规范，成为既具有鲜明的地方风格特色，让湘南观众感到亲切，提升了品位，又能字通天下四方，使赣、粤、闽、桂等广大地区都能听懂，听得明白，感受到祁剧艺术的魅力的地方戏曲艺术语言，使祁剧艺术有了更广阔的流行地域和发展空间。

祁剧的生、旦、净、丑都必须遵守以上咬字法则（旦角可以不咬"空"字），才算"口词干净"。只是因为行当的不同，在咬字行腔时的轻重刚柔粗细有所区别，一般净行咬字粗气夸张一

---

① 石生朝. 祁剧语言音韵[J]. 艺海. 2006,（6）.

些，而且行咬字清脆柔雅一些。在祁剧界，尤其是老艺人和老辈观众，唱戏和看戏都特别讲求咬字。过去的民间祁剧艺人常常形容艺人唱腔咬字不准就如"钝刀杀人"。如果演员咬字不分单、双、空、实、满，观众就会起哄："你去漱了口再来！"不被承认为祁剧演员。为此，祁剧艺人在基本训练中还编撰了许多"绕口令"作为教材，例如"九酒贤前分单双，王黄江上想张汤"两句词里，"酒前想"是单音，"双上张"是双音，"九贤江"是空音，"分"、"单"是实音，"王黄汤"是满口音。演员咬准了单双空实满，就自然地脱离了本土音，成为一个合格的祁剧演员。

祁剧唱词甚多，都讲究押韵。比如弹腔的句子是隔行押韵，而且要"上骑下牵"，意思是说单句末尾一字要用仄韵，双句末尾一字要用平韵，用同一的韵，将整段唱词统一起来，和谐顺畅。祁剧的剧本文词所奉行的辙韵有十三个半，它们是：[①]

韵名	字例	韵名	字例
聋通	东红重空	跌雪	靴写月接
加麻	花霞家华	乌呼	无哭都初
齐微	衣离围理	牛侯	后流斗寿
雷堆	睡归美杯	开怀	来代怪快
庚辛	青身君林	摸喝	波郭何科
肖豪	刀高毛焦	江阳	汤康缸湘
间然	前战见奸	子耻	支丝史止

---

① 刘新艳.祁剧高腔音乐与表演探析［D］.开封：河南大学硕士学位论文. 2009：20.

其中"聋通"、"庚辛"、"加麻"、"摸喝"、"齐微"、"开怀"、"车侯"、"肖豪"、"江阳"、"间然"、"雷堆"、"跌雪"、"乌呼"为十三道全韵,"子耻"因用之极少,只在小丑念快板课子时才用上,在有些剧种中是归到"齐微"辙里的,祁剧谓之半道韵,故称为十三道半韵。祁剧的十三个半辙韵和桂剧的江湖十三个半辙韵("栖"、"霞"、"夜"、"月"、"怀"、"龙"、"隐"、"秋"、"水"、"长"、"天"、"笑"、"伏"、"波")是相一致的。但是,祁剧在运用这些辙韵时,因受到方音的影响,有些辙韵是可以兼韵通押的。比如,"齐微"韵也可以和"雷堆"韵通押,"庚辛"韵和"聋通"韵也可适当通押。此外,"乌呼"韵的"涂"、"徒"、"楚"、"初"等字,也可读成"牛侯"韵;"国"、"说"二字在戏曲中本是跌雪韵字,但现在也有些演员当作摸喝韵字在用。

在祁剧语言中,还有一些和其他古典戏曲剧种相同或大体相同的字,并已形成了一套规范化的字韵,这些字在京剧中被称为"上口字"。这些字的声韵,既不同于北方字韵,也不完全同于南方字韵,实际上多为南方特别是古楚地带(湖北、安徽、湖南)的湖广字韵所衍化而来的。如"哥"字,按北方音韵应是 ge,而在戏曲语音中则统一成 guo,显然是南方音韵;"鞋"字在北方应是 xie,南方音就是 hai,在台上则通成为 xiai,这些字韵在中国古典戏曲中都相沿成习,是通用的所谓"上口字"。再如:

主住朱诸,北韵为 zhu,南韵、戏韵为 ju(居);

出,北韵为 chu,南韵、戏韵为 qu(区);

书恕,北韵为 shu,南韵、戏韵为 xu(虚);

如,北韵为 ru,南韵、戏韵为 yu(鱼);

吃，北韵为 chi，南韵、戏韵为 qi（七）；

咸，北韵为 han，南韵、戏韵为 xian（显）；

脸，北韵为 lian，南韵、戏韵为 jian（检）；

可颗，北韵为 ke，南韵、戏韵为 ko；

何和河合，北韵为 he，南韵、戏韵为 ho（活）；

阶解，北韵为 jie，南韵、戏韵为 jiai；

斜，北韵为 xie，南韵、戏韵为 xia；

大，北韵为 da，戏韵为 dai；

没，北韵为 mei，戏韵为 mo；

国，北韵为 guo，南韵、戏韵为 gue；

说，北韵为 shuo，南韵、戏韵为 shue；

六，北韵为 liu，南韵、戏韵为 lu；

小丑、小生称小姐为 do zie。

戏曲唱腔必须是以语言声调为依据进行创作的。明魏良辅《曲律》云："五音以四声为主，四声不得其宜，则五音废矣。平上去入，逐一考究，务得中正。"过去艺人曾有个口诀叫做"字领腔走，腔随字行"，只能以字行腔，不能以腔盖字。各个剧种的咬字行腔，布调收音，无不以四声为依据。祁剧也不例外。祁剧语言字调以祁阳方言字调为基础，它的道白、唱腔都必须遵循，不可违背。"声依韵，律和声"，是直接造成本剧种念白和唱腔风格、特色的决定性因素。

祁阳方言字调大起大落，朴实豪放，音色刚柔相济，有着鲜明的节奏感和音乐性，构成了祁剧特有的语言形态，形成了极具特色的声腔形态。下表是祁剧语言字调分类简表：[1]

---

[1] 石生朝.祁剧语言音韵［J］.艺海.2006，（6）.

调类	阴平	阳平	低阳平	上声	去声	阴入声	阳入
调值	˧˧ 44	˨˧ 23	˩˩ 11	˥˦ 54	˩˦ 14		
字例	妈	麻	麻	马	骂	抹	抹

此表字调分类，是20世纪70年代末，祁剧著名老艺人丑角王赛雀、老生郑语滨、田连禄，小生曾艳达等人以字音为依据，在咬字正音的基础上订正整理出来的。各调类中的个别同类字调之间又略有高低之区别，但总的基调是一致的。阴平字调比普通话的阴平字稍低，音尾上翘，实际调值为445；阳平字调比普通话的阳平字略低，低音平起，后部上升，为平升调，实际调值为223，多为宝河路所用；低阳平调值为11，低音平起，音调平直，属"低音平调"；上声字属于高音调，高音起，向上冲刺，音短且促，为"高音短调"；阴入声字，低音起，音尾上升至高音区，与去声字调相似；阳入声字调，低音平起，音调平直，亦属"低音平调"，与"阳平低调"相同，为永河路多用。该表反映了宝河、永河两路在字调上的差别：阳平和阴入字调皆系宝河路所用，永河路入声字多变为低阳平或派入他声。由此可以看出，祁剧语言字调最突出的特点是迂回转折，升降幅度很大，它反映在唱腔上则是频频出现大跳的旋律音程和丰富的装饰音调，构成祁剧独具特色的带有湘南乡土气息的艺术风格。

祁剧咬字行腔以祁阳官话为宗，变南昆中严守不渝的"上声当低唱"为上声高唱，如"里"、"有"、"假"、"榜"、"海"、"勇"、"武"等上声字一律高唱，比《集成曲谱》里相同的字高七度，甚至八、九度。湘南方言中的去声和入声字调特殊，也影响着昆腔旋律的走向。①

除了字调之外，祁剧还有一个"语调"的问题。字调是语调的基础，无论是唱腔，或是"韵白"、"话白"，概以"字调"的调值为基础，根据剧中不同人物的不同性格来运用，使其产生不同的高、低、快、慢、轻、重、强、弱的音调和节奏，表现为不同人物不同行当的"韵白"与"话白"。

受昆曲影响，祁剧讲究"千斤念白四两唱"，要求各行当演员吐字清楚易懂，能够远播入耳。祁剧除了"韵白"和"便口白"之外，还有一种"杂白"，这就是祁剧小丑的道白。祁剧小丑行当演员必须会"乡谈"。这种小丑白在有些戏中占有重要分量。如：

苏白：这是经过艺术加工祁剧化了的苏州话。凡是苏州、扬州人物与和尚，以及《东坡游湖》的白牙和尚、《洛阳失印》中的陶洪、《打渔内审》中的张奎等，都用"苏白"。"苏白"中要突出三个字："大"要念"舵"，"二"要念"义"，"不"要念"勿"。祁剧念白中"苏白"的加入，既可以被看作是一种舞台调剂，又多少保留了昆曲的韵味，让人回味无穷。②

京崩子：这是经过艺术加工，具有祁剧风格的北京话。鞑子、太监、番邦人，如《三搜索府》中的施仕伦，《贵妃醉酒》中的高力士，《鞑子拦马》中的焦光普等，一般都念"京崩子"。

湘乡白：这也是经过艺术加工的湘乡话。"人"念"娘"，"拿"念"罗"，"大"念"剁"，"牌票"念"爬票"。《李七起解》

---

① 邹世毅．湖南祁剧中的昆曲遗产［J］．艺海．2011，（2）．
② 毛莉杰，陈瑾．文化视角下的湖南湘剧与祁剧比较研究［J］．大舞台．2012，（11）．

中的李七就念这种白。

衡阳白：祁剧《目连传》中的李狗儿就讲一口地道的衡阳话，如"什么"说成"马咯"，用以说明他不是祁阳人。

结巴白：如《三搜索府》中的施仕伦是个结巴子，出场时要念"结巴白"，但艺术性口吃有一定的规矩，不能乱来。"奉旨出朝，地动山摇，逢山开路，遇水架桥"中只允许"出"、"地"、"山"、"逢"、"开"、"遇"、"架"等字念两遍，以示结巴。

此外还有念"零陵白"、"江西白"、"河南白"、"山西白"等，各种念白均有一定之规，不能乱念。这些有特色的念白都是结合与当地有关的人物、剧情而使用的，使祁剧语言更加丰富多彩，但这些念白都与祁剧唱腔没有多大关系。

传统的祁剧多在草台上演出，语言粗犷、高亢，祁剧语言字调最突出的特点是迂回转折，升降幅度很大，反映在唱腔上则是频频出现大跳的旋律音程，如在祁剧舞台语言中较有特色的去声字上使用的六度、七度的跳进，构成祁剧独具特色的具有浓郁湘南乡土山野气息的艺术风格。不过，到了现代，随着演出场所的改变，由室外转向室内，由纯人声转为音响扩音，对演员在嗓音上的要求也适当宽松，因此，作曲者在创腔时就适当地进行调整，减少了七度音程的不协和，而增加了相对协和的六度音程的使用。普通话的推广以及乡音的淡化，城市商品经济的迅速发展，传媒手段的便捷化和一体化，观众水平的提高和选择要求的强化，所有的这些都推动着剧种之间进一步的兼容。[①] 受此影响，20世纪70年代后出生的观众似乎已经难以接受过去"地道"的

---

① 胡兆量．中国戏曲地理特征［J］．经济地理．2000，（1）：84—87．

祁剧语言。①

据陈明调查，祁阳普通中小学中的祁剧教师大多都强调，祁剧过去的方言咬字太"土"了，不像京白或普通话那样人人都能听懂和雅气，所以在他们在从事祁剧教学的过程中，会有意地把原来祁阳官话的一些方言咬字朝京白或普通话的某些发音和咬字靠拢。例如，在《昭君出塞》中有一句唱词是"望你与我把信传"中的"传"字，在祁阳官话中应咬字为 quan，而很多老师嫌 quan 咬字太土气，而改唱为 chuan；在《醉打金枝》中有句唱词是"头戴凤冠明珠翠"，其中的"珠"在祁阳官话中应该咬字为 ju，而有的老师就另改咬字为 zhu。但是过去的民间老艺人很反对学校老师这样"擅做主张"的做法，尹秋华老师曾心痛地说："祁剧本是地方大戏，本是以祁阳官话而著称，祁剧如果把唱腔上的语言咬字向京白或普通话靠拢，这样下去，祁剧还有什么地方特色可言，最后只能变得不伦不类……"②

第三节　花鼓戏

一、湖南花鼓戏概况

相传唐宋时期湖南农村就有闹花灯，唱采茶歌、田歌、山

---

① 廖松清. 祁剧弹腔北路研究 [D]. 武汉：武汉音乐学院硕士学位论文，2007：42.

② 陈明. 湖南祁剧传承的考察与研究 [D]. 南京：南京师范大学硕士学位论文，2006.

歌、秧歌、船歌等的风俗习惯。在这些民间娱乐形式的基础上，形成了地花鼓、花灯、采茶灯等民间歌舞演唱形式。清康熙版《城步县志》记载："元宵，花灯赛会，唱完薄曙。"乾隆版《黔阳县志》记载："又为百戏，若耍狮、走马、打花鼓，唱《四大景》曲，扮采茶妇，带假面哑舞诸色，人人家演之。"到了清代中叶，这些民间歌舞在保持本地音乐特色的基础上，就近吸收借鉴湖南地方大戏（如湘剧、汉剧、祁剧等）的表演艺术形式，将本地方言作为舞台语言，逐渐形成了具有浓郁湖南地方特色的小剧——灯戏。灯戏就是花鼓戏。同治元年杨恩寿在《坦园日记》中记载："三月十二日，泊西河口，距永兴二十余里，对岸人声沸腾，正唱花鼓词。楚俗于昆曲、二黄之外，别创淫词，余久知之而未见也。"[1] 可见，到同治年间，湖南花鼓戏在民间已经相当流行了。

湖南花鼓戏的发展经历了三个阶段：（1）一旦一丑的"两小戏"阶段。"两小戏"又称"对子花鼓"，是花鼓戏最初的基本形式。清嘉庆二十三年（1818）版《浏阳县志》谈到元宵节龙灯时说："又以童子装丑旦剧唱，金鼓喧阗，自初旬起至是夜止。"（2）一旦一丑一小生的"三小戏"阶段。同治壬戌三月十二日的《坦园日记》记载："余至，正演次出之半，不识其名。有书生留柳莺婢于室，甫目成而书童至，仓猝匿案下。书生与童语，辄目注案下，案下人也送盼焉。童觉，执婢，书生惭而遁。"杨恩寿1862年在永兴县农村小镇观看的花鼓戏，显然已经分出了小生、

---

[1] 杨恩寿. 坦园日记 [M]. 上海：上海古籍出版社，1983.

小丑、小旦等行当，而且演出形式也具有了一定规模。戏曲演出已是有人物，有情节，有白有唱了。（3）旦、丑、小生、生和净俱全的"多行当本戏"阶段。由于花鼓戏被扣以"淫戏"、"有伤风化"的恶名，艺人们创造了"半台班"即花鼓戏班兼唱大戏剧目的表演方式，在此过程中，受大戏的影响，逐渐增加了净和生等表演行当，也能演出大型的多行当戏剧曲目了。

根据流行地域和声腔、剧目、舞台语言等方面的差别，湖南花鼓戏可分为六个支派：

长沙花鼓戏流行于旧长沙府的十二属县——长沙、善化（望城）、湘阴、浏阳、醴陵、湘乡、宁乡、益阳、安化、茶陵、攸县等地，主要以长沙官话为统一的舞台语言，是湖南花鼓戏中流行较广、影响较大的一个剧种。长沙花鼓戏的演出剧目较多，保留下来的共有336个。[①] 常见的《刘海砍樵》、《打铜锣》、《补锅》等都是长沙花鼓戏，它们往往被当作湖南花鼓戏的代表。

岳阳花鼓戏兴起于岳阳临湘的新墙河畔，以今岳阳临湘一带方言为舞台语言，流行于岳阳、临湘、平江、汨罗、湘阴以及湖北通城、崇阳和江西修水等地。岳阳花鼓戏保留下来的传统剧目大概有123出，大多取材于民间生活、神话传说。岳阳花鼓戏与当地另一种地方戏巴陵戏在同一地区流行，使用相同的舞台语言，相互借鉴，共同发展。

常德花鼓戏以常德官话为主要的舞台语言，流行于沅水、澧水流域的常德全区，益阳、湘西、怀化部分城镇，以及湖北南部

---

① 贾古. 湖南花鼓戏音乐研究［M］. 北京：文化艺术出版社，1980.

的部分地区。常德地区还有傩戏和武陵戏等地方戏，丰富的群众艺术形式为花鼓戏的发展提供了肥沃的土壤。现在保存下来的剧目大约 120 个，其中有一部分受到了一些大戏的影响。

邵阳花鼓戏以祁剧宝河派唱白结合邵阳地方方言为舞台语言，主要流行于现在的邵阳市、邵东、新邵、邵阳县、隆回、洞口、新化等县市。邵阳花鼓戏可以分为东、南、西三路。东路源于"车马灯"，艺人都是男角，多为巫师出身，一边行巫一边唱戏。南路源于"对子花鼓"，艺人以女性比较多，常与踩软索的杂技艺人合班演出，白天踩软索，晚上唱花鼓戏。西路与东路同源，艺人多是巫师出身，边行巫边唱戏，男角为主，兼有女旦。现在保留的传统剧目三路合起来大约有 230 个左右。

衡阳花鼓戏以衡阳方言为基础稍加提炼后作为其舞台语言，现在流行于衡阳、郴州地区和茶陵、攸县等地。衡阳花鼓戏最大的特点是受宗教影响很大。衡阳境内的南岳衡山是著名的宗教圣地，每年 7—9 月民间会举行一些酬神活动，在活动中必然要请法师设立法堂，这些法堂往往是法师和花鼓艺人合作设立，或干脆就是同一班人。这种关系对衡阳花鼓戏的发展有一定的影响。得以保留的衡阳花鼓戏传统剧目大约有 160 多个，多具有浓郁的地方特色。

零陵花鼓戏由祁阳花鼓灯和道州调子合并而成。最早花鼓灯说的是祁阳话，语气较平稳，声调柔和。调子戏说的是道县话，语气较粗犷，声调较高亢。1949 年后，祁、道两路合流，舞台语言逐渐走向正规化，统一使用祁剧永河路的舞台语言。目前永州花鼓戏从本地方言发展定型为以永州官话（西南官话的一支）为主。吐词念白经常运用永州地方方言，如将男孩说成"奶崽"，将女孩说成"女崽"等，这些永州地方方言成分让戏曲表演更贴近老百姓，通俗易懂，更具亲和力、感染力和生命力。现在流行于祁阳、东安、零陵、道县、宁远、江华、新田等地。在"半台班子"演出阶段，零陵花鼓戏吸收了地方大戏祁剧的一些表演艺术。现在保存下来的传统剧目大概有150个左右。

以上六个分支虽然都是不同的地方小戏，但它们都是由民间的歌舞起源，经由"对子"、"三小"再发展完善的。所用的音乐曲调、表演的风格基本相同，所以都统称为花鼓戏。

花鼓戏作为湖南的一种地方戏曲自然是用湖南方言演唱，这是它有别于其他剧种的最重要的标志。湖南是一个多方言的地区。湖南方言几个大的分区几乎都能与各花鼓戏的流行区域相匹配。[①] 也就是说，湖南花鼓戏的六个分支都是采用各自流行区域的地点方言进行表演的，这也是它们相互区别的重要标志。

二、长沙花鼓戏的舞台语言

湖南花鼓戏的代表是长沙花鼓戏。长沙花鼓戏的舞台语言是一种被称为长沙官话的方言变体。它与长沙方言还是有些区别的，例如在韵母上，花鼓戏韵母有42个（包括自成音节的[n]）。[②]

[①] 李蓝. 湖南方言分区述评及再分区 [J]. 语言研究. 1994，(2): 56—70.
[②] 游汝杰. 地方戏曲音乐研究 [M]. 北京：商务印书馆，2006: 450—453.

ɿ 姿师	i 梯比	u 姑布	y 举书
ʅ 知时			
a 杀发	ia 家提	ua 挂夸	ya 抓刷
o 坡母	io 脚学		
ə 车去	ie 铁借	uə 国	ye 月热
ai 胎鞋		uai 怪快	yai 拐帅
ei 杯嘴		uei 亏味	yei 追吹
au 包草	iau 标小		
əu 都土	iəu 丢酒		
ō 盘管			
ə̄ 展扇	iē 天棉		yē 船穿
an 班弹	ian 讲厢	uan 万关	yan 爽闯
ən 分等	in 兵定	uən 文昆	yn 君顺
	iaŋ 枪娘	uaŋ 王广	
oŋ 东通	ioŋ 用兄		
ŋ̍ 你			

花鼓戏的韵母在数量上比老派长沙方言①多一个。长沙方言有自成音节的 [m̩]（只在日常口语"姆妈妈妈"中出现），花鼓戏中没有，但是花鼓戏保留了另外一个自成音节韵母 [ŋ̍]（只在日常口语"你老人家"和表示同意的应答词"嗯哪"中出现）。花鼓戏中的 [ŋ̍] 也只是出现在念白中，不会出现在唱词中。花鼓戏有 [iaŋ]、[uaŋ] 两个韵母，长沙方言中则没有。

此外，长沙方言中有部分假、梗两摄字存在文白异读现象，

---

① 鲍厚星等. 长沙方言研究 [M]. 长沙：湖南教育出版社，1999：18—20.

如"家"在唱词中一般都读成 tɕia，在"家娘婆婆"中就念 ka。在花鼓戏里，有些字如"鸭"在唱词中用文读音 ia，宾白中用白读音 ŋa；也有些字如"野"在宾白、唱词中都念文读音 ie，但长沙方言中念 ia。

彭婷将长沙传统花鼓戏的用韵归纳为十二部[①]，它们与《中原音韵》十九部、《韵学骊珠》二十九部、十三辙的韵部的关系如下：

长沙传统花鼓戏十二部	十三辙	《韵学骊珠》二十九部	《中原音韵》十九部
江阳	江阳	江阳	江阳
真东	中东｜人辰	东同、庚亭｜真文、侵寻	东钟、庚青｜真文、寻侵
言前	言前	天田、干寒、欢桓、纤廉、监咸	先天、寒山、桓欢、廉纤、监咸
家车	发花｜叠雪	家麻｜豁达	家麻
尔褶	乜斜｜叠雪	车蛇｜拍陌、恤律、屑辙	车遮
歌戈	梭波｜叠雪	歌罗｜约略、曷跋	歌戈
苏虞	姑苏	姑模、居鱼	鱼模
支机	一七｜叠雪	支时，机微｜质直	支思，齐微部分
灰堆	灰堆	灰回	齐微部分
皆来	怀来	皆来	皆来
尤侯	油求｜叠雪	鸠侯｜屋读	尤侯
萧豪	遥条	萧豪	萧豪

① 彭婷.长沙传统花鼓戏用韵考［D］.长沙：中南大学硕士学位论文，2007.

长沙花鼓戏十二部与传统十三辙相比，除了叠雪辙分派到了乜斜辙以及发花、梭波、一七、油求等辙外，最显著的差别是中东、人辰二辙在长沙花鼓戏中的合流。如《元宵案》中的一段：

断命案决不能捕风捉影，（中东辙）
凭血衣和灯笼怎好定刑。（中东辙）
李安良杀了人又无人证，（中东辙）
你道他未杀人也无证人。（人辰辙）
审三堂二囚犯不肯招供，（中东辙）
看起来这案情事出有因。（人辰辙）
我原与王畴攀亲他不允，（人辰辙）
反常态给我送礼又登门。（人辰辙）
暗示我动大刑把案来审，（人辰辙）
为什么他对此案他如此关心？（人辰辙）
为什么他对我倍加器重？（中东辙）
向上司保荐我把官职升。（中东辙）
这些事我心中打下疑问，（人辰辙）
莫非那王三郎涉及案情？（中东辙）
元宵夜听人言他行为不正，（中东辙）
观灯时戏民女欺压良民。（人辰辙）
翌日里我过府同把酒饮，（人辰辙）
一提到拿凶犯他落魄失魂。（人辰辙）
他家奴又把那线索提供，（中东辙）
这王七怎知张李有私通？（中东辙）

> 这案件本应当重勘细审，（人辰辙）
> 怕恼了王大人误我前程。（中东辙）
> 有道是官场有路捧为径，（中东辙）
> 靠上司我才能够官运亨通。（中东辙）

从十三辙的角度来说，这段唱词用了人辰和中东两个辙的韵，二辙相押，这是长沙方言的特点使然。在长沙方言里中东韵普遍念成 [ən in uən]，与人辰辙无别，花鼓戏演唱中也是如此。

在长沙花鼓戏中还存在"合韵"即邻近韵部互押的现象。如言前部字与真东部"生"字合韵的例子较多，如：

> 教之道，贵以专，顺手拿根竹杈尖。苟不教，性乃迁，野狗子莫咬张先生。（《讨学钱》）
> 三妹子煎药我端盘，不是筛茶便是装烟。我一家为养你弄得天翻地转，那次病你可算死里逃生。我的娘和三妹都把我劝，半年整冇要你半文银钱。……（《俞老四反情》）

我们可以从文白异读中找到原因。梗摄开口三四等字在长沙方言中有两读，文读音为 [in]，白读音为 [ian]。在长沙周边的湘阴县，这种异读现象就很明显，不唯三四等字，部分梗摄开口一二等字在湘阴话中都有白读音 [an]。比如"生"、"硬"、"省"、"争"等字，湘阴话文读音为 [ən]，白读音为 [an]，另有一个白读音为 [oŋ]，第二个白读音在湘语娄邵片中也有存在。

还有一些偶尔与真东部合韵的言前部字，但出现的机率不高。例如：

人说兰桥修得好，话不虚传果是真。桥头修起石狮子，白石栏杆两边分。上刻八仙把酒饮，下雕刘海戏金蟾。无心观看桥头景，一心归家探双亲。(《兰桥会》)

在家中领过了爷娘之命，上京都赴科考报答祖先。跨马行打从那玉龙山过，被喽啰拿捉了掳上山间。那大王他见我宽眉额远，收留我做螟蛉自掌山前。我不该将恶言将他骂咒，绑之在剥皮墩要问斩刑。(《青龙桥》)

何建统计了《湖南戏剧选 1949—1979》[①] 中 14 支花鼓戏、238 个唱段的用韵情况[②]，发现花鼓戏用韵分布不均。从十三辙的角度来看，唱词押韵用得最多的是人辰辙，最少的是中东辙，这主要是长沙话的语音特点决定的。人辰这一辙韵包括 [ən]、[in]、[uən]、[yn] 这四类韵母，而且长沙方言新派中东辙韵中的 [əŋ]、[iŋ]、[uəŋ] 都是读成 [ən]、[in]、[uən]，花鼓戏受其影响又将部分 [oŋ] 韵的字念成 [ən]，这些特点使人辰辙成了花鼓戏唱词中押韵次数最多的一类韵，中东辙实际上与人辰辙合流，单纯押中东辙韵的情况自然就变得很少了。姑苏韵连一次都没有，但这并不意味着花鼓戏唱词从不用这类韵作为韵脚，主要原因是这个韵不是特别响亮，并且它本身包含的韵也不多，就一

---

① 中国戏剧家协会湖南分会. 湖南戏剧选 1949—1979 [C]. 长沙：湖南人民出版社，1979.
② 何建. 湖南花鼓戏唱词研究 [D]. 天津：天津大学硕士学位论文，2007.

个［u］，另外就是选取的样本中恰好没有。其他十韵用韵次数由多到少依次是江阳、言前、摇条、一七、发花、梭波、怀来、由求、灰堆、乜斜。排在靠前的大都是声音比较洪亮的音，这是因为花鼓戏是要通过演员的演唱来传递给听众的，选择这些音听众容易接收。

"长沙官话"和长沙方言在声调方面是基本一致的。以"长沙官话"演唱花鼓戏，就要考虑长沙方言声调与花鼓戏曲调的相配问题。只有声调的高低变化与花鼓戏音乐变化相配，演唱起来才会觉得和谐。花鼓戏的创作过程和一般民族声乐作品的创作过程相同，先有唱词，然后再根据唱词、感情、剧情选择合适的曲调，但是曲调与已经创作好了的唱词有时不能相配，这时就要修改唱腔的曲调以适应唱词字音的声调，使它们相互吻合，使唱腔曲调与演唱发声吐字的声、韵、调的要求相一致，做到字音清晰，把语言清楚地表达出来，依字行腔。

长沙方言声调除轻声外共有六个，即阴平［33］、阳平［13］、上声［41］、阴去［55］、阳去［11］和入声［24］，何建认为乐谱大致可以分别记为1 1、6 1、3 6、55、66、63。

在花鼓戏曲调中阴平字多采用自然的调值，如《洗菜心》中开头两句"奴在绣房中绣花绫，忽听得我的妈妈娘叫奴一声"，"妈妈娘"的音就是1 1 6 1；《八百里洞庭》中的"男家看了呵呵笑"，"呵呵笑"音就是1 1 3。不过，在花鼓戏当中，有时可以根据旋律进行的需要把阴平字调值移高或移低，但是这种改变不能是某个单字而是多音节词或词组，变化的幅度也要在该曲调的常用音域范围内，即在以1为中心上下四度音程以内，一般不会超过这个范围，例如"我妈妈"就有 $\underline{5\,3}\,3$、$\underline{3\,6}\,6$、$\underline{\dot1\,5}\,5$ 三种唱法，分别移高了两度、移低了两度和三度音程。如果超出这个范围就会倒字，造成不和谐音。

阳平字的音 6 i 是由两个不同音配合来表现的，所以常用的方法是将 6 作为装饰音来处理，本字还是唱 i。如下面谱例中的阳平字"穷"、"人"都是如此。

$$\underline{^6\dot1}\;3\;\underline{^6\dot1}\;\dot1^2\;|\;3\;\underline{^63}\,\underline{\dot1\,6}\;5\;|\;6\cdot\,{}^2\;\;0\;|$$
穷　苦　人　家　受　折　　磨

不过也会根据情况作出适当处理。如下面谱例中的第一个阳平字"来"就降低了三度音程，但只有在词组中才这样变化。

$$\dot1\;\underline{^b\,5}\;\underline{6\,\dot1}\;3\;|\;3\;\underline{^6\dot1}\;\underline{3\,\dot1\,6}\;|\;\underline{6\,\dot1}\;6\,\cdot\,\searrow\;|$$
上　来　不　远　是　长　　沙

有时候为了表现哭泣的效果可能会降得更低，不过这种特殊的变化只是临时的，而且也只是在特别悲伤的戏中才会出现。

也有将阳平字音抬高的例子。如下面谱例中的"和"被抬高了两度音程，这是因为随着旋律的发展趋势，整个音组都被抬高了。

$$5\;\underline{^b3}\;\underline{^b3}\;|\,3\;\underline{^6\dot1}\;\dot1\;6\,\searrow\;|\,\underline{^6\dot1}\;\dot1\;\underline{3\,\dot1\,6}\;|\,\underline{6\,5}\,3\,\cdot\;|$$
我　和　你　交　朋　友　　情　深　意　厚

上声字（$\dot3\,\dot6$）在曲调进行中很活跃，在不同的曲调中可能出现 6、$\dot1$、$\dot3$ 等音调。在连续出现上声字的唱词中，在上句的上声字通常作移高变化，在下句中的上声字则多作移低处理。如下面的谱例中，上句里最后一个"马"就移高了两度，而下句的

"你"、"马"、"纸"则都被移低了。

(上句) 3 5 1̇ 6̇1̇ | 3 1̇ | 5 | 3 6 3̇1̇ | 5 3̇. |
　　　　我　的　　马　　　是　　纸　扎　的　马，

(下句) 1̇ 6̇1̇ | 6̇3、 | 1̇ 6̇ | 1̇ 3 1̇ 6̇ | 6̇. | 0 |
　　　　你　的　　马　　也　是　纸　扎　的　马。

阴去是长沙方言六个声调中音最高的一个，一般情况下都是唱它的自然音（5̇5），即使变化也不会是移高。如果非要扩大曲调的使用音域而需要将其提高到 6̇ 音时，就必须借助前邻音的辅助。

阳去音（66）除了唱本音外，有时候会移低为5、2音。长沙话中的某些阳去字存在着阴去、阳去两读的现象，但阴去字一般不会念成阳去。在花鼓戏中，阳去的声调会根据需要来变化。需要突出时用阴去，一般情况下还是念阳去。例如花鼓戏《打铜锣》中开篇"收割季节，谷粒如金；各家各户，鸡鸭小心"中的"户"字在长沙话中有阴去、阳去两种念法，但是在这里，为了提醒大家注意别让鸡鸭糟蹋粮食，念成了高声调（阴去）。一般情况下，如果在上句中为了突出强调，依据旋律进行的趋势把这类两读字念成阴去的话，在下句中则多是念阳去，尤其是同一字在上、下句中同时出现时，为求得旋律上的变化，形成对比，就更要如此。例如《渔鼓调》以下两例的"洞"字在上句中唱的是阴去，下句中的"洞"唱的是阳去。

(上句) 6 1̇ 5̇. | 1̇ 1̇ 6̇ 6、 | 1̇ 1̇ 6̇ 1̇ | 3̇. | 0 |
　　　　八　洞　　神　　仙　　空　中　过，

(下句) 1̇ 6̇ 6 1̇ | 3 5 6 | 3 1̇ 1̇ 6 5 | 6̇. | 0 |
　　　　只有 那个 洞　宾　下　凡　来。

长沙话入声字的音是一个大的跳跃音（6$\dot{3}$），即从本音6跨越到修饰音$\dot{3}$，中间的音程有五个。它的变化方式是改变本音和修饰音之间的音程，如有七度6$\dot{\underline{5}}$、三度6$\dot{1}$等，一般不小于三度。其他五个音可以坐落于不同的音区，但是入声字的特点是从六声中的最低音调向上大跳跃，这一点是不变的，它的存在使得整个旋律变得跳跃奔放，适合表现比较强烈的感情。

花鼓戏主要面对的是湖南观众，采用方言进行演唱，唱词中自然夹着不少的方言口语词语。唱词中方言词语的适当加入，使花鼓戏更贴近生活，更能体现出花鼓戏的地域文化特色，让花鼓戏更加"湘里湘气"。例如：

还是支书讲得好，真金不怕火来烧。只要自己坐正了，哪怕旁人鬼起飙！（《打铜锣》）

田里功夫做不下，你还在这里七扯八。（《还牛》）

"鬼起飙"是"说三道四，讲闲话"的意思。"七扯八"意思是"胡说，闲聊"。再如：

归家半路歇，下圳捉泥鳅。（《刘海砍樵》）

"圳"[tɕyn^{55}]在长沙话中的意思是"小溪"。这个词在长沙乡里话中出现，市区的人一般不太明白这个词的意思。唱词中使用一个"圳"字巧妙地从侧面交代故事发生于农村。再看《送货路上》中何大妈的两段唱词：

大妈她称心如意搞<u>熨帖</u>,穿起灯芯绒去把亲家访。她<u>默神</u>亲家定会抿起嘴巴笑,新媳妇更会喜欢她这好<u>家娘</u>。(《送货路上》)

我看那妹子是只<u>木脑壳</u>。(《送货路上》)

何大妈五十多岁,已经在长沙生活了大半辈子,她的长沙话比较地道。唱词中"熨帖"、"默神"、"家娘"、"木脑壳"等词的意思分别是"干净、整洁,完成得较好"、"思考,想"、"婆婆"、"傻瓜"。这些方言词语的使用有助于塑造何大妈这个典型的长沙老村妇形象。

丑角插科打诨的念白中还时常出现俗谚、歇后语等,如《芦花记》中李公、李婆就说到"作怪人礼多,瘦狗子筋多,游鱼子上水屎少屁多"、"狗吃冻米,断无此理"、"穿蓑衣打火——惹火上身"、"癞头蛤蟆躲了端午——难躲端六"、"关门捉乌鸦——插翅难飞"、"乌龟过门槛——前后有跤跌"、"庙山的老鸦——开口就是祸"、"三个钱买个佛手柑——紧紧抓着"等,活泼风趣,机灵搞怪,成为花鼓戏演出不可或缺的段子。

花鼓戏演唱的时候使用的是地域方言,但表现在剧本中却是用汉字。汉字的表音功能不够灵活显性,表达方音时更是困难重重。据湖南省艺术研究所副研究员尹伯康先生介绍,剧本的编撰者一般采用以下三种方式:[1]

第一,在韵字下用直音或反切注明演唱时的本音。

第二,借用音同或音近字代替,借用字与本字仅在读音上相

---

[1] 彭婷.长沙传统花鼓戏用韵考[D].长沙:中南大学硕士学位论文,2007:24.

同或相近，在意义没有关联。如：

　　麻糖溶成块，粽子起霉霜。里头蛆婆子拱，酒味都跑光。吃又不能吃，尝又不能尝，只有端起往外喼。(《讨学钱》)

剧本注："'喼'，方言，倾倒的意思。"其实"喼"[k^{h}uan^{33}]的本字就是"倾"。再如：

　　不信但看筵中酒，张胡子莫要这样朽。(《讨学钱》)

剧本注："'朽'，方言，架子大，不理人叫朽。"
《长沙方言研究》(第79页)[ɕiəu^{41}]下收有这个音节，但没有给出本字，解释是"自高自大，目中无人。如：～得要死。"
　　第三，如果没有音近或音同的汉字能够表示，则用意义相近的字代替，不注明本音。演唱者会依方音演唱，剧本上没法看出来。如《刘海砍樵》中唱词"我看你就很像她"，"很"就是一个同义字，演唱时读作lie^{24}，这个读音的字很难找到与之音近的汉字，因此用同义字。

第四节　巴陵戏

一、巴陵戏概述

　　巴陵戏，原称"巴湘戏"，因艺人都出自巴陵、湘阴和临湘而得名；因它的形成和主要流行地区是古称巴陵的湖南岳阳（旧岳州府）一带，故得名巴陵戏；又因巴陵旧属岳州，故民间又称为"岳州班"。巴陵戏为湘北大戏，与昆剧、婺剧、藏剧、祁剧同为中国最古老的剧种，被文化界称为"戏剧化石"。[①] 1952年始定名为"巴陵戏"。2006年巴陵戏成功进入全国首批非物质文化遗产保护名录（编号Ⅳ-34）。

岳阳素称"鱼米之乡"，"漕引潇湘、洞庭"（《旧唐书·刘晏传》），"晋代以来，天下谈形胜者，未尝不首及巴陵"（宋《舆地纪胜》），"舟车辐辏，繁盛甲宇内"（清刘献廷《广阳杂记》）。

明崇祯十六年（1643）巴陵人杨翔凤在《自牧园集》中记《岳阳楼观马元戎家乐》诗云："岳阳城下锦如簇，历落风尘破聋鼓，秦筑楚语越箜篌，种种伤心何足数。"[②] 当时，这种用"楚语演唱种种伤心事"，即自发组成的戏班用湘北方言进行演唱的艺术形式，在岳阳民间广泛流传，从而使岳阳巴陵戏之雏形应运而生。另据巴陵戏历代艺人传说，明代末年，岳阳曾有洪胜班，该班生角大王洪玉良便是巴陵戏的始祖。[③]

万历年间，昆腔风靡全国。昆腔与岳阳地方方言及民间音乐互相交融，形成了具有浓厚岳阳风格的昆腔。据清代嘉庆道光年间人杨懋建在《梦华琐簿》中载述："夏（道光十八年），余到岳

[①] 岳阳市文化局. 岳阳市文化志［M］. 岳阳：岳阳市文化局，1994：8.
[②] 转引自湖南省戏剧工作室编. 湖南地方戏曲史料［C］（二）. 长沙：湖南省戏剧工作室，1980：72. 湖南省戏曲研究所编. 湖南省地方剧种志［M］（三）. 长沙：湖南文艺出版社，1989：175.
[③] 中国戏曲志编纂委员会. 中国戏曲志·湖南卷［M］. 北京：文化艺术出版社，1990：91，92.

阳，小住十八日，得识徐三稚青（庶咸），佳士也……复工度曲，与余交莫逆。"[①]"至于徐三稚青居岳阳而'工度曲'，是岳阳亦有昆曲之证。"[②] 明末清初，昆腔已成为巴陵戏重要的声腔。时至今日，巴陵戏甚至仍然保留着一些纯用昆腔演唱的传统剧目，如《天宫赐福》、《打三星》等，在舞台表演中也依然沿用着很多的昆曲曲牌。不过，昆腔曲牌原都有固定的唱词，且多为杂言句，当这些曲牌被运用到巴陵戏的剧目中之后，却发现大多数的唱词都与剧情无关，甚至与剧情相抵触，这样，原为歌唱的曲牌便慢慢都不唱了，而成为纯粹的唢呐吹奏音乐。至今，巴陵戏保留有乐谱资料的昆腔曲牌有近两百支，然而经常使用的却很少。

清乾隆年间，社会经济复苏发展，不少地方戏随着商业活动流布交汇，互相影响。巴陵戏博采众长，昆腔、吹腔、丝弦小调等各类声腔杂呈，其弹腔分南路的二黄和北路的西皮，也是受徽调和襄阳腔的影响而形成的。巴陵戏逐渐成为一个以弹腔为主，兼唱昆腔、杂腔、小调的多声腔剧种。

弹腔传入湖南之后，最先受到影响的是巴陵戏。弹腔属板式音乐，主要通过各种板式变化实现同一首曲调的变奏来表现人物的各种情绪，这种单曲体的结构与曲牌音乐的多曲体结构相比，在运用上显得更加单纯而具灵活性，语言上也更加口语化，这些优势使得弹腔很快便确立了自己在巴陵戏中的主导地位，成为巴陵戏的主要声腔。巴陵戏弹腔的唱词主要为齐言文体，其中以七

[①] 转引自湖南省戏曲研究所编. 湖南省地方剧种志［M］（三）. 长沙：湖南文艺出版社，1989：175.

[②] 周贻白. 周贻白戏曲论文选［C］. 长沙：湖南人民出版社，1982：381.

字句或十字句的上下对偶句式居多。有的加上衬词、衬句和垛句构成变化句式。

清末是巴陵戏的鼎盛时期，出现了被称为"巴湘十三块牌"、"巴湘十八班"的职业班社，从业人员达八百余人，活动于湘、鄂、赣三省交界的诸县城乡。活跃于湘北城乡的皮影戏、木偶戏也多用巴陵戏演唱。当时的岳阳城乡有戏台近40座。

巴陵戏曾经流行于湘北的岳阳、湘阴、汨罗、平江、临湘、华容，湖北的通城、监利，江西的修水、铜鼓等地。清代中叶曾到武汉、南昌、沙市、宜昌等城市演出。清末民初，巴陵戏班岳舞台在湘北、湘西、鄂西南、赣西的38个县市享有盛名。

巴陵戏的传统剧目多取材于历史演义和话本，共计五百四十多个。影响较大的剧目有《杨妃醉酒》、《玉堂春》、《打严嵩》、《九子鞭》等。1949年后创作了《幸福邮路》等三十多个现代戏剧目。

二、巴陵戏的舞台语言

岳阳一带地理位置特殊，方言复杂，大体上可以分为受鄂东南和西南官话影响的北方方言片，湘、赣交叉方言片，赣语方言片和新湘语方言片。具体来说，岳阳市辖区包括岳阳市城区，临湘市、汨罗市、岳阳县、华容县、湘阴县、平江县。研究显示，根据岳阳辖区内方言内部差异，可以将其分为四区：岳阳城区和临湘北路、华容县为第一区，较多地具有西南官话的特征；岳阳县和临湘南部为第二区，是湘语、赣语的交叉地带；平江县大部地区和汨罗市东北部为第三区，明显具有赣语特征；湘阴县和汨罗市西南部紧靠长沙、益阳境地,主要为湘方言区。[①] 这种方言情况在巴陵戏中得到了一定的体现。巴陵戏采用的就是由"中州韵"、"湖广音"与岳阳地方土语长期结合而产生的舞台化湘北方言。

岳阳巴陵戏语言受方言影响,但并非全部运用方言。作为中国戏曲的一分子,巴陵戏的发展自然遵循中国戏曲的发展规律,巴陵戏的语言也沿袭了中国古代戏曲语言的音韵传统,以中原音韵为基础,其字音基本上是按北方口音的声母和韵母拼合而成,唱词的合辙押韵大部分与普通话的十三辙和北方的说唱文学一样,从而使大范围的观众都能够接受它、欣赏它。

戏曲中所谓的"湖广音"实际上是指湖北地区的西南官话音。与鄂东南相接的岳阳地区在语言上不可避免地受到它的影响,并且巴陵戏在产生之初受湖北大戏汉剧的影响最大,因此它采用"湖广音"念唱是很自然的现象。与此同时"由于巴陵戏在湘北、鄂东南、赣西北地区盛行,其在这一大片地区就充当了语言的传播媒介,岳阳方言今天呈现出广受北方方言影响的状况与此有很大的关系"[②]。以巴陵戏的唱词、韵白和口白中的声韵与湖北通城、监利一带(靠近岳阳的鄂东南地区,也是巴陵戏广为流行的地区)的方言声韵对比,可以发现巴陵戏的声韵中多有"湖广音"即西南官话的痕迹,而与岳阳方言有同有异。[③]

---

① 方平权. 岳阳方言研究 [M]. 长沙:湖南师范大学出版社,1999:1—4.
② 方平权. 岳阳方言研究 [M]. 长沙:湖南师范大学出版社,1999:2.
③ 以下通城、监利、武汉等地方言情况参阅赵元任. 湖北方言调查报告二册 [R]. 上海:商务印书馆,1948:81,1300,1312,1314,1316,1317,1318,1325,1334,1336,1340;岳阳方言情况参阅方平权. 岳阳方言研究 [M]. 长沙:湖南师范大学出版社,1999:93,96,97,99,107.

湖北通城、监利和武汉地区方言都没有舌尖后音［tʂ］、［tʂʰ］、［ʂ］声母，一些普通话中［tʂ］、［tʂʰ］、［ʂ］与合口呼拼合的字在这三地方言中声母都变成［tɕ］、［tɕʰ］、［ɕ］，这种情况在巴陵戏和岳阳本地方言中也存在。例如：

你老爷起了这一点点猪［tɕy］狗心。(《牧虎关》)

岳阳方言中有［ʐ］声母，而湖北通城方言中没有［ʐ］声母，"人"、"日"皆是零声母，普通话念［ʐ］声母的"扔"、"仍"、"容"、"若"等字巴陵戏中也念零声母，如：

你就是铁打的心，也要软［yen］三分。(《三春围城》)

在巴陵戏中，"疑"、"义"、"抑"等齐齿呼韵母字拼［n-］声母，"爱"、"我"、"恩"等开口呼韵母字拼［ŋ-］声母。如：

眼见得多猜疑［ni］。(《抢伞》)
到那时，我［ŋo］还戴咯个帽，还穿咯个袍？(《薛刚反唐》)

这与通城方言中疑母读［ni-］的情况相同，而在岳阳方言中则很少出现。

同湖北通城方言一样，巴陵戏的唇音［f］与喉音［x］与合口字相拼时有混用的情况，巴陵戏中"划"、"婚"等字的声母为［f］，如：

王才奸贼将我挡进府去逼我成婚[fən]。(《假棺材》)

而"华、荒"的声母为[x]，如：

开口百姓苦，闭口百姓荒[xuɑŋ]，难道拿着百姓压着你家老爷不成？(《打差算粮》)

值得注意的是岳阳本地新派方言中也有混用这两个声母的情况：新派[f]母混入晓匣合口字，老派不混。

普通话中[t]、[tʰ]、[n]、[l]、[ts]、[tsʰ]、[s]、[tʂ]、[tʂʰ]、[ʂ]等声母与韵母[u]拼合的字，巴陵戏与汉口、通城、监利方言一样，字音韵母均为[əu]。如：

两般恶物不为恶，最毒[təu]还是你狠心。(《女斩子》)

同样情况的还有"图"、"奴"、"鲁"、"竹"、"楚"、"叔"等字的读音。这样巴陵戏韵辙与北方说唱文学所用的"十三辙"之间产生了差异，在此"姑苏"韵变作了"油求"韵。例如《今上岳阳楼》中的一段唱词：

金堂玉马酒肉臭
不思乾坤日夜浮
君子之腹小人度
草木皆兵羞不羞

老夫玉碎站着走

不为瓦全跪着求

在普通话中,"浮"和"度"的韵母都为[u],属于十三辙中的姑苏辙。在湘北湖广音中"浮"和"度"分别读作fou、tou,在巴陵戏剧本唱词中都押油求辙,这段唱词一韵到底。

在岳阳方言中也有大量普通话中舌尖前音声母与舌尖中音声母与[u]韵母拼合的字韵母变为[uə]的情况,如"租"[tsəu]、"初"[tsʰəu]。

普通话中[p]、[pʰ]、[m]、[t]、[tʰ]、[n]、[l]、[tɕ]、[tɕʰ]、[ɕ]等声母与韵母[əŋ]、[iŋ]、[uəŋ]、[uŋ]、[yŋ]拼合的字,巴陵戏与通城、监利方言一样,字音韵母均为[ən]、[in]、[uən]、[yn],如:

把弟的冷[lən]汗都吓出来了!(《桂枝写状》)

"邓"、"腾"、"能"、"坑"、"衡"等字也是如此。这也与十三辙不同,相当于"中东"韵变作了"人辰"韵。如《今上岳阳楼》的一段:

思亲人,想亲人

见了亲人是仇人,是仇人

我骂你蟒袍玉带泯人性

我揍你朝靴乌纱灭良心

我怨你骏马高官凌百姓

　　我恨你锦衣玉食辱朝廷

　　在普通话中,"性"、"姓"、"廷"的韵母都为 [iŋ],属于十三辙中的中东辙。在巴陵戏剧本唱词中该段唱词都押人辰辙,也是一韵到底。

　　岳阳方言中没有 [əŋ] 韵母,它以 [ən] 和 [oŋ] 这两个韵母分化了普通话 [əŋ] 韵母的字,与巴陵戏的情况略有差别。

　　[k]、[kʰ]、[x]、[tɕ]、[tɕʰ]、[ɕ] 等声母与 [ɤ]、[yɛ] 拼合的普通话字音,巴陵戏同汉口、通城、监利一样韵母念 [o] 或 [io],韵母为 [io] 的字一般是巴陵戏中的入声字,如:

　　她是我的妹子,我是他的哥哥 [ko]。(《九子鞭》)

　　您不要用这个反巴掌来打学 [ɕio] 生。(《三搜索府》)

　　"科"、"河"、"觉"、"雀"等字亦如此。在岳阳方言中,普通话与 [ɤ]、[yɛ] 相拼的字,韵母也变成 [o] 或 [io],且岳阳方言中 [io] 是入声字专用的一个韵母。

　　部分普通话里舌尖音声母与 [ai] 韵母拼合的字,巴陵戏念 [ɤ] 韵母,与监利方言同而不同于通城方言的 [e],如:

　　来在丹墀下,观看牡丹花,用手摘 [tsɤ] 一朵,献与帝王家。(《三搜索府》)

"拆"、"塞"等字亦如此。

综上所述，巴陵戏声韵与岳阳话声韵一样，受湖北方音影响的程度很深，但巴陵戏声韵与湖北方言的相同点更多。

岳阳巴陵戏语言表现的特色之处，主要还是它的声调。岳阳辖区各地的调值情况如下：

地区 \ 调名	阴平	阳平	上声		去声		入声	
			阴上	阳上	阴去	阳去	阴入	阳入
岳阳城区（西南官话）	45 诗	14 时	42 使		324 试	33 是	55 识	
华容县（西南官话）	45 高	13 才	21 使		24 正	33 是	55 竹	
临湘北路（西南官话）	34 高	13 才	42 使		25 正	22 是	55 局	
岳阳县（湘、赣交叉）	33 高	13 时	52 使		24 试	31 是	55 识	54 石
平江县（赣语）	33 妈	13 麻	35 要	21 马	55 吗	22 骂	44 石	
湘阴县（湘语）	55 诗	13 时	53 始		45 试	31 市		

巴陵戏立足于巴湘，语言声调受岳阳、湘阴等地方言影响的同时，经历代艺人不断加工、取舍、提炼而达到规范化的程度。下面是巴陵戏语言规范后四声的概况表：[1]

---

[1] 付先丽. 巴陵戏音乐分析［D］. 长沙：湖南师范大学硕士学位论文，2007：14.

调类	阴平	阳平	上声	去声
调值	55	23	52	325
相对音程	3　3	6　1	3　(6)	1 6 3
特点	高平	低扬	下滑	上挑
字例	诗	时	使	世

可见，巴陵戏声调与岳阳地区声调有异有同：

（1）去声不分阴阳是如今巴陵戏声调与岳阳辖区和湖北通城、监利①声调的最大区别。

（2）巴陵戏的调值与岳阳地区方言的调值很接近，可见被规范后的巴陵戏语音还是较多地保留了方言的色彩，这种色彩浸透于巴陵戏的艺术表现中："语言字调的音程关系，影响唱腔的旋律进行，构成巴陵戏弹腔浓郁的地方特色。"②

（3）从调值上看，巴陵戏的阴平与湘阴话（湘方言）调值相同，阳平与除岳阳城区话（西南官话）外的其他五片方言都较接近，上声与岳阳县（湘方言、赣方言交叉）话调值相同，与湘阴话接近，去声与岳阳城区话最为接近。因此，巴陵戏声调既能体现湘方言的声调特点，也与西南官话的声调有共通之处。

巴陵戏遵循戏曲艺术因字行腔的规律，因此巴陵戏规范后的四声用于舞台语言的唱腔之中后，字音声调的不同自然影响唱腔旋律的高低升降。语言字调的音程关系影响唱腔的旋律结构，带

---

① 赵元任．湖北方言调查报告二册［R］．上海：商务印书馆，1948：1307，1331．

② 湖南省文化厅．湖南戏曲音乐集成［C］．长沙：湖南文艺出版社，2009：1556．

来了岳阳巴陵戏声腔的地方化,使巴陵戏的音乐唱腔具有浓厚的湘北地方特色。如《三审刺客》中闵爵唱的一段南路二流中的两个下句唱腔:①

[乐谱：贺道安 在一旁行坐 不(呃)安]

[乐谱：怎奈是 无凭据定案 却难。]

"在一旁"为去—去—阳,"无凭据"为阳—阳—去;"不安"为去—阴,"却难"为去—阳。尽管两句唱词同属南路二流的下句,节奏也基本一样,但由于字调及其连接方式不同,旋律的进行也就各异了。

由于巴陵戏的去声字较多,而巴陵戏去声字的音调与普通话上声字音调接近,故在行腔中大量去声字音值引起音程大跳,三度、五度甚至是六度、七度,带来高低起伏等多种不同旋律的去声字效果,凸显了巴陵戏浓郁的地方特色,为湘北人民及湘、鄂、赣边区人民所喜闻乐见。如《六郎斩子》中杨六郎唱的一句北路慢皮唱腔:②

---

① 吴兆丰. 湖南戏曲音乐集成·岳阳市卷［C］. 文化艺术出版社,1997:41,42.
② 吴兆丰. 湖南戏曲音乐集成·岳阳市卷［C］. 文化艺术出版社,1997:144,145.

[慢皮]

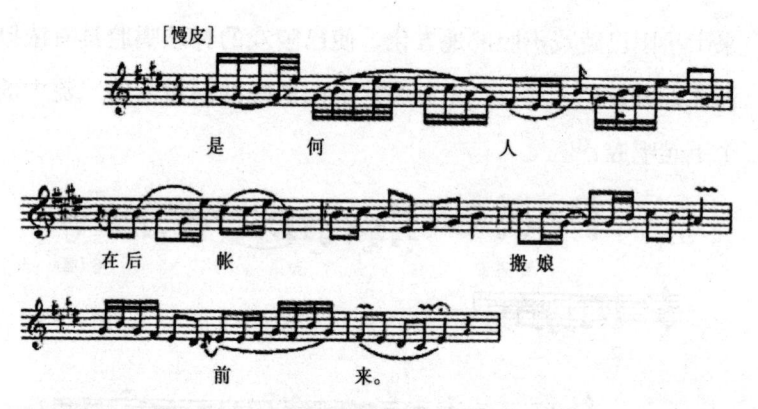

是 何 人

在后帐　　　搬娘

前　来。

此句唱词中的"是"、"在"、"后"、"帐"四个字，巴陵戏均作去声字唱，旋律受其字音大跳的影响，具有一定的特点。

可见，巴陵戏音乐旋律的高、低、升、降受到字音声调的影响，为同一种曲调配上不同声调的唱词，将会导致不同旋律的产生。当然，巴陵戏语言的声调并不是生搬硬套地运用四声格律演唱，而是可以根据不同行当的嗓音特点、音乐的风格流派等，进行灵活的变通。比如，当一段唱腔中出现重复多次同一声调的唱词时，便可通过语言字调的进行方向，运用字音的调值，根据演唱的情绪及演员嗓音等，对音乐作出各种不同的处理，唱出旋律不同的腔调来。

巴陵戏中声韵的方言化大大丰富了剧本语言的表现力，如剧本《秋江》中有一段：

陈妙常：公公，天边飞来什么？

艄公：乃是"砖头鸟"。

陈妙常：哎，乃是"鸳鸯鸟"！

由于一些普通话中 [tʂ]、[tʂʰ]、[ʂ] 与合口呼拼合的字在巴陵戏中同方言一样声母都变成 [tɕ]、[tɕʰ]、[ɕ]，因此"砖"的发音为 [tɕyen]，与"鸳"的发音 [yɛn] 非常相似，以至于没有多少文化的艄公将"鸳鸯鸟"当作了"砖头鸟"，在剧情中闹了一个笑话。由方言发音引发的谐音笑料是巴陵戏中常用的插科打诨方法之一，这种以乡音俗语造成的幽默能迅速拉近和广大岳阳本土群众的距离。

　　戏曲是视听艺术，相对于词汇和语法而言，语音是观众最先感觉到的语言单位，其与听觉艺术的关系也最为密切，语音的"好听"对戏曲至关重要，但好听的标准必须由其接受群体判定。以乡音乡语传达乡俗乡情，使得巴陵戏获得了岳阳地区及其周边最广大的受众群体。因此可以说，巴陵戏的语音的地方化是其生命力的源头。[①]

　　岳阳巴陵戏的表演是载歌载舞、唱念相间的，它源于生活，但不是单纯地模仿生活，而是将生活进行夸张和美化。因此，巴陵戏舞台人物的道白，不同于平常人说话，是用讲究的韵白、戏白等，来表现人物身份、性格及不同的地域特征，此外还有各个省市地方的方言白口，各行均有白口重工戏。道白因唇齿音多，故十分注重口劲及口风的训练，"西厢小姐要酒钱"是巴陵戏最常用来别乡音和练口齿的一句道白。[②]

[①] 杨璟. 戏中乡音最动人——浅析巴陵戏语音的本土化特色 [J]. 北方文学（下半月）. 2012, (7): 64—65.

[②] 杨婷. 岳阳巴陵戏艺术特征和保护传承研究 [D]. 长沙: 湖南师范大学硕士学位论文, 2011: 40—41.

"巴陵戏的道白除常用的韵白、戏白之外,也有京、苏、川、淮、晋、沔阳、通城等方言白口,用以表现某些人物不同的地域、身份和性格。"①

戏剧,从来都是群众欣赏的艺术。戏剧的语言,应该是群众能够听得明白的雅俗共赏的语言。② 这就是所谓戏曲语言的"本色",用冯梦龙的话说就是"常谈口语而不涉于粗俗"。③ 巴陵戏唱本里随处可见通俗质朴、富有特色的生活化方言口语,如《今上岳阳楼》第六章齐浪飞与斯光的对白,唱词就使用了"砍头只有碗大的疤"、"屁股有屎胭脂搽"、"扯麻纱"、"填嘴巴"、"乱嚼牙"、"谁认得你是老几哟"等口头语词,既浅显易懂又生动形象。滕子京用"仕途本是头顶水"告诫斯光,为官为人要走正道。方言中,人们就常常用"头顶水"、"手捧油"比喻做人做事须小心谨慎,把握好平衡的分寸,以免"水洒油泼"。再如《莲台收妃》中,各个使臣朝拜周懿王,使臣丁的自我介绍,就显得十分生动有趣:

使臣丁:头戴歪歪帽,身穿歪歪衣,歪歪帽,歪歪衣,歪衣歪帽一扎齐。耶律罗,奉命进贡,打道前行。

先用"歪歪帽"、"歪歪衣"这两个BBA式的口语词对使臣

---

① 江学恭. 巴陵戏 [J]. 湖南档案. 2000, (3): 41—42.
② 鲁丹. 戏曲语言要有雅俗共赏特色 [J]. 新闻与写作. 1995 (2): 29, 30.
③ 秦学人等. 中国古典编剧理论资料汇辑 [C]. 北京: 中国戏剧出版社, 1984.

丁的服饰进行描写，然后再来一个蝉联与反复，把其服饰特点勾勒了出来，可谓形象至极。最后的"一扎齐"是湘北地区经常使用的一个口语化词语，用来形容东西极为整齐有序。这一极具地方特色、生活化的词语让人产生身临其境的感觉，既生动形象又幽默风趣，极富表现力。

再看《乌金记》中的一段对话：

  禁子：哎嗨。禁子，禁子，生成的性子，就是我的大舅子，也要打他要银子，做什么的？

  周陈氏：禁大哥，我心乱如麻，无有带的银子，求禁大哥行个方便。

  禁子：方便，你也方便，他也方便，难道让我们做禁子的把嘴巴挂在树上喝西北风不成啊。

  周陈氏：禁大哥若不开监，我就要跪，跪，跪死在监门之外。

  禁子：嗨，我最怕别人哭了，你晓得我也是铁打的糍粑心，你要我拿钥匙拿得赢啦。

这里说的是周陈氏去监狱探监，禁子趁机找周陈氏勒索银两。整段对话极为生活化、质朴通俗、浅显易懂。禁子的台词共有三处用语精妙之处：其一，"就是我的大舅子，也要打他的银子"。俗话说："至亲莫过于郎舅。""大舅子"常被老百姓用来代指至亲的亲缘关系。要想探监，就算是自己的大舅子也须留下银子才行，可见其贪婪。其二，"把嘴巴挂在树上喝西北风"。禁子

277

以此表明自己要银子有理。其三,"铁打的糍粑心",反映这个禁子并不是一个完全没有良心的市侩小人。

在腔句中间常会加入一些衬词,它们的加入使巴陵戏有了自己的行腔韵味,能使整首唱词更显得活泼、轻松。例如:

天降东(呃)风(啊),顺从(啊)吾邦,只烧的曹操肝胆丧,八十三(哪)万,无有这下(哪)场。(《黄鹤楼》)

在议事厅(啊)审刺客,他无言诡辩,贺道安(啊)在一旁行坐不(呢)安,我猜疑(哟)刺君贼是他派遣(啊),怎奈是(呀)无凭据定案却难(啊)。(《三审刺客》)

第五章　湖南方言与本土曲艺

湖南曲艺品种繁多。据《中国曲艺志·湖南卷》统计有42种常见曲艺品种，如丝弦、渔鼓、长沙弹词、祁阳小调、嘎琵琶、太平南曲、地花鼓、薅草锣鼓、华容番邦鼓、丧鼓、说鼓、对鼓、跳三鼓、三棒鼓、长沙大鼓、单人锣鼓、花鼓坐唱、嘎堂套、春锣、干龙船、师门傩歌、梯玛神歌、赞土地、莲花闹、九子鞭、雷却、甘结、排话、圣谕、古老话、独角戏、款古、评书、围鼓、顺口溜、快板、笑话、三句半、相声、数来宝、快板书、林擂拉戏。在此我们选择其中具有代表性的几种加以考察。

第一节　丝弦

一、湖南丝弦概况

湖南丝弦又名弦子腔、弦索腔，是一种传统的民间曲艺形式，因其演唱时主要是以丝弦乐器（如扬琴、琵琶、月琴、三弦、京胡、二胡等）伴奏而得名。

丝弦最初起源于明代的民歌小调、时调小曲，最早流传于江浙一带，尤以苏州、扬州等城市为盛。后来从长江下游（下江）沿着长江水路，随着不同身份的人，如不得志的官员、诗人、商人、乐师、歌女等流传到各地，传入湖南的具体年代很难考证，只能得出一个大致的时间段。它们与湖南各地的民间音乐结合起来，经过不断演变逐渐发展为丝弦。

湖南地处长江一侧，境内洞庭湖联结湘、资、沅、澧四大水系并与长江贯通，在以水运为主要交通手段的古代社会，这不仅促进了商业经济的繁荣，也有利于民间文艺的传播。特别是由于商业经济的迅速发展，城市人口的大量集中，在文化生活匮乏的情况下，"丝弦"这种反映有闲阶级思想与生活的"雅乐"，很快获得文人和小市民们的好评，变成"人人习之，人人听之"的民间文艺。

明末清初思想家湖南衡阳人王夫之在《夕堂永日绪论·内编》中说："《清商曲》起自晋、宋，盖里巷淫哇，初非文人所为；犹今之《劈破玉》、《银纽丝》耳。"[①]《银纽丝》是明中叶以来广为流行的民间曲调。它传入湖南后，各地丝弦都采用了这个曲调，至今传唱不衰。由此推之，约在王夫之的时代即明末清初，丝弦在湖南就已流行了。

丝弦在发展过程当中先后形成了两大体裁——丝弦段子和丝弦戏。丝弦段子往往是选取生活的一个片断加以表现，主题相对

---

① 王夫之. 夕堂永日绪论·内编 [A]. 船山全书 [C]（第15册）. 岳麓书社，1985：10.

集中，篇幅短小，唱词简洁，形象塑造虽不够丰满却鲜明生动，演唱者"一人多角"，"进进出出"，完全是一种曲艺形式，牌子丝弦为其基本音乐。它是丝弦发展初期的代表。丝弦戏是在丝弦段子的基础上发展起来的，表现容量较大，形象塑造丰满，有比较完整的故事情节，有多人分角色演唱，类似一种戏剧结构，板子丝弦为其基本音乐。

湖南丝弦最初由一些民间乐师、歌女演唱，后从演唱时令小曲发展到丝弦段子和简单的丝弦戏。清代中叶以来，特别是嘉庆、道光以后，适应不断壮大的市民阶层审美趣味的丝弦艺术开始成熟。各地形成了专门演唱丝弦的专业组织——丝弦班社。就长沙一地，咸丰后，专业的丝弦班社就有十多家，当时，商业主或为了招徕生意，或为了红白喜事，纷纷邀请丝弦班社登门演出，并重金酬谢。由于丝弦的声誉颇高，在民间曲艺演唱中成为一种高雅形式。

丝弦班社和大批的艺人散居于湖南各地，结合当地的民间音乐，又各自形成了不同的丝弦风格，出现了以其流传地域命名的丝弦，如常德丝弦、长沙丝弦、浏阳丝弦、平江丝弦、衡阳丝弦、邵阳丝弦、武冈丝弦、辰溪丝弦、津市丝弦等，以常德丝弦最为繁盛有名。各地丝弦，总的曲调变化不大，主要在语言上有些方言差别，均统称湖南丝弦。[①]

清代末年，社会动荡，钻研诗词歌赋的文人减少，丝弦创作近于枯竭。此后由于京戏的传入，过去的丝弦活动场所，逐渐被

[①] 唐剑萍，唐运善.湖南丝弦的源流［J］.船山学刊.2005，(1).

京戏清唱取代，丝弦由此衰落下去。

20世纪50至60年代，湖南丝弦推陈出新，再度辉煌，可惜"文革"中遭遇重创。20世纪80年代一度焕发生机。时至今日，除常德丝弦余音尚存，湖南丝弦中其余各支都已基本沉寂。

二、常德丝弦

常德丝弦也称老丝弦、丝弦戏，是湖南丝弦的主要分支，是一种以唱为主、说唱穿插交替的民间表演艺术样式，流行于湖南常德沅江、澧水一带，它主要分布于鼎城区、石门县、桃源县、汉寿县等地，因为以扬琴、琵琶、三弦、京胡、二胡等弦乐为伴奏乐器，且流行在常德地区，它的最大特点是用常德方言演唱，故通称"常德丝弦"。它是中国十大地方曲艺之一，也是湖南曲艺中最具有代表性的曲种。

常德丝弦源于明代江苏、浙江两省流行的时调小曲。常德"左抱洞庭之险，右扼五溪之要"（《常德市志》），南毗益阳，北连荆襄，占据了得天独厚的水路交通地利，自古以来便是湘西北重要的水路交通枢纽和政治文化中心。明清之际，常德是湘西和川黔交通枢纽，货物集散地，各地商家在此云集。商人频繁往返于四川和下江一带，四川和下江一带名流乐师、歌女，安徽的凤阳花鼓歌女经常往来常德卖艺，这些时调小曲由此传入常德，与常德方言融合，逐渐演变为常德丝弦。[①] 清道光年间，以演唱小曲为业的歌妓和丝弦班社在各地纷纷出现。与此同时，丝弦艺人

---

① 朱之屏. 湖南丝弦音乐 [M]. 长沙：湖南人民出版社，1955：10.

们也常与文人墨客一起整理编写丝弦唱本。清末，丝弦的木刻唱本在常德肖福祥商号问世后，常德、澧县等地形成了作坊刻印唱本一条街，所刻唱本有《孟姜女寻夫》等曲目及一些小调曲牌，这些刻本被称为"调子书"或"堂班调"。从此，常德丝弦曲牌在大街小巷流传开来。①

关于常德丝弦的起源还有一说法。根据常德市桃源县民间艺人邓冰清所述，"常德丝弦在元朝时就已出现，因为当时元朝将人分为四等，南方汉人，被分为第三等。这种不平等的等级制度在政治和仕途等方面都限制着汉人的发展。因此，一些在朝为官的汉人不满这种制度，辞官回家或周游各地，把北方的音乐带到常德，并受到当地音乐的同化而逐渐产生"。②

20世纪70年代，一曲常德丝弦《新事多》唱红了大江南北，曲中"社会主义新事多，新事要用火车拖呀依儿哟呀依哟，依哟依儿呀依哟"等唱词一般的人都能随口哼出几句来。这让常德人感受到了丝弦的价值和魅力。1996年年底常德市委市政府响亮地提出了"振兴常德丝弦艺术"的口号，第二年常德丝弦艺术团在鼎城区正式挂牌成立，从此常德丝弦有了专业表演团体。2006年被批准为首批国家非物质文化遗产，编号V-27。

常德丝弦音乐是一种集"说"（白）、"唱"（腔）、"表"（作）为一体的说唱艺术，以"唱"为主，"说"、"表"为辅。

---

① 王炎琪，田正铁. 常德丝弦产生的历史渊源及其发展[J]. 船山学刊. 2008，(2).

② 转引自蒋林. 常德丝弦语言特色与演唱艺术研究[D]. 长沙：湖南师范大学硕士学位论文，2007.

丝弦唱腔音乐有人认为可分为牌子、板子和渭腔。[1] 牌子丝弦是由各种不同的曲牌和小曲小调组成，根据演唱时各曲调的结构，可分为单曲体和联缀体两大类。板子丝弦是常德丝弦音乐中一种有板式变化的唱腔，是常德丝弦音乐中最规范完备，也是最有特色的基本声腔，下分形成于明末清初的"老路"和民国初年由四川玩友万斌成传入常德、桃源一带的"川路"两类。常德传统高腔丝弦又叫渭高腔、逗霸高腔，根据不同旋律风格和韵味，可分为金渭、银渭、平渭、汉渭和高渭五种不同的声腔。常德高腔丝弦完全具备高腔音乐的条件。它的旋律结构是由常德口语化的民间说唱和结束时一领众和的甩腔组成。一般曲调在前面说唱时用常德口音加上千变万化的节奏来完成，具有典型的说唱音乐特点。[2]

渭腔是一种有板无眼朗诵性的数板。它的特点是半说半唱，说中有唱、唱中带说，具有幽默诙谐的情趣。因此，这种曲调不受唱词字数和句数的限制，其旋律的进行、节奏的划分可按唱词的句数、字数以及感情的需要，以字发音，以情扩腔，有很大的灵活性。由于它的旋律构成和行腔方法，均按常德方言的韵律加以组织，特别强调"按字行腔"，因而具有浓厚的地方色彩和乡土气息。例如《双下山》曲目运用的渭腔：[3]

---

[1] 中国曲艺志全国编辑委员会. 中国曲艺志·湖南卷 [M]. 北京：新华出版社，2000：245.

[2] 毛矗. 论常德丝弦的分类和调式 [J]. 中国音乐（季刊）. 2005，（1）.

[3] 黄挥. 常德丝弦 [J]. 中国音乐. 1982，（4）. 黄挥. 常德丝弦音乐 [J]. 中国音乐. 1988，（1）.

  常德丝弦采用以常德市老高山街为中心的常德方言演唱。[①]常德话虽属西南官话，但在语音上与普通话还是有不少差异。如在声母方面，常德话没有 zh、ch、sh 与 z、c、s 之分，普通话的"你知不知道"、"你吃饭了吗"、"你是学生吗"用常德话来说就成了"你 zi 不 zi 道"、"你 ci 饭了吗"、"你 si 学生吗"，其结果是普通话的一七辙中有韵母［-i］（前、后），而常德方言的西奇辙只有［-i］（前），无［-i］（后）。在普通话里声母念 l 的字，在常德方言中声母读成了 n，如"路"常德方言念 nou。有些字普通话声母念 zh，在常德方言中念成了 j，如"珠猪主住"字发 ju 音。普通话中的唇齿音 f、舌根音 h（普通话中念合口呼韵母的字）在常德方言中经常混。如"还"常德方言念 fɑn。

  常德丝弦运用常德方言的十三辙来演唱。常德丝弦的唱词采用的十三辙与普通话十三辙基本对应，分别为巴沙（发花）、波罗（梭坡）、捏铁（乜斜）、乌胡（姑苏）、西奇（一七）、开怀

[①] 刘友军. 浅谈常德丝弦音乐的艺术特色及创新［J］. 大众文艺（理论）. 2008，（9）.

285

(怀来)、亏威（灰堆）、收侯（由求）、鸟条（幺条）、寒山（言前）、庚新（人辰）、江黄（江阳）、风松（中东）。发音基本一致的有巴沙（发花）、西奇（一七）、鸟条（幺条）、寒山（言前）。一些韵辙变化较大，存在一些韵辙转化的现象，如：(1) 普通话乜斜辙中声母为 j、q、x，介母为 ü 的撮口呼团音字，在常德话中变韵易辙，均归波罗辙，如"觉"、"却确"、"学"在常德话里分别读 jio、qio、xio。(2) 普通话姑苏辙中，凡声母为 zh、ch、sh、r 的 u 韵字，例如"朱"、"出"、"书"、"人"等，均化合口呼为撮口呼，归西奇辙 ü 韵；声母为 d、t、l 的 u 韵字，在常德中归收侯辙，例如"图土突"、"路"分别读 tou、lou。(3) 普通话梭波辙中的 e、o 韵，在常德话中存在着 e、o 互易的转韵规律。普通话中声母为 b、m，韵母为 o 的原入声字，如"伯"字，常德话读成 e 韵；普通话中零声母及声母为 g、k、h 及个别声母为 l 的 e 韵字，如"哥"、"可"、"喝"、"乐"等均读如 go、ko、ho、lo，归 o 韵。(4) 普通话怀来辙中声母为 b、p、m、z 的部分 ɑi 韵字（主要为原入声字），在常德话中归波罗辙，如"白百"均读 be，"拍"读 pe，"脉"读 me，"摘"读 ze 等。(5) 普通话灰堆辙中个别 ei 韵字（原入声字），在常德话中也归波罗辙，如"北"、"黑"分别读 be、he。常德方言中，没有 uei 韵，普通话中的所有 uei 韵字在常德话中全部都归入 ei 韵，如"岁"读 sei，"翠"读 cei。正是这些韵辙的转化使常德丝弦散发着迷人的地方特色，也是区别其他地方语言的重要特征。

此外，常德方言的韵母与普通话相比还有一些不同之处，如：(1) 舌尖中音不与合口呼相拼，在普通话的读音上去掉 u 介音，如"段"字就读成 dan。（2）把普通话中舌尖后音与合口呼相拼的音，读成舌面前音与撮口呼相拼，如"春"字读成 qun，"双"字就读成 xuang。（3）普通话中的后鼻韵 eng、ing，常德方言中发成前鼻韵 en、in。如"能"字读成 nen，"星"字读成 xin，"英"读成 yin。因此，普通话的中东辙有韵母五个，即 eng、ing、ueng、ong、iong；而常德方言的风松辙无 eng、ing 和 ueng 韵，只有 ong、iong。（4）l、n 不与 ü 相拼，如"女旅"字在常德方言中都读成 yü。（5）普通话中的一部分 iao 韵母字（主要是古入声字）在常德方言韵母变成 io。如"脚"字读成 jio 等。

常德方言除十三道大辙以外，还有两道"儿化韵"的小辙：小寒山儿辙，小庚新儿辙。小寒山儿辙涉及寒山辙、巴沙辙、开怀辙，收音 r 前的主要元音是 a，如窗帘儿、女孩儿等。小庚新儿辙涉及庚新辙、亏威辙、西奇辙、波罗辙、捏铁辙、乌胡辙，收音 r 前的主要元音不是 a，如烟叶儿、媳妇儿等。

韵辙的转化以及"儿化韵"都有助于凸显常德方言浓郁的地方特色，彰显常德丝弦独具一格的魅力。

常德话声调的调类与普通话的调类是相同的，但是调值却不相等。从调值来看，常德话与北京音仅阴平调一样，都是高平，调值为 55，其余则不同。常德话的阳平为低升调，调值是 13，北京音为中升调，调值为 35；常德话的上声为中降调，调值为 21，北京音则是降升调，调值 214；常德话的去声为中升调，调值为 35，北京话则是全降调，调值为 51。

语言存在一种自然的音乐性，一字一词都有它的基本韵律，这是唱腔旋律发展的基础；加上音乐自发的旋律性，而形成唱腔。常德丝弦腔调的形成以常德方言作为基础。常德方言的阴平为 1，阳平为 6 1，由标准音的下方三度滑到标准音，上声为 35 是标准音的下方六度到下方四度，没有回旋。去声刚好与普通话相反音调为 35 1，由标准音的下方六度滑到标准音，尾音往上扬。① 常德丝弦就是以这样的方言声调为基础，在旋律上进行创腔，旋律特点不仅优美，并且富有浓郁的地方特色，如：

$$3\ \underline{1}\ 3\ \underline{1}\ |\ 3\ 5\ 5\ |\ 3\ \underline{1}\ 3\ |\ 6\ 5\ |\ \underline{6\ 1\ 5}\ \underline{6\ 1\ 5}\ |\ 5\ 1\ 2\ |$$
拨　动　琴　弦　唱　起　歌　哇　如　今　农　村　新　事　多

若按北京话的音调标准，它违背了"以字行腔"这一创腔原则，但是，按常德话的音调标准则不存在"倒字"的问题，反而构成了常德丝弦的特色音调。旋律与常德方言语调的密切结合所构成的音调是区别于其他曲种的重要因素，常德丝弦经过这几百年的传承、发展与演变，它的旋律走向根据唱词的语调特点有了一定的规律，如旋律中多用三度、五度、六度和七度音级，阴平字调的音在旋律中多落在 5 音，其次是 6 音上；阳平多用上行小三度，上声多用下行三度或二度音，去声一般是上行小六度或小七度，如：

$$\overset{3}{\underline{5}}\ |\ 5\ \underline{3\ 2}\ |\ \overset{8}{\underline{6}\ 5}\ |\ 5\ \overset{8}{\underline{5}}\ |\ 3\ \underline{2\ 1}\ |\ 6\ 1\ |$$
不　　　由　　老　身　　气　　满　　喉

在字与字的结合上，阴、阳、上、去四音调，按着这个顺序，前面的音调与后面的结合一般旋律呈下行，反之，后面的与前面音调相结合，旋律一般呈上行，如：

---

① 蒋林. 常德丝弦语言特色与演唱艺术研究 [D]. 长沙：湖南师范大学硕士学位论文，2007.

```
3 5 i̲ i̲ 3̲ 3̲ | i̇. 5 6 5 |
如    今 修 起 了    居 民 村
```

"如今修起"是阳平、阴平、阴平、上声,按以上规律旋律先要上行,然后下行,即先扬后抑。后面的"居民"二字的音调也是下行。

遵循以上规律,上行六度一般用在去声音调到阴平音调,上行七度用在上声音调到阴平音调或阳平音调到阴平音调,下行六度用在阴平到上声或阴平至阳平。当然,这只是一般规律。在创腔过程中根据唱词内容和情绪的需要,也可以适当作一些变化。

要做到"字正腔圆",常德丝弦的演唱,不仅要从内容出发、以情带声,还要使唱腔尽可能地服从唱词字调,"依字行腔"或"以腔带字",它们是使唱腔达到"字正腔圆"的重要手段。演唱常德丝弦的曲牌体或它的"变体",常常因唱词字调不同使旋律装饰上产生许多变化,这是"依字行腔"引起的,如《剪剪花》中的第一句:①

```
 8        8      8      8
 5    5 | 3  i | 5  i | 6  5
桃 红 柳 绿  百 花  香(啊)
```

"桃红柳绿百花香"的唱腔十分接近常德方言声调走向,旋律具有明显的方言特色,字与声的结合展示出浓郁的楚香雅韵。

新创编曲目《新事多》就是以《剪剪花》的曲调为基础而进行创腔,为了不影响曲牌的原有风格,旋律保持基本相似,但仍

---

① 常德丝弦音乐集成编辑委员会. 常德丝弦音乐集成[C]. 长沙:湖南文艺出版社,1999:10.

然可以看到演变的痕迹。可以看到，依据歌词的不同，旋律在音调大致相同的情况下还是有所区别的：①

拨 动 琴 弦 唱 起 歌（哇）

两首曲调前面几小节（第一句唱词）都是以 3 5 i 6 为基础，围绕它们进行回旋，但它们的组合却不一样：前者是 3 5、3 i、3 5 i、6 5 与词结合，而后者是 3 i、3 5、3 i 3、6 5 与词结合。这就是"依字行腔"在常德丝弦音乐中的用例。

在唱腔中，"字正"当然是必须的，但是"倒字"也往往在所难免。常德丝弦在创腔或演唱过程中，在力求达到"字正"和补救"倒字"时，常见的方式是用"装饰音润腔"、"改腔就词"或"改词就腔"。② 如《乒乓调》中的第一句唱词：

对 门 山 上 一 庙 堂

第一小节由 5 和 i 两音级构成，但与词结合后出现倒字，为了不改变曲调的基本框架和特点，就在主干音前面加上装饰音 3，这样既实现了"字正"，也保留了旋律原有的特色风格，这种装饰音创腔是常德丝弦"一曲百唱"的重要手段之一。

在常德丝弦的演唱中，去声音调的音头经常用前倚音的形式

---

① 常德丝弦音乐集成编辑委员会. 常德丝弦音乐集成 [C]. 长沙：湖南文艺出版社，1999：163.

② 姜昆，戴宏森. 中国曲艺概论 [M]. 北京：人民文学出版社，2005：346.

来演唱，这是使唱词做到"字正腔圆"的一种手段。如：

$$\frac{3}{7}\widehat{1\ 5\ 6\ 5}\ |\ \widehat{1\ 6\ 5}\ |\ \frac{3}{7}\widehat{5\ 1\ 6\ 5}\ |\ \widehat{3\ 2\ 3\ 6}\ |$$
下河　　挑担　沅江　　水

句中的"下"、"沅"字的音调就是往上扬，根据字的语言特点就用前倚音与唱词的音调相结合，从而产生一个极富地方特色的声调。根据常德丝弦旋律与音调的关系，去声是它的特色音调，音的走向是往上扬，形成一个向上的小六度。在常德丝弦的演唱中，去声音调的音头经常用前倚音的形式来演唱（如上例中的去声字"下"），这是使唱词做到"字正腔圆"的一种手段。

常德丝弦的唱词中如果出现了轻声，便要严格地按照轻声来唱，这既是依字行腔的必然结果，也是甜润俏丽的曲风特点。①

许多极富地方特色的方言俚语和衬词出现在常德丝弦唱词中，如《打水仗》中的一段：②

　　天呀天黄黄，地呀地黄黄
　　乡里的伢儿打水仗，打呀打水仗
　　打得水花眯眼睛
　　打得笑声绕山梁
　　听见妈妈一声喊嘞
　　伢儿，才想起大彩电里的动画片会开张
　　不晓得，哪个雀包鬼，偷走了俺那前遮胸

---

①　于艺. 常德丝弦的演唱艺术 [J]. 艺术探索. 2012，(5).
②　蒋林. 常德丝弦语言特色与演唱艺术研究 [D]. 长沙：湖南师范大学硕士学位论文，2007.

后遮背前挡肚皮后蒙屁股的小衣裳

唱词中的"伢儿"、"开张"(开始)、"雀包鬼"(擅长幽默搞笑甚至恶作剧的人)等都是常德本地方言词语。再如《土地官赴宴》中的"这有么得"、"这些我哪么没想到,硬是人老哒"等都是一些极富常德方言特色的俚语和对白。它们在常德丝弦中的运用,不仅增添了它的幽默性、口语性、娱乐性,也体现了它的艺术个性,增强了它的艺术表现力,也使音乐更具亲切感和贴近现实生活,更符合群众的欣赏口味和审美要求。

另外,"呀"、"嘞"、"呢"、"哪么子呕"、"哎嗨哎嗨哟"、"咿儿哟,呀咿哟"、"伊儿哟,伊儿哟,伊儿伊儿伊儿呀伊哟"、"嗦啦妹子哟"等衬词和衬句在常德丝弦表演唱中的运用也是常德丝弦的一个重要特征。

方言的不同使得常德丝弦与湖南湘语系列的曲种形成较大的对比和反差。常德丝弦用常德方言演唱,常德方言属西南官话,与普通话较为近似,所以,常德丝弦的观众几乎没有地域之分,南方人能听懂,北方人也可以听懂。常德丝弦要想在艺术领域里继续生存与发展下去,就必须具备坚实的群众基础,而这个"群众基础"首先就意味着常德丝弦要立足于常德。常德丝弦若不能展示常德地区的风土人情和新时期常德人的精神面貌,音乐和语言不能体现常德的本土特色,那就不能称之为"常德丝弦"了。[①]

[①] 刘友军.浅谈常德丝弦音乐的艺术特色及创新[J].大众文艺(理论).2008,(9).

三、武冈丝弦

武冈丝弦是湖南丝弦的重要分支，主要流传于以武冈为中心的邵阳、隆回、洞口、城步、新宁等地。据《武冈州志》记载，明成祖永乐二十二年（1424），明太祖朱元璋十八子朱楩被封为岷王，迁至武冈，王府在苏杭一带招募女乐歌伶，江浙一带的丝弦音乐随之传入武冈。明亡后，其女乐歌伶流落民间，王宫丝弦随之传到州城茶馆酒肆。武冈为当时的州治，人口密集，商业繁荣，文化较为发达，百艺云集，不同风格的民间音乐和说唱形式竞相媲美，渐使丝弦小调自成一体，形成了武冈丝弦的雏形。清光绪二十一年（1895），张坦宜任武冈州衙从事，擅长昆曲，他与州城丝弦艺人李国珍切磋技艺，在总结吸收其他戏剧唱腔的基础上，对武冈丝弦进行了创作与探讨。当时还有一位名叫钟藻的县衙官人，与同样喜爱丝弦的道士游云龙一起，对武冈丝弦进行过一些词曲的加工。清末民初，丝弦在武冈的街头小巷广为传唱。有钱人家的寿诞婚姻喜庆，以及商家为招引客商往往都有邀请丝弦班子凑热闹的习惯，当时的丝弦还流传到武冈州所属的隆回、洞口、新宁、城步及邵阳一带。到20世纪20年代初，丝弦艺人们自发组织成立了武冈"丝弦会社"，到40年代，武冈丝弦进入繁荣时期。[①] 2006年武冈丝弦被列入湖南省首批非物质文化遗产名录。

---

① 刘国平．湘西南武冈丝弦初探［J］．邵阳学院学报（社会科学版）．2011，（4）．

整体来看，传统武冈丝弦中有雅有俗，各有其服务对象：其牌子丝弦是雅中带俗，多为富家所唱；小调丝弦则是俗中带雅，为贫民所唱。

武冈丝弦中不乏文人的作品，这些作品往往辞藻华丽，有时还极尽堆砌辞藻之能事。如《大四景》：①

> 春色佳，日融和，暖气贮，万紫千红景无边，花开三月天，娇叶嫩如鲜草萌芽，桃似大红柳如烟，玉美人沉醉倒在杏花天。

武冈丝弦并没有纯粹的属于自身的艺术语言语音，因为过去的武冈，经济繁荣，文化也很丰富，容纳了来自天南海北的各种各样的人，注入武冈的艺人和听众也是南来北往，唱者各有所长，听者也各有所好，所以它只好采用南不南北不北的混杂唱法去迎合各种人的胃口，又沾了点祁剧道白，行腔行韵无从找到属于自己的语音语调了。②武冈丝弦"道白是安徽、湖北两种口语的杂合体"③。由于武冈地处湘方言娄邵片腹地，久而久之，武冈丝弦唱词难免掺杂了许多方言俗语词。如《十双鞋》："正月是新年，忙把那鞋子连，连双鞋子送给老公穿。"其中"连"字便是武冈方言词，相当于普通话的"缝"、"做"。④《带起满妹子回》中"满妹子"一词也是地道的方言词，"满"其实是"晚"字，

---

① 邵阳地区戏剧工作室编印．武冈丝弦（铅印本）[C], 1979：43.
② 郑爱华．武冈丝弦艺术研究 [D]．长沙：湖南师范大学硕士学位论文，2010：17.
③ 曾艺．武冈丝弦的传承与发展 [J]．艺海．2008, (4).
④ 邵阳地区戏剧工作室编印．武冈丝弦（铅印本）[C], 1979：58.

武冈话中排行最末用"晚"来表示,武冈话中"晚"与"满"读音相同,俗写成"满"字。

跟湖南丝弦其他曲种一样,武冈丝弦亦采用大量的衬字。《采菜苔》就是采用了同劳动节奏相关的衬字如"得儿哟"、"得儿"、"嗯得哟",恰到好处地烘托和渲染了劳动的气氛。

《采花调》、《卖饺子》不仅使用了"咿嘟呀嘟外嘟外"、"哎呀"等衬词,唱词也完全是口语化的白描。《剪剪花》也是清一色的口语。

第二节 渔鼓

一、湖南渔鼓概况

渔鼓(道情)在湖南的主要流布地区有衡阳、邵阳、常德等地,一般在渔鼓之前冠以地名,如衡阳渔鼓、常德渔鼓、祁阳渔鼓、湘西渔鼓等。也有少数地区称之为"道情",如长沙道情等。《湖南音乐普查报告》中提到:"有人说,渔鼓就是道情,原来是道家用来讲唱传道的,伴奏乐器只用一个渔鼓和一个简板;据说,在五十年前有人加进了月琴作唱腔的伴奏、前奏和间奏,引起了唱腔方面的变化;又因演唱内容上的改变,人们便改称道情为渔鼓。也有人说,一般人唱称渔鼓,穿道服唱则叫它为道情或是道情渔鼓。虽然目前我们还不能对这些说法作深入一步的研究,但从这些说法里使我们感觉,渔鼓和道情有着某些关系,这并不是不可能的事情。"① 1949 年以后，历次汇演中都统一称作"渔鼓"。

湖南各地民间有关渔鼓起源的口头传说不尽相同：衡阳渔鼓传说是唐时张果老所创，武冈渔鼓传说出自吕洞宾，安江渔鼓传说是韩湘子流传后代的，而常德地区的艺人们传说渔鼓是古代洞庭湖渔民用竹筒蒙上鱼泡后在湖泊中拍打吟唱并以此取乐。杨扬采录了常德市桃源县漆河镇朱浮村村民田正礼所唱的一段渔鼓词：②

渔鼓本是南山竹，生在须眉大山头。
东有一支朝东海，对准东山定神州。
南有一支朝南海，对准南山定部州。
西有一支朝西海，对准西山定贺洲。
北有一支朝北海，对准北山定庐州。
上有凤凰来做窝，下有九龙来盘菀。
大发之人不敢砍，小发之人不能修。
五月南风涨大水，老龙触断南竹菀。
小水送出三江口，大水送到淮安大码头。
张郎拿斧来砍倒，鲁班同把渔鼓修。
去了颠，去了菀，只留中间一尺九。

---

① 中国音乐研究所编. 湖南音乐普查报告[R]. 北京：音乐出版社，1960：425.
② 杨扬. 湖南常德渔鼓调查报告[D]. 北京：中国艺术研究院硕士学位论文，2005：18.

张郎鲁班齐动手,渔鼓修成两节兑(桃源音 dòu)。

曹国舅赐我云牙板,老君赐我太极图。

龙王赐我定海针,王母娘娘赐衣袖。

雷祖爷赐我腹心油,哪吒赐我乾坤箍。

一堂渔鼓修成就,正如湘子把行修。

吕洞宾汉钟离是余下师祖,余下也是仙人一脉留。

五湖四海交朋友,各府州县摆码头。

南京好玩我也走,北京好玩任我游。

白天不带钱和米,夜晚不带点灯油。

金銮殿上参万岁,三宫六院拜皇后。

文官衙内我也走,武官府内拜诸侯。

相公房里我也走,小姐闺中任我游。

白天不怕人盘问,夜晚不怕贼盗偷。

今天到了贵码头,拜访各位众朋友。

我是文盲大老粗,若有出错莫追究。

种种说法都是传说,不足征信。但有一点是一致的,渔鼓道情的起源发展与道教道士有密切关系,是宣传道家思想的民间文艺形式。

据史料记载,渔鼓在明末清初时就已流传于湖南各地,著名思想家王夫之(1619—1692)曾于清康熙十年(1671)仿元末明初湖北武当山著名道士张三丰之《四时道情》、《五更道情》、《无根树》等,发挥丹道修养之说,戏作《愚鼓词》27首,借以抒怀。其《谴兴诗》云:"珍重智灯逢室暗,凄凉愚鼓被人敲。"愚鼓系渔鼓之谐音，为诗人自谦之意。[1]

清末，常德、澧水一带曾出现一批半职业化的"打渔鼓"的曲艺艺人，他们在四乡流动演唱，农忙务农，农闲从艺。同治、光绪年间，湘军将士纷纷衣锦还乡，经常出入于茶楼酒馆，促进了城市畸形繁荣，于是渔鼓艺人大规模进入城镇。长沙、邵阳、衡阳、湘潭、澧县等地，均有渔鼓艺人卖唱于街头。[2] 民国时期，湖南战火频繁，灾祸连年，但学艺与从艺的渔鼓艺人却日益增多。渔鼓艺人有的以渔鼓作为行乞手段，在农村沿门卖唱；一些有文字能力、技艺精通的渔鼓艺人则被邀上门演唱或进入城镇坐馆（茶馆、茶楼、酒肆等）演唱。1949年后一段时间渔鼓曾在宣传方面起到过独特的作用。

渔鼓在湖南各地不断与地方文艺、方言和民间生活、习俗等相互融合影响，在长期流变过程中形成了富有鲜明湖南地方特色的曲种。湖南各地渔鼓在说唱表演、曲目内容、语言运用、曲调唱腔、音乐伴奏、演出形式等方面，都具有独特风格和鲜明特色。湘北渔鼓以常德渔鼓为代表。常德与湖北毗邻，受湖北渔鼓的影响较大，同时又吸收汉剧、丝弦及当地其他地方小调的曲调旋律，形成了极具常德地方特色热烈欢快的渔鼓腔调。湘南渔鼓以衡阳渔鼓为代表，传统曲调只有一种，音乐的基本结构形式是：引子过门—渔鼓调—渔鼓（散板）—渔鼓（数板）。渔鼓调

---

[1] 中国曲艺志全国编辑委员会. 中国曲艺志·湖南卷[C]. 北京：新华出版社，1992：67—68.
[2] 中国曲艺志全国编辑委员会. 中国曲艺志·湖南卷[C]. 北京：新华出版社，1992：69.

分七字句与十字句两种唱腔。湘中渔鼓以长沙渔鼓、益阳渔鼓为代表，曲调平稳流畅，宛转动听，旋律性较强，自清末起就对流传广泛的花鼓戏产生影响，至今花鼓戏中仍有具有湘中风格的"渔鼓调"。湘西渔鼓以永顺、花垣渔鼓为代表，曲调粗犷高亢，刚健清新，在基本曲调基础上吸收湘西民间音乐曲调，形成了富有湘西风味的渔鼓音乐。除基本腔调各自不同外，各地的伴奏乐器也有区别。湘西、湘北的渔鼓除用渔鼓筒和简板，还外加一只小镲（钹），湘中渔鼓、湘南渔鼓受戏曲音乐与民间小调影响，使用月琴或三弦随腔伴奏。不同的伴奏形式，一直流传至今。

湖南渔鼓注意吸收多种艺术方法以增强语言的表现能力。如传统衡阳渔鼓的道白有些就采用了衡阳湘剧的戏剧道白方法，请看《滴血珠》中的一段道白："（白）赵虎言道：'包公还在府内。'母女三人，吃完晚饭，次日天明，田氏来开封府衙外喊冤。惊动衙役，禀明包公：'有一妇人，在外叫冤。'包公一听，叫：'人来！''有！'打鼓升堂。调合鼎鼐三公府，燮理阴阳宰相家。老夫，包文拯。人来！''有！''将告状人带上。''晓得。你这妇人，上堂去见包公。'包公道：'你是口诉词状，还是带来词状？''奴有词状一张，请青天观看。'包公接了词状一张，从头至尾，看得分分明明。'老夫与你批准，你暂行回店，自有老夫限日详文。''告别青天哪！'"这一段道白综合运用了说表手段，因采用戏剧道白，说白的代言部分加强了，对表现人物的性格特点有一定作用。

湖南各地的渔鼓与地方语言有着非常密切的关系。方言对于渔鼓的韵律也产生了较大影响。渔鼓作品的创作必须依据当地方言的音韵和声调规律。例如长沙渔鼓必须选用长沙方言的韵辙，常德渔鼓要按常德方言来合辙押韵。

我们以常德渔鼓为例考察方言对渔鼓的影响。

二、常德渔鼓

常德渔鼓分布在沅水流域和澧水流域。常德市属武陵区、汉寿、鼎城、桃源、安乡、津市、澧县、石门、临澧及西湖区、西洞庭均有渔鼓艺人传唱。张家界、湖北等周边县市均流传常德渔鼓。艺人们使用渔鼓筒、小镲（钹）、简板（云板）、竹签作为伴奏乐器。他们过去常在茶馆、孝堂演唱，或春节期间游乡串户沿门小唱，也有应邀至农民家中，为某重大庆典（如婚丧嫁娶、生儿、做周、做寿、建房、搬迁等）或重要节日助兴。民间称他们为"打书的"，而常德艺人们自己称此种出门演唱为"出世"。传统常德渔鼓演唱形式为一人演唱、一人多角，自问自答、自唱自奏，只要有观众需求，随时随地都可以唱独角戏，不择演出舞台和灯光、音响、道具及乐队，不择观众多寡（一两人也行）。如今常德渔鼓不仅活跃在农村文化场所、田间地头及山村角落，更活跃在城市的茶馆酒楼，听众少则几十人，多则数百人，尤其是都市的夜生活时间，听听渔鼓说书成了休闲、纳凉、取悦的一种方式，听众有老有少，并且有年轻化、家庭化的趋势。

基于水系流域的地域差别，常德渔鼓也分成了沅水渔鼓和澧水渔鼓（《中国曲艺音乐集成·湖南卷·常德分卷》称为澧州道情渔鼓）两大支脉。两种渔鼓的主要区别在于语言与腔调。方言的差异是导致两地渔鼓产生区别的主要原因。沅水区域方言调值起伏较大，受其影响，沅水渔鼓曲调（有"老江调"、"云腔"、"哀转调"等）变化多样，音调起伏相对较大。例如常德市桃源县漆河镇朱浮村村民田正礼演唱的《老江调》：①

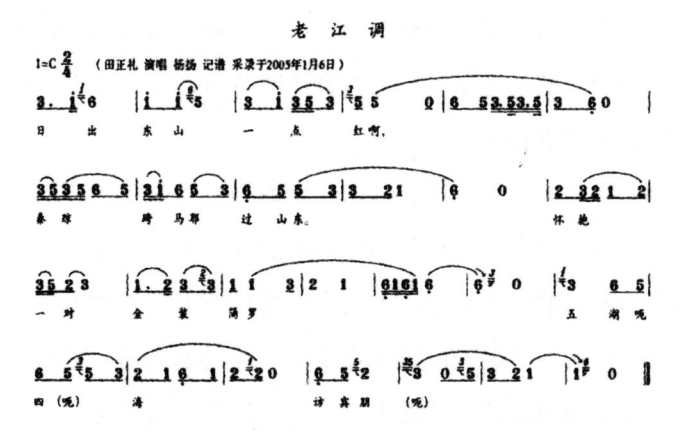

澧水渔鼓则因该地方言调值较为平缓，曲调相对单一，只有"欢腔"、"悲腔"少数几种腔调。不过，正因为其主体音调平缓，所以又在平缓叙事演述的结尾处多用甩腔以形成曲调的补充。请看常德市临澧县太浮镇同心村村民肖业武演唱的渔鼓引子：②

---

① 杨扬. 湖南常德渔鼓调查报告[D]. 北京：中国艺术研究院硕士学位论文，2005：12.
② 杨扬. 湖南常德渔鼓调查报告[D]. 北京：中国艺术研究院硕士学位论文，2005：13.

常德渔鼓艺人大都是土生土长的当地农民，他们的渔鼓演唱具有浓郁、纯正的地方特色，能适应当地农民观众的欣赏品位，所以常德渔鼓在很长一段历史时期内一直是当地农民主要的娱乐形式之一，并在农村保持着相对稳定的受众群与市场。所演唱的渔鼓曲目，语言通俗生动，地方方言韵味浓厚，口语直白，幽默风趣，常常赢得满场喝彩。

掌握故事中的主题和场景，以及掌握当地方言中语言韵律的规律是常德渔鼓艺人们记忆和创作的最主要和有效的手段。在记忆长篇书目的时候，大多数艺人们不是采用背诵全文的方法，而是借助发自内心的兴趣先记忆主要情节和关键的人物、地点和时间，然后根据师傅传授的"韵脚"将故事按渔鼓词的格式和框架重新建构。实际上，在这一记忆的过程中艺人已经在进行他们对传统文本的一种口头创作，从艺人口中唱出的这些传统书目已经不是书面的语言，而是符合当地民间观众文化品位和审美要求，并遵循着当地方言韵律的故事新版本。既然能对传统小说进行口头创作性的记忆，艺人便也在这种经验的积累中，使用同样的方法创作新鼓词。渔鼓艺人们在长期的"打书"过程中，积累了很多临场经验，培养起了一种运用基本的口头"套路"即兴组织和建构鼓词整体内容的能力。在演唱传统或现代长、短篇书目时遵循"引诗—正词—锁口"这样的基本程式。见什么观众说什么话，将平时留心观察到的，发生在身边贴近群众生活的见闻趣事即兴编成渔鼓词，并根据演出场合、目的、时间等灵活调整渔鼓词的内容和情节安排。

渔鼓艺人在创作渔鼓词时要依据民间传承中所强调的"走

韵"方法。"走韵"之"韵"有两种说法：一种是澧水渔鼓艺人所谓的"天地人和，黄花无黑，豺龙虎豹，十二音脉"；另一种是桃源沅水渔鼓所谓的"十二个半韵"，二者实际上大同小异：①

澧水渔鼓	沅水渔鼓	澧水渔鼓	沅水渔鼓
天	言前	无	朱书
地	一吃（音 qi）	黑（音 he）	勒铁
人	根心	豺	怀来
和（音 huo）	波梭	龙	中容
黄	江扬	虎	姑苏
花	发沙	豹	了条

沅水渔鼓比澧水渔鼓多半个"儿"字韵，这是桃源的方言中"儿"化音较多造成的。

这种"走韵"方法使得常德渔鼓唱词的押韵呈现出别具一格的方言色彩，如艺人袁中林回忆，在春节时到农民家中他就这样唱道：②

　　怀抱渔鼓走进来，先给主东把年拜，
　　一送喜，二送财，五送五子登科凯，
　　六送六六大顺开，七送观音坐莲台，

---

① 杨扬.湖南常德渔鼓调查报告［D］.北京：中国艺术研究院硕士学位论文，2005：37.
② 杨扬.湖南常德渔鼓调查报告［D］.北京：中国艺术研究院硕士学位论文，2005：35.

八送八仙把寿拜，九送九根金腰带，

　　十送你荣华富贵传万代，状元拜金街。

　　常德方言"街"念为 gāi，与唱段中其他韵脚押韵，如果用普通话来念就不押韵了。

第三节　弹词

　　湖南的弹词曾流行长沙、湘潭、株洲、益阳、岳阳、湘阴、平江、浏阳、醴陵、宁乡、衡山、耒阳、桃源、南县等地。本节重点考察长沙弹词和益阳弹词。

一、长沙弹词

　　长沙弹词源于道情。清代戏剧家杨恩寿的《坦园文录》中曾详细记载长沙道情艺人张跛于同治二年（1863）演唱《刘伶醉酒》的情形，并说"以鼓板唱道情"，"惟肖惟妙"。后来有了一人弹月琴，一人以渔鼓、简板和小钹击节，二人对唱的"渔鼓道情"。艺人在秋收之后串村说唱，平时在城镇街头卖唱，俗称"打街"，一般是师傅抱月琴弹唱，徒弟持渔鼓简板伴奏或伴唱。1904年，长沙辟为商埠后，茶铺茶馆纷纷涌现，当时长沙城里的说唱艺人有四五十个，有二十多个茶楼设场，日、晚两场，每场听众百人。20世纪20年代中期，长沙艺人周寿云、舒三和等进入茶馆茶社"坐棚"说书，多为艺人自弹自唱。在所有书场中，以火宫殿书场最为有名,说书、弹词艺人在此搭棚演出,1940年后,设有三个书棚,可容纳听众二百多人。20世纪50年代以后定名为"长沙弹词"。[①] 长沙弹词发祥于长沙,流行湖南湘江、资水流域的长沙、益阳、湘潭、株洲、平江、岳阳、浏阳等地。

长沙弹词起自道教音乐,所以最初的主要题材为劝世文,没有脱离道教的内容。如《林英自叹》、《湘子化斋》、《洞宾对药》,都是讲述八仙的故事。到了近代,由于长沙弹词通俗易懂,主要内容是反映人民疾苦,在辛亥革命时期,许多民主进步知识分子常用弹词宣传民主革命思想。如陈天华的长沙弹词《猛回头》中唱道:"俄罗斯,自北方,包我三面;英吉利,假通商,毒计中藏;法兰西,占广州,窥伺黔桂;德意志,胶州领,虎视东方;新日本,取台湾,再图福建;美利坚,也想要割土分疆。这中国,哪一点,我还要分;这朝廷,原是个,名存实亡;替洋人,做一个,守土官长;压制我,众汉人,拱手降洋。"这是典型的长沙弹词,韵白夹杂,散韵结合,痛斥了清政府的无能和帝国主义列强的侵略,激发了中国大众的爱国热情。进入书场后,长沙弹词说唱的题材内容更加丰富,传统的长书有《岳飞全传》、《残唐》、《宝钏记》、《水浒传》等,中短篇有《东郭救狼》、《鲁提辖拳打镇关西》、《武松打虎》、《闯王斩弟》等。

在结构上,长沙弹词由四个部分组成,即书头、道白、唱词、尾声。书头是弹词的开头部分,是一段弹词的引子,一般是四句诗,也有两句、六句甚至八句诗的。道白和唱词是弹词的正

---

① 谢玲玲."长沙弹词"的失落与希望[J].民族论坛.2011,(11):31—33.

文部分，二者以唱词为主，以道白为辅。道白是散文，生动具体，接近口语，分为说白与表白两种，以表白为主。唱词是长沙弹词的主要部分，它是韵文，与曲调相配合，构成长沙弹词独特的艺术形式。长沙弹词的唱词与道白一样，也分为"说唱"与"表唱"两类。尾声是一段弹词的结尾。一般是四句诗，也有的用两句诗或杂言句式的；有用"这正是"之类的套语的，也有不用的。

长沙弹词过去在流动中演出，主要听众是农民群众，以后固定演出，主要流行于城镇之中，市民成为主要听众。因此，长沙弹词的语言要通俗、口语化，用长沙地区的方言演唱，富于地方色彩，听众才易于接受，才倍感亲切。长沙弹词运用的并不纯粹是长沙地区的方言，而是在中州韵的基础上，经过规范化、艺术化了的长沙方言，即是艺人所称"中州韵长沙话"，也就是"长沙官话"。

在声母的发音方面，长沙弹词依照中州韵有两处正音：

第一，长沙方言平舌音与卷舌音不分。如把知（zhi）、吃（chi）、施（shi）念成资（zi）、刺（ci）、思（si），这种咬字在长沙弹词中是绝对错误的，要严格按照中州韵声母咬字，念成 zh、chi、shi。

第二，长沙方言古全浊声母今逢塞音、塞擦音不论平仄都念成不送气清音。例如把"老婆"的"婆"（po）念成 bo，把"同志"的"同"（tong）念成 den，把"骑马"的"骑"（qi）念成 ji。这些也是需要严格训练按照中州韵来读的，有关的平声字要改不送气为送气。

全国通用的普通话韵辙是十三道大韵。长沙弹词在继承规范韵辙上以这十三韵为基础，并且融入了地方方言的特色，形成独具特色的长沙方言十三辙。

长沙弹词的唱词是一组组上下句构成，要求合辙押韵。一段弹词一般是一辙到底，但是根据作品的内容、人物的感情和音乐旋律的需要，也可以中间换辙。长沙弹词采用长沙方言十三辙。因为长沙方言中某些韵辙与普通话有不同之处，所以韵辙分类也不尽相同。依据长沙地区流行的读法，长沙方言十三辙的名称为：豪字韵（嚎字韵）、花字韵、深字韵（弓生韵）、由字韵（游字韵）、富字韵、歇字韵（耶字韵）、弹字韵（谭黄韵）、钗字韵（帅字韵）、衣字韵（提携韵）、亏字韵（魁字韵）、梭字韵、诗字韵、书字韵。长沙方言的花字韵、富字韵、钗字韵、亏字韵、由字韵、豪字韵，与普通话中的发花辙、姑苏辙、怀来辙、灰堆辙、油求辙、遥条辙大体一致。长沙方言韵辙分类与普通话的不同之处有：普通话中的梭波辙包括o、e、uo，长沙方言中的梭字韵没有uo这个韵母。普通话中的一七辙包括i、ü、-i、er，长沙方言中的衣字韵只有i，ü单独成书字韵，-i单独成诗字韵，没有er这个韵母。普通话中言前辙与江阳辙合并为长沙方言中的弹字韵。普通话中的人辰辙与中东辙合并为长沙方言中的深字韵。普通话中姑苏辙韵母为u的一部分字与由求辙合并为长沙方言中的游字韵。此外，长沙方言中没有带儿化韵的小辙。这些都是长沙方言韵辙的特点。长沙弹词是地方曲艺形式，是用长沙方言演唱的，因此在创作、演唱、欣赏长沙弹词作品时，必须了解与掌握长沙方言的韵辙规律。如《贺庆连》中的四句唱词：

307

回想过去舀猪潲，好比随手捡口针；

今日如拿千斤锤，身不由己手不灵。

如果按普通话十三辙，这几句弹词是不合辙押韵的，因为"针"属人辰辙，"灵"属中东辙。但在长沙方言里，这几句弹词押深字韵，韵母是ən、in，做到了合辙押韵。

长沙弹词在声调上沿用湘中方言的五声：阴平、阳平、上声、去声（阴去、阳去）、入声。也有的称六声，即把去声的阴去声和阳去声分列开来。入声是长沙方言中最有特色的声调，普通话里没有。入声的发音是由低到高双声跳动。长沙方言比普通话多一个声调，那么它在弹词演唱艺术中就多了一种表现因素，声调的表现力会更加丰富，入声的延长音也为长沙弹词的拖腔行腔提供了非常好的条件，增加了长沙弹词声腔音乐上的魅力。入声字大多集中在歇字韵和花字韵中，这些音韵的字基本上都是入声字。游字韵、提携韵都是五声俱全的韵辙，也有入声字。

唱词的韵辙和字调对弹词唱腔的音程跳动、旋法、旋律幅度都有影响。[1]

1. 声调对唱腔旋律线条的影响

长沙弹词原来多为男艺人用真嗓演唱，不用旦角的假声，而且说唱艺术多以讲述故事为主，依字行腔，所以旋律的幅度不会很大，通常不会超过一个八度的音域。因此长沙方言的声调影响

---

[1] 雷济菁．长沙弹词唱腔研究［D］．长沙：湖南师范大学硕士学位论文，2007：27.

唱腔旋律线条的方向和运动。如在《东郭救狼》中的第一句：

$\frac{4}{4}$ $\overset{\frown}{2}$ 2 2 5 $\underline{3}$ | 5 3 $\underline{2\overset{\frown}{3}}$ 2 · $\underline{3\overset{3}{2}1}$ |
　　中山一带　　　好风　光，

"中山一带"为阴平、阴平、入声、去声。"中山"二音为同音反复，"一带"的音调是由入声把声调扬高带出"带"字的阴去声，因为去声的调值为55，比阴平的音高33和入声的初始音高2要高得多，因此旋律从5进行到3，而没有回到2。再如：

$\frac{4}{4}$ 5 1 1 $\overset{6}{\underline{2}}$ 5 · |
　　带 动 了 百 姓

在长沙方言中，"带"为阴去声55，"动"为阳去11声，因此旋律线为下行由5进行到1，为五度跳进。"百"字为入声字24，是由低到高双声跳动，因此在"百"的唱法上加入了装饰音$\underline{6}$，这样就字正腔圆了。同时入声字的声值比阳去声要高，所以"百"字的落音不低于"动"字。"姓"为阴去声，自然旋律的进行就回到了5。这句唱腔的旋律线条为从高到低再平稳进行最后扬高。这种行腔符合长沙方言的发声规律，旋律线条优美，婉转动听。

声调对旋律线的影响体现了字调与腔势的和谐。也就是字所属声调的进行方向，要与唱腔旋律进行的方向一致，并能完美地结合，和谐统一。正确处理好字调与腔势的关系，则可以做到字正腔圆。既不倒字又能使唱腔圆润流畅，观众能正确领会唱词的意思，得到美的享受。

在唱腔中有的装饰音还可以用于矫正字调。如：

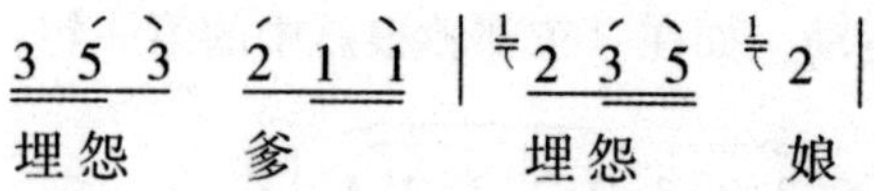

```
3 5 3   2 1 1 | ⅖ 2 3 5 ⅖ 2 |
埋怨  爹    埋怨   娘
```

"埋怨爹，埋怨娘"中"怨"字为去声字，"娘"为阳平字，如果把装饰音去掉，则音调由去声直接向下进入"娘"字。这样字调不正，行腔也比较生硬不圆滑。听起来没有韵味，字不正腔不圆，违反了长沙弹词依字行腔的艺术原则。

2. 声调对音程跳动的影响

长沙弹词受说唱曲艺和道教音乐的影响，通常音程跳动不大，但是声调不同还是关系着音程的跳动。阴平之类调类音程跳动比较小，相同的声调在音乐上通常是同音反复。如：

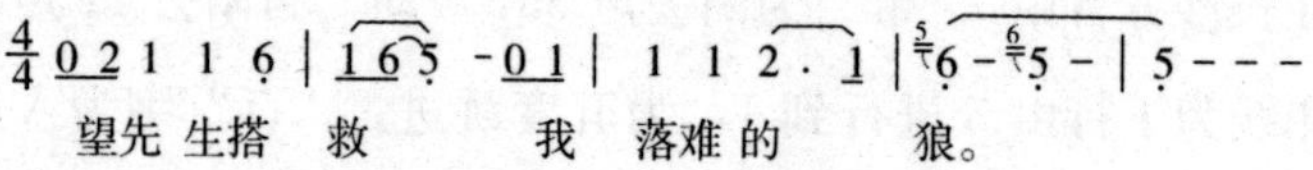

```
4/4 0 2 1 1 6 | 1 6 5 - 0 1 | 1 1 2 · 1 ⅖ 6 - ⅖ 5 - | 5 - - -
    望先生搭 救    我  落难的    狼。
```

这里的"先生"为两个阴平字，唱腔上为同音反复。

在同音反复的同时，为在腔势上避免过度单调，经常采用在字中行腔和加腔。如：

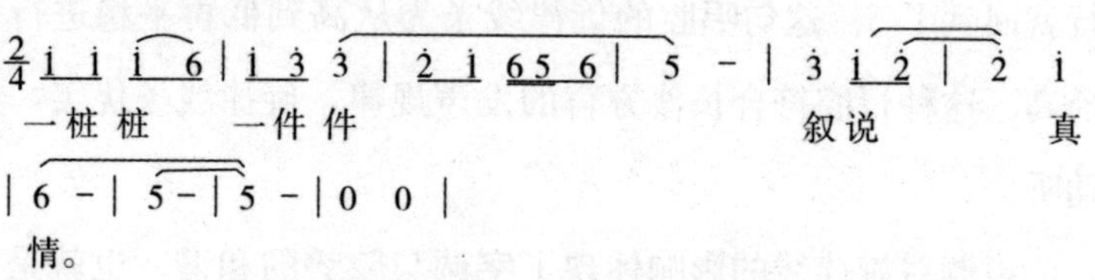

```
2/4 2 1 1 6 | 1 3 3 | 2 1 6 5 6 | 5 - | 3 2 1 2 1 |
    一桩桩   一件件         叙说   真
| 6 - | 5 - 5 - | 0 0 |
  情。
```

长沙弹词的大跳音程通常是在阳平字与上声、去声、入声字组合在一起时形成。因为阳平字的声调13起点最低，按照依字行腔的规律，声调低接声调高的字，就很容易形成大跳了。在运腔上也便于加腔。

入声字在曲调中通常在音前加上低于本音的装饰音，它始于五声中最低的音调，然后向上跳进，符合入声字的发声特点。

可见，长沙方言对长沙弹词的曲调有着一定的影响，旋法的特点和旋律线与方言的声调有着密切的关系。但是语言毕竟不是音乐，它不能取代音乐的地位。唱腔中不可能完全按照字调的进行来运腔，要不就完全成了说话了。唱腔音乐的特点不仅仅体现在语言一个方面。长沙弹词中也有很多唱腔与语言的声调没有多大关系的。还有一些装饰音的用法与字调、声调也没有什么密切的联系。唱腔的跳动和旋律线的高低幅度有些也取决于演员的嗓音条件。有些演员嗓音较好，演唱的音域就要比条件差的演员要宽，音程跳动的幅度也比较大，不是死板的依字行腔。

长沙弹词也运用大量的长沙方言俚语，显得风趣幽默，诙谐别致。如在彭延坤演唱的《林英自叹》中林英与丫鬟碧桃的对话：

林英（白）：碧桃啊，你家韩姑爷临行之时，给你说了甚么啊？

碧桃（白）：小姐，讲就冇讲么子，他在墙上题字呢。

"冇"、"么子"都是地道的长沙方言词语。

二、益阳弹词

益阳弹词，俗称"道情"或"月琴戏"，又称"唱评"或"讲评"，是运用益阳当地的口语，加以月琴伴奏，韵味独特，又被誉为"南词"，曾同常德丝弦并驾齐驱，被喻为"湘北曲艺的两朵花"。

益阳弹词是清代由长沙传入的。清嘉庆年间，益阳头堡药皇宫巷有位老篾匠仓子云，桃花江有道情艺人石方才与其名徒罗掩富搭台说唱道情。他们收了一些桃江马迹塘、益阳兰溪、龙潭镇的徒弟。仓老后迁居长沙，又带过湘潭、益阳的艺徒。咸丰年间，弹词已广泛流传于益阳、沅江、南县、桃江、安化等地。到了清朝光绪年间，罗掩富所带艺徒王才喜、王典山、李冬生、彭玉、刘传修等人登台献艺，采用益阳当地口语词汇进行说唱，并在月琴伴奏弹法上加以提高，使道情行腔饱含益阳乡土风味，逐步形成了具有益阳乡土风味和地方色彩的益阳弹词。1926年，益阳王典山等发起成立"湘子会"，参加的艺人遍及全区。每年农历二月十三均于益阳县城聚会，用以纪念韩湘子诞辰。民国20年（1931）由唐家璇、邓庆年、龚有名、张兰玉开设了"张兰玉茶社"，并在此坐棚说书。由于生意兴隆，相继有杨宏发、郭伏胜、李如意、福兴、绍兴、春泉、德新、东记等茶社开张。从此，艺人进入酒楼茶馆坐棚说书了。益阳弹词得以迅速发展。这时期，王典山、李冬生等带了一批徒弟，由于受长沙弹词的影响，并吸取了"湘剧"道白的表演艺术，故有"益阳弦子长沙腔"的说法。

每逢秋收过后，或元宵灯会，益阳弹词艺人串村走户，跑遍洞庭湖乡，以唱"弹词"喜庆丰收。节后便转入集镇茶馆，或街头巷尾，或民房院落，为群众"做街、赶酒、赶船、奔丧、做寿、婚庆"等唱点棚。

益阳弹词的演唱形式先是以"鼓板唱道情"，后来有了一人弹月琴，艺人以渔骨筒、简版和小钹击节，二人对唱的"渔鼓道情"，这种演唱形式成为益阳弹词的主要演唱形式。1949年后，老艺人李青云在两人对唱的基础上加进小锣，则一人弹拨月琴，一人怀抱渔鼓，一人敲击小锣，形成三人联唱形式，这种三人联唱形式后来发展比较活跃。又有坐唱与站唱两种形式。坐唱可设一书桌，于书桌前沿围挂桌围，演唱者位于桌后，也可不设一书桌，就座于凳椅上直接面对听众演出。站唱则不需桌凳，无论是舞台上，还是在车间、院坝演唱都适用。

益阳弹词的演唱曲目多为小段或选自长篇的精彩片断（段子），或小型的中心宣传作品。内容以劝善方面的居多，杂以旧的礼教，有"怀抱月琴，口吐圣贤"之说。

益阳弹词是用益阳方言演唱的，在演唱中语音语调是益阳弹词曲调的基础，因此要了解益阳弹词，必须了解它的语言特点以及规律。[①]

益阳方言是湘方言区长益片中的一个分支。在读音上益阳话和普通话有不少不同之处，在声母方面，主要有：（1）古疑母字今在 a、e、ai、ao 等韵母前有舌根鼻音声母 ng [ŋ]。（2）益阳方言不分翘舌与平舌，把 zh、ch、sh 读成 z、c、s。（3）在开口呼、合口呼韵母前 n 和 l 混淆不分，都读成 l，如把"难"读如"兰"；在齐齿呼、撮口呼的韵母前二者分得清楚。（4）把普通话合口呼韵母前的 h 声母念成 f，如"呼"、"华"益阳话读 fu、fa；又把

[①] 牟华. 益阳弹词的艺术特征与演唱研究 [D]. 长沙：湖南师范大学硕士学位论文，2012：45—53.

普通话 eng、ong 等韵母前的 f 声母念成 h，如"风"读成 heng。(5) 部分普通话声母念 j、q、x 的字，在益阳话中声母读成 g、k、h，如"夹"、"确"、"瞎"益阳话读 ga、kuo、ha。(6) 古全浊声母今逢塞音和塞擦音，益阳话不论平仄都念成不送气清音，如"皮"、"提"、"渠"、"葵"益阳话读成不送气的 bi、dia、ju、gui，"企"、"襁"、"乔"声母读成不送气的 j。

韵母方面，益阳话与普通话相比，少了 er、uo、ian、üan、ong、iong、uang，多了 io、üa、üai、üei。鼻韵母少。益阳的韵母中还有一个自成音节鼻音韵母ŋ。相对于普通话来说，益阳话中失落介母 u 的情况较多，如"多"读成 do，"框"读成 kang。

演唱归韵方面，益阳弹词在发花辙中增加一个韵母 üa，称为花沙辙；梭波辙中减去韵母 uo，增加韵母 io，称为坡呵辙；怀来辙中增加韵母 üai，称为开怀辙；灰堆辙中增加韵母 üei，称为魁堆辙；去掉言前辙中的 üan、ian，称为源前辙；人辰辙中增加自成音节鼻音韵母ŋ，称为人庚辙；去掉江阳辙中的 uang 韵母，称为弹簧辙；去掉中东辙中的 ong 韵母，称为根深辙。其他各辙基本不变，只是名称上有所变化，如把乜斜辙称为捏铁辙，一七辙称为壁稀辙，姑苏辙称为苏乌辙，遥条辙称为豪桃辙，由求辙称为游球辙。

在发音过程中，存在一些转韵的现象。如：(1) 普通话姑苏辙中的 u 韵，益阳方言里逢舌尖前或舌尖中声母念成 ou 韵，如"独"、"促"、"苏"分别读成了 dou、cou、sou，归游秋辙。(2) 普通话姑苏辙中 u 韵与舌尖后声母 zh、ch、sh 相拼的，声母念舌面前音声母，韵母由合口呼化为撮口呼 ü 韵，归壁稀辙，如

"珠"、"出"、"书"等字读成 ju、qu、xu。(3) 益阳方言有时前后鼻音韵尾不分,把普通话里的 an 念成 ang,如把"班"读如"帮",这样的字由普通话里的言前辙归入了益阳方言的弹簧辙。(4) 普通话中的 i 和 ü 韵都属一七辙,在益阳方言中有时有 i、ü 转换的现象。普通话里与声母 l、j、q、x 相拼的 ü 韵,在益阳话中转为 i 韵,如"旅"、"蛆"、"恤"等读成 li、qi、xi。

益阳方言的声调沿用湘中方言的五声,有阴平 33、阳平 13、上声 41、去声 21、入声 45。益阳方言有"平分阴阳,浊上归去,清去归入,浊去归去,入声自成一类"的特点。总体来看,益阳方言的声调调值除了入声较高外,其他都比普通话的调值低。益阳声调保留了古入声字,形成了一个独立稳定的调类,但益阳方言的入声不具备古入声字的短促和带塞音韵尾的特点,这在弹词音乐上有利于演唱时延长行腔,增加艺术表现力。益阳方言许多的去声字与入声字合流,这种"去声入化"的现象是益阳方言调值的一个重要特征。[①]

在益阳弹词的演唱中益阳方言声调对音乐的走向有重要的作用。益阳弹词就是以阴平、阳平、上声、去声、入声五个声调为基础,在旋律上进行创腔。如:

1. 2 6 1 | 2. 1 3̄ 2 |
钟　离　　老　　祖

《八位仙师道行高》中这两节唱词较为清晰地体现了益阳方言声调与唱腔旋律走向的关系。四个字益阳方言分别念阴平、阳

[①] 有的学者把益阳方言的入声调命名为阴去,称 21 调为阳去。

平、上声。阴平属于中平调33，单念或者重读时会有轻微的升降，所以"钟"字的旋律为往上的一个小二度级进，旋律从1到2。"离"字为阳平，调值为13，起音比阴平低，所以从6到1往上一个小三度进行。"老"字为上声，调值41是降声，所以旋律从2到1小二度的下行级进。"祖"同样为上声，所以旋律自然从加倚音5的3进行到了2。整个旋律走向与四个字声调的走向完全吻合，因此旋律符合发声特点。

两个同调值的字，一般旋律采取同音反复的方式。为了避免单调，通常在同音反复时加入一小三度装饰音或者是整体移高曲调。在遇到入声时旋律上一般从低音往上跳进，以此来符合入声的发音规则。

益阳弹词有口语化说唱的特点，所以旋律的幅度不会很大，通常不会超过一个八度的音域。再加上益阳方言的调值普遍比普通话低，所以决定了它的旋律多以二度、三度、四度音程为主，加上少量的六度进行。在演唱中阴平字调的音在旋律中多落在1音，一般也会把阴平用在结束句上。

当然语言特点不能取代音乐特点，曲调也并非是字调的简单翻译，在许多的旋律进行中往往因为抒发感情或者在乐句的结尾的需要，而没有把声调与旋律统一起来。如：

$\dot{1}$ 5 6 5｜6.3 $\dot{1}$｜$\dot{1}$ 0 $\dot{1}$｜5 6｜5 - ｜5 - ｜6 1 5 6 1 2 1 6｜5 5‖
中部崛起 益 阳　　新 城 哪 啊

在上面谱例中"新"字念阴平，但是它的旋律为全曲的最高音，没有遵循声调与曲调统一的原则。但是如果我们遵照原则咬字把"$\dot{1}$"低八度演唱，就会感觉到歌曲没有结束感，并且感情的表达也不到位。

装饰音润腔，即在不改变唱腔旋律的骨干音的前提下用波音、倚音、滑音等各种装饰音来润饰唱腔，能够使语调和旋律完全地统一协和，起到"正字"作用。如：

$$\underset{听}{^{5}_{}3} \quad \underset{知}{2\ 3} \mid \underset{南}{^{6}_{}1} \quad \underset{山}{1\ 6} \mid \underset{出}{5} \quad \underset{虎}{3\ 2} \mid \underset{豹}{5\ 3\ 2\ 3\ 2} \mid$$

上面的旋律中，用了前倚音与上滑音来装饰润腔。"听"和"南"两个字装饰音的加入，为的是声调与旋律进行一致，使演唱时不出现"倒字"的现象。"听"和"南"二字在此分别属于去声和阳平，在旋律走向上是一个往下一个往上，倚音的运用正好符合，这样才能唱得"字正腔圆"，使听众能够明白其中意境，才能引起情感上的共鸣。"出"为益阳方言的入声字，声母快咬，过渡到韵母后做一个声调的上扬，因此上滑音的修饰能够让"出"字的咬字遵循"依字行腔"的原则。

益阳弹词艺人为了使唱词通俗化、口语化并易于记忆，通常会加一些益阳人惯用的语气词、象声词、谐音词或称谓构成衬托性的词句。在益阳弹词中常用衬词有"啊"、"嗯"、"唉"、"哪"、"呀"、"呃"、"哇"等。益阳弹词衬词表现作用有以下三种情况：[①]

第一种是艺人们出于句式或者语气上的需要，根据表达习惯灵活运用的无实际意义的衬词，往往落在时值较短的音上。例如"曾记得去年寒冬季，转眼（哪）就是百花开，公子（呀）书房

[①] 牟华.益阳弹词的艺术特征与演唱研究[D].长沙：湖南师范大学硕士学位论文，2012：26.

烧炭（哪）火，美女（呀）楼台巧梳妆"；"洞庭背剑（哪）青峰客，果老跨驴（哇）过众桥"；"光阴似箭水中浪，新人（那）健康（呃）旧人（呃）亡"。

第二种是用来丰富唱腔，加强情感表达。这种衬词可以出现在乐句的开头、中间以及结尾。作为一种语气叹词，一般落在拖腔上，演唱时值较长。如大悲腔《痛断肠》开头的唱词："一见姣儿把命丧啰，不由得为父哇痛断肠呃。"这段唱词中间的衬词"啰"、"哇"、"呃"落在拖腔上，演唱时值有四拍以上，充分表现出一个丧失女儿的父亲悲痛欲绝的心情。

第三种衬词是强化节奏的作用，主要来源于益阳的放排号子。如："资江河里的木牌多，排古老扎排放排都要唱排歌，打哦呵，呀哪喂！拿起来耶！哎呀喂呀呀！嘿哟哟哟哟！嘿哟哟哟哟哟！益阳啰开头啰！嘿嘿呵哈呵呵哈！下刘公咧嘿！嘿呀呀呀！石头啰！羊角咧！嘿嘿呵哈呵呵嘿！"其中的衬词模仿了放排时的劳动节奏，同时衬词的加入补充了乐句，加强了音乐的节奏感。

第四节　小调

湖南各地都有小调流行，具有深厚的群众基础，长期以来在广大城乡盛演不衰。清代末年，长沙小调演唱盛况空前，宣统元年（1909）4月13日《长沙日报》第1434号登载了一则"禁止卖唱"的消息："省城敝俗，游手好闲之子，三五成群，街弹巷鼓，卖唱淫词，口笛手灯，夜游无度，甚至招摇过市，幼女同行。此等习惯，有关风化，永宜禁革，以儆地方。日昨有巡警北局，张贴四言韵示云：'省垣首善，敦俗为先，淫戏卖武，谕禁久宜。更有一种，游惰管弦，排街卖唱，夤夜喧阗，淫词荡曲，败俗之原。似此恶习，厉禁昭悬，重则拘留，轻则罚锾，合再示禁，务各懔遵。'"

湖南各地的小调各有不同的风味，其中祁阳小调最具代表性。2010 年，祁阳小调入选第三批国家级非物质文化遗产名录曲艺项目类别，序号 12。

祁阳小调流行于湖南省祁阳县城关、黎家坪、文明铺、观音滩、大忠桥、肖家村、潘家埠、羊角塘、下马渡等乡镇，还流传到了永州、邵阳、邵东、新邵、东安、新宁、常宁、临武、道县、祁东、衡阳、广西等地。

湘南地区一直流传着这样两句民谣："唱不过祁阳，打不过东安"；"祁阳人'在行'，连哭都在唱"。"在行"在祁阳话中是聪明能干的意思。祁阳爱唱小调，婚庆、生育、乔迁、做寿等喜庆日子里必唱小调，叫卖、干活、休闲等时也唱小调，甚至乞丐行乞时也会用祁阳小调来亮亮嗓子以引起主人的好感而赢得更多的施舍。

祁阳小调有着悠久的历史。清嘉庆十七年（1812）《祁阳县志》卷二十二《风俗》引宋代《晏殊类要》说："俗尚弦歌。"同治九年修订的《祁阳县旧志》卷二十二风俗篇记载："上元，城市，自初十日起到初十五日，每夜张灯大门，有鱼龙猊，采茶诸戏，金鼓炮竹，喧嗔午夜不禁……"清末民初以来，祁阳一带的小调尤为盛行，出现过许多专业的班社和著名的艺人，在城乡各地到处演唱，并影响到周边地区。民国 20 年（1931）出版的

《湖南各县风俗调查笔记》就说"新宁……最喜演戏,动费千百元不惜,但只喜祁阳歌曲"。

祁阳小调曲目分为传统小调和新编小调两大类。基本唱腔大致分为牌子小调、花灯小调、丝弦小调三大类。牌子小调,是祁阳小调中最具代表性的小调,曲调很丰富。代表作品有《十杯酒》、《十月花开》、《闹五更》,等等。演唱形式为一男一女,男的坐着拉琴,女的站立演唱,手打碟子伴唱。重在面部表情,动作不多。后经历代艺人的不断改进又发展为多人表演唱。花灯小调即演唱花灯时常用的祁阳小调。花灯小调结构短小、曲调简单,欢快活泼。唱词幽默风趣,常常是根据花灯情节需要变换内容。表演时演员由两个人组成,一般是一男一女,男的扮丑角,女的手拿手绢,男的手拿纸扇。二人对舞时,小丑手舞花扇,屈膝矮步,围绕小旦打转,边舞边唱。动作性舞蹈性很强,表情生动有趣。代表作品有《对子调》、《出门调》等。丝弦小调因其主要以二胡、琵琶、扬琴、三弦等丝弦类乐器为主奏乐器而得名。祁阳丝弦小调唱词内容较长,叙情叙事相结合,有简单的故事情节;唱词文雅,具有很强的文学性。祁阳丝弦小调属曲牌体结构,包括单曲体(如《九连环》、《喜报三元》等)和联曲体(如《雁儿传书》、《铁马儿》、《三更天》及《寡妇上坟》等)两种。演唱形式为一人坐唱,多人用丝弦伴奏,着重面部表情,动作不多。[1]

---

[1] 李梦洁. 湘南民族音乐的奇葩——祁阳小调研究 [D]. 长沙:湖南师范大学硕士学位论文,2009.

牌子小调、花灯小调与丝弦小调合流以后，同用祁阳方言演唱，逐渐形成祁阳小调独有的音乐特征和地方风味。用祁阳小调中的【出门调】对比花鼓戏中的【讨学钱】，就可以看出二者明显不同的特点。长沙花鼓戏中的【讨学钱】曲调粗犷、热烈，音域较高，是以6音为主音的羽调式。祁阳小调中的【出门调】曲调活泼、轻快，音域较低，基本上是以2音为主音的商调式。祁阳的丝弦小调也不同于常德丝弦的曲调，比如常德丝弦的【闹五更】曲调明亮流畅，能表现欢快热烈的情绪。祁阳小调的【闹五更】柔和婉转，抒情性强，适宜描述人物复杂细致的思想感情。

民国时期，祁阳小调分为两派：湘江南岸的白水、肖家村、潘家埠、金洞一带的小调为一派，这一派以演唱丝弦小调为主，称为南派，演唱者多是一些有文化知识的人。唱词文雅、曲调细腻，以叙情、述事为主。代表人物是肖家村的杨梅生。湘江北岸的白地市、羊角塘、文明铺、黎家坪一带的小调为另一派，称为北派，这一派以演唱花灯小调、牌子小调为主。唱词略带粗俗，曲调粗犷而奔放，以搞笑、逗乐为主。代表人物是黎家坪的朱敦祥和刘安生，他们在表演上注重热情奔放、感情投入、表演贴近平民化等。后来，随着跨地域的演唱渐趋频繁，两派相互影响、融合，南、北两派的风格也就越来越相近，形成了今天广义上的"祁阳小调"。

祁阳小调原是只唱不说的曲艺形式。在祁阳小调的发展中，逐渐增加了简短的韵白和生动的道白，与唱腔相辅相成，成为小调重要的表现手段。这样便使祁阳小调成为以唱为主，以说为辅的曲艺形式了。小调的说唱艺术有一个发展过程，

321

开始是在曲调之中增加道白的成分，发展为连唱带说或半说半唱，如【出门调】、【送金花】中的道白；再发展在曲调之外加进较多的道白，如《葵花向阳开》中的道白。有的根据内容的需要，综合使用曲牌之中和曲牌之外的道白，如《杂交水稻丰产歌》中的道白。

祁阳小调的曲体结构分为单曲体和不完备的联曲体两类。单曲体的曲调结构，是祁阳小调曲体结构的基本形式，它短小、简练。祁阳小调单曲体的主要结构形式有如下几种：一种为规整结构。它可以是七字为一句，四句为一段，如"我家良田无半亩，河边只有两号船。船倒是有两号船，不知装的何物件"[1]；也可以是五字一句，四句一段的，如"扇子开一开，名叫八块柴。何叫八块柴，扇子从何来"[2]。这种单曲体结构形式在祁阳小调中并不多见。另一种为不规整结构。即每句唱词由字数长短不一的句子组成，唱词灵活，自由，多用口头语，如"正月是新年，妹把鞋子连，连起鞋子缎子来镶边"[3]。曲调根据其内容和长短不同的唱词的需要，打破了方块形的整齐曲调结构，由长短不规整的乐句交替进行，使曲调自由灵活，欢快跳跃。

祁阳小调的唱词要求合辙押韵，讲究平仄。祁阳小调共有十三辙半韵，与北方曲艺的十三辙基本上可以对应：

---

[1] 蒋钟谱．祁阳小调音乐集成·玉石川［C］．北京：中国文联出版社，2002：13．

[2] 蒋钟谱．祁阳小调音乐集成·扇子调［C］．北京：中国文联出版社，2002：4．

[3] 蒋钟谱．祁阳小调音乐集成·十双鞋子［C］．北京：中国文联出版社，2002：37．

祁阳小调		北方曲艺		祁阳小调		北方曲艺	
韵序	韵名	韵序	韵名	韵序	韵名	韵序	韵名
1	聋通	12	中东	8	跌雪	3	乜斜
2	加麻	1	发花	9	呜呼	4	姑苏
3	齐微	5	一七	10	牛侯	8	油求
4	雷堆	7	灰堆	11	开怀	6	怀来
5	庚辛	12	中东	12	摸喝	2	梭波
		13	人辰				
6	肖豪	9	遥条	13	江阳	11	江阳
7	间然	10	言前	14	子耻	5	一七

不同之处主要体现在少数几个韵母上，如祁阳方言摸喝辙中没有 e、uo 这两个韵母，齐微辙中没有 er 韵，子耻辙中没有 -i（后）韵；北方曲艺中东辙的 eng、ing、ueng 等后鼻音韵母，祁阳话念成 en、in、uen，归庚辛辙。此外，祁阳方言中没有儿化韵小辙。

祁阳小调的唱词讲究祁阳方言辙韵，如祁阳小调《杂交水稻丰产歌》中的一段唱词押的就是摸喝韵：[①]

农业现代化花万朵（do 上声），

跃进年头喜事多（do 阴平），

公社召开总结会，

我们来唱个（go 去声）呃，

[①] 龙华. 湖南曲艺讲座·五、祁阳小调 [J]. 湖南师院学报（哲学社会科学版）.1978，（3）.

［合问：唱个什么咧？］

我们唱个杂交水稻丰产歌（go 阴平），

呀嗬依，依儿哟（yo 轻声），

我们唱个呃杂交水稻丰产歌（go 阴平），

杂交水稻丰产歌（go 阴平）依子哟（yo 轻声）。

艺人按辙口归韵，按字行腔，讲究单、双、空、实、满几个类型。但又不是呆板地按地方方言行腔，他们将生活语言加工提炼，还吸取了地方戏曲祁剧（永河派）的声调行腔方法，并采用了"祁阳官话"。即在祁阳地方语言的基础上，与中州韵、湖广音相结合，在长期艺术实践中，提炼形成一种具有独特风格、色彩的"祁阳小调语言"。如"人"字音，既不念作普通话 ren，也不念成祁阳活 nin，而念成 yin；又如"阶"字音，不念作普通话 jie，也不念作祁阳话的 gai，而念成 jiai 等。祁阳小调能冲破地方语言的界限，走出祁阳，盛行于湘南，很大程度上得益于其采用"祁阳官话"为表演语言，既能保留地方特色，又使外地听众感到并不陌生，词意亦不费解却反而觉得亲切。

祁阳小调的唱词还讲究声调平仄，"上仄下平"是基本规律。如《飞针走线快绣花》中的两句：

三个姑娘来描画（hua 阳去），（仄声）

三个小妹来绣花（hua 阴平），（平声）

句末平仄相对，上仄下平，便于演唱，避免飘音倒字，更好地表达了作品的内容。

祁阳小调音韵的形成,大致经历了三个阶段:第一个阶段为明代初期,江西弋阳腔流入湘南,使祁阳小调语音受到了第一次大的冲击。第二阶段为明代末期的昆山腔流入湘南,令祁阳一带的群众耳目一新,促使祁阳艺人在本地的唱腔中揉进中州的表演艺术、唱腔、咬字归韵等,但尚未达到很标准的水准。第三阶段即清朝康熙年间的皮黄(南北路)传入湘南,与高腔(弋阳腔)、昆腔相结合后,形成湘南(祁阳)声腔音韵。

祁阳小调尤其是其中的牌子小调和花灯小调常在唱词中直接运用方言土语,通俗易懂,具有浓郁的山野市井风格和地方方言特色。如《送金花》中的一段唱词:[①]

女:何不讨个零陵婆?

男:零陵婆,零陵婆,零陵女子是大脚,下田挑担带撒粪,上山外把山根作,到了八九月,红薯挖了百多箩,上山砍柴火,一担挑得两百多,心想讨个零(呀)陵婆(也),(妹呀)。

女:(呃)。

男:比是比你苗条得多。

女:比是比我苗(呀)条多(也),(哥呀)。

男:(呃)。

[①] 整理自李梦洁. 湘南民族音乐的奇葩——祁阳小调研究[D]. 长沙:湖南师范大学硕士学位论文,2009:34.

女：你何不讨她做老婆？

男：我心想讨到（呀）她（也）（妹妹也）。

女：（呃）。

男：身边无钱没奈何。

上述唱词中就使用了好几个典型的方言词，如"零陵婆"是祁阳人对零陵妇女的概称，"撒粪"是将农家肥撒到田中，"山根"是指土里种的旱粮作物，"作"是种植的意思。

祁阳小调中的衬词、衬句丰富多样[①]：有语气衬词，如"咃"、"哟"等；有表达爱情的称呼衬词，如"哥呀"、"妹呀"、"心肝奴的哥"、"干哥哥"、"恩爱奴的哥"、"满妹妹"、"乖乖我的妹"、"姐姐妹妹也"等；也有与内容情调一致或形象性的衬词，如"耍、啧啧"、"筛、啧啧"、"飞呀，酒醉翁"、"留子留达留"、"杨柳子青，得儿青"、"溜溜一支莲花"、"双双一支梅花"、"三三一支茶花"等；还有一些象声衬词，如"叮叮当当"、"采冬彩"、"嗡嗡嗡"、"呱呱呱"、"哆哆哆"、"咯咯咯"、"扑通扑通"等；但出现最多的还是情绪性、装饰性衬词，如"依呀依子哟"、"呀哎呀子哟"、"依呀荷支也"、"龙里龙的古里古的"、"梭哪妹子啷当"、"衣得呀得喂得喂"、"梭梅子郎当留三梭"、"罗哩罗，外哩外"、"如荷郎当依"、"呀嘀衣嘀咳"、"杨柳之青青，杨柳之当当"，等等。基本上每个小调里都有衬词。有的曲牌唱词

[①] 毛矗.说唱音乐的奇葩——祁阳小调刍论[J].中国音乐（季刊）. 2006,(1).

甚少，而衬词几乎占一半以上，如《三杯酒》总共十八个小节，衬字、衬句就占了十二个小节。有的小调中衬词长达二十多个小节，如《五更留郎》全曲第一段共有三十个小节，而衬词衬句就占了二十五个小节；《摘菜苔》只有二十五个小节的曲调，衬词衬句就占了十三个小节。祁阳小调中的衬词、衬句，一般作为乐句或乐段的小过门使用，起到乐句或乐段承上启下的作用；同时，有的乐句终止时加上短短的衬词衬句，让曲调得以扩充，使之更加完美丰富，色彩浓郁；有时则根据情绪的需要，作为甩腔使用。衬词衬句在祁阳小调中占有重要的地位，对深化主题，发展和充实曲调，塑造艺术形象，增添艺术魅力，都起到重要作用，是体现祁阳小调浓厚的地方色彩的重要因素。衬词衬句是祁阳小调曲调中不可缺少的组成部分，如果把曲调中的衬词衬句去掉，那就干瘪无味了。

第五节　本土相声

说到湖南本土相声不能不谈到杨志淳（1942—2005），他是湖南益阳人，早年专攻顺口溜、长沙快板的创作和表演，曾给广大民众带来顺口溜《护像》、单口相声《搭中巴》、《麻将杀手》等脍炙人口的好段子。1981年杨志淳调入长沙市北区（今开福区）文化馆，主要负责组织业余作者搞创作。这一时期，他创作了大量的喜剧、相声、笑话、故事、口技。他与搭档周卫星合作，开创了深受民众欢迎的本土曲艺形式——湖南方言相声，创作演出了《欢歌乐舞》、《"湘"音难改》、《算命》、《方言漫谈》等精彩相声。由湖南文化音像出版社出版的相声小品专辑盒带《湘音难改》、《搭中巴》、《南腔北调》，发行量达到30万盒。①

20世纪90年代，一大批诸如杨志淳、奇志、大兵等本土笑星脱颖而出，他们演绎的湖南方言相声、双簧、小品震动了湖南乃至全国的曲艺界。这与当时在长沙盛极一时歌厅文化等通俗文化密切相关。回溯历史，长沙歌厅文化的始作俑者是有名的欧阳胖胖（本名欧阳灿明），经过他将近一年时间的"倒腾"，琴岛歌厅在一片沸腾的叫好声中开始了它"日进斗金"的运作。② 其后，各路商家、各种资本你方唱罢我登场。歌厅文化如一股热浪一样席卷星城长沙。这些歌厅上演的节目多有自己独特的风格，主持人以湘土俚语为主线，贯穿整台节目。节目中有长沙风情小品，还有品位较高的舞蹈、声乐、器乐等之类，表演技艺精湛，让你感觉浑而不腻，素而不淡。这当中当然少不了长沙方言相声。

1995年奇志与大兵开始合说相声，登台伊始，马上就在省内赢得了众多的观众，并很快成为家喻户晓的相声明星。1998年，二人首次参加全国牡丹相声大赛，获得一等奖。1999年，奇志、大兵在中央电视台春节联欢晚会上表演相声《白吃》，并获央视春晚最佳节目二等奖。从此，二人逐渐被全国的广大电视观众和相声爱好者熟识。2000年《综艺大观》连续七期播出奇志、大兵演出的系列小品《帮必成公司》，同年获中国相声牡丹奖。2002

---

① 谢新吾. 笑星"杨五六"[J]. 民族论坛. 2004, (7).
② 新昌，黄燕. 凤凰涅槃"红太阳"[J]. 企业家天地. 2002, (Z1).

年,他们参加首届央视相声大赛,凭借《治感冒》获第二名。①令人遗憾的是,由于种种原因,奇志、大兵这对相声界的好搭档却在 2003 年选择了分道扬镳,观众无不为之扼腕叹息。所幸的是,他们留下了很多脍炙人口的相声段子。

长沙话是湘方言的代表,它在语音、词汇、语法等方面都有独特之处,本身就具有幽默、搞笑的因子,堪为相声段子的素材。请看一段台词:

大兵:好,咯这证明你有很强的求知欲(róu)!

奇志:我有什么肉啊?

大兵:求知欲(ròu)!

奇志:我有五花肉!什么叫求知肉呢?求知欲!还求知肉!我以为我身上少块肉呢?(《戏说百家姓》)

大兵一开始用长沙话将"欲"字念成了 róu,在奇志感到莫名其妙并提出疑问后,又用普通话将该字念成第四声的 ròu。这里正是充分利用了方言语音变异造成笑料。②

再如《结巴子带崽》里唱的就是原汁原味的长沙童谣:"月亮粑粑,肚里坐个爹爹(diɑ),爹爹出来买菜,肚里坐个奶奶,奶奶绣个荷包,荷包变了糍粑,糍粑掉到井里,变了蛤蟆

---

① 胡罡.浅析奇志大兵相声中的变异现象[J].邵阳学院学报(社会科学版).2008,(6).
② 胡罡.浅析奇志大兵相声中的变异现象[J].邵阳学院学报(社会科学版).2008,(6).

(gama)。……"再如《逛阿波罗》里的一段："天空是瓦蓝的，国旗是通红的，阿波罗的吴瑞华是片（piang）似片（piang）的，我今天来找她是巴似来表扬她的。"其中的"瓦蓝"、"通红"、"片似片"、"巴似"等形容词和副词就最能显长沙话的韵味。

奇志、大兵的相声以方言为主打特色，方言是构成其相声艺术魅力的重要因素。如相声《喜丧》中的选段：

奇志：我们给大家准备了一日三餐，晚上有消夜，凡是到我家来的朋友，一人一条中华烟。酒鬼酒随便喝。拿水桶上，拿碗喝！喝完之后到我这儿领个纪念品，这个纪念品是活的。

大兵：什么东西？

奇志：（比个手势）这么大，脚鱼，啊哈哈！每个人牵着活脚鱼回家去，诶哟！

大兵：诶呀，没事买这些脚鱼干吗？

奇志：诶哟，这个东西太好玩了，早上没事牵着脚鱼到河边上遛早去。

大兵：呵呵呵，我看见过遛鸟遛狗的，头一次看见遛王八的。

这段相声中，"脚鱼"、"王八"都是甲鱼的湘方言俗称，而"王八"在长沙话中还是个贬义的称号，可以用来隐喻"戴绿帽子"的人，明白这一点，这段相声就更有幽默效果了。

奇志、大兵在《哈利油回娘家》、《哈利油打麻将》等作品中塑造了一个深入人心、令人捧腹的形象，那就是"哈利油"。"哈利油"本是长沙话中一个对人的称谓词：长沙人一般会用它来称呼自己的亲人，尤其是小孩子，这是一种昵称；但是它也有傻瓜的意思。奇志、大兵的相声多取后一种意思，因为在相声中，哈利油垒鸡窝会"只砌得_了墙壁冇_{没有}砌门"，卖鸡蛋会"一块钱两个，两块钱不卖"……

长沙方言熟语也频频出现在奇志、大兵的作品中，比如奇志、大兵双簧《搓麻将》中的一段：

哈利油生来我最灵泛_{聪明}吃了饭没事去搓麻将，"东风"！"东风"！"东风"！

<u>神仙靠左手</u>，诶！我们换下手气看着。

长沙人打麻将的时候，一般都习惯用右手摸牌。如果很长一段时间牌运不好，或者"听和"关键张子的时候，有的牌友在摸牌时就喜欢换成左手试一试，口里还念叨"神仙怕左手"，希望靠用得比较少的左手改变牌运，侥幸撞上大运，抓个绝张，和个超级大和，不仅把输的本钱弄回来，还可以一口气把人家口袋里的钱全部赢到自己荷包里来。①

奇志、大兵相声中还使用了大量的歇后语。如双簧《四个娭毑打麻将》就有：

---

① 黎佳.奇志大兵相声中模糊词隐喻的认知研究［J］.牡丹江大学学报.2013，(5)．

> 我这人一世，是细巷子里赶猪——直来直去！
> 今天我就竹筒子里倒豆子——全部交代给你听。
> 非洲老头子跳高——黑（吓）老子一跳。

在相声，尤其是双簧中，一段段韵脚整齐的"顺口溜"常常是笑料迭出的地方。如：

> 对面开业第一天，鞭炮放起来发了癫，一连放了几大捆，我的脑壳都冇炸蠢啦！转身进屋想睡觉，猛听到门口又做死地叫！（《都市人的烦恼》）

> 我堂客啊跕得屋里，七天七夜冇开门，剪刀是个剪啊，机器是个缝！一个晚上冇关灯，第八天我来敲门！（《灵泛堂客》）

"顺口溜"是湖南民间艺术"说白"的俗称，其语言素材都来自民间，有的是历代流传下来的俚俗野话，更多的是现编现演现说之作，看什么说什么，见什么人说什么话，最大的特点就是言语上口利落，富有节奏感。奇志、大兵相声直接受到了它的影响，并且发扬了它。

现代相声讲究"说学逗唱，以说为主"，其中"学"的范围异常广泛。在双簧《都市人的烦恼》中，主人公想好好地睡个午觉，但是在繁华的都市之中，各种市井之声不绝于耳，其中就有长沙街头小商小贩之声：卖甜酒的、修皮鞋的、卖鸡蛋的、收废品的，当然还有哭丧的。大兵在作品中惟妙惟肖地模仿了这些市井之声，构成包袱：

呼！（猛然惊醒）何解_{怎么回事}啰何解啰？对面开业第一天，鞭炮放起来发咖哒癫，一连放咖了几大捆，我的脑壳_头都有炸蠢啦！转身进屋想睡觉，猛听到门口又做死地_{拼命地}叫："甜酒——，小钵子甜酒！""整_修皮鞋，套鞋，高跟鞋了——，整伞不？""买鸡蛋不啦？好新鲜的鸡蛋买不啦？那鸡蛋上的鸡屎还冒热气啦！买新鲜鸡屎不啦？""收废品啦！有废报纸，酒瓶子，乌龟壳子，脚鱼梆子，烂衣服，烂抹布，破铜烂铁！铁——铁——""我的爷哎——咣！你郎_{您老人家}走得真的急咧——咣！你郎倒是开口讲句话啰，爷啊——！你郎把那存折给得哪里的啰，爷啊——咣！咣！咣！我的个娘呐！"

奇志、大兵相声创造出很多"流行语"。每次演出特别是经电视播出后都会有一些台词广为流传，成为社会流行语。经常会听见街坊邻居的爷爷奶奶，一边兴致勃勃地打麻将，一边诙谐地来一句："神仙怕左手。"洗脚在长沙俨然是一种流行文化，想必大家在洗脚的时候也会不由自主地想起大兵"金盆洗脚"的幽默。连老外在中巴车上都会来一声："踩一脚！"[1]

湖南方言相声的"火"植根于湖南人的"策文化"。生活中的长沙人原本就喜欢"策"。"'策'是长沙人生活的一部分，大

---

[1] 杨利平，黄婷. 奇志、大兵相声语言艺术中的"俗"[J]. 艺海. 2010，(4).

街小巷、每时每刻都有人在策，都有人找着理由策。'策'是一场没有恶意的嘴皮的交锋，长沙'策神'们在大街小巷握手相见，就从路边'策'到茶馆，从白天'策'到晚上，如胶似漆，难舍难分。"[1] 在表现普通长沙人的性格和生活方面，长沙话自有一种独特的神韵和表现力。沈从文在其散文《引子》中说："长沙人的说话，以善于扩大印象描绘见长……"比如，长沙话用"靓腿"来称呼年轻男子，用"踩一脚"来表达"暂停，且慢"，都是非常形象感性的。"感性的话语容易没有边界，长沙话在感性、形象的同时，也难免有张扬的特点。"[2] 大兵的方言表演，演绎着长沙话的神韵，同时也承载着湖湘文化博采众家的开放精神、大胆探索的勇气、敢为天下先的创新精神以及幽默达观的人生态度。[3]

相声源自北方，历史上的相声大家多为北方人。北方方言是普通话的基础方言，相声在说、学、逗、唱中夹杂一些北方方言语词，听众觉得很自然。相声本来有运用方言表演的传统，术语叫做怯口活或者怯口，如《豆腐堂会》、《山西家信》等。即使传统相声中夹杂非北方方言的语词，因其只是偶尔出现，台词中多有背景介绍或相应的解释，听众一般也不会觉得突兀。但是，大兵在与奇志合说的一系列相声作品中，有意识地几乎完全使用地道的长沙话作为舞台语言，方言味儿就显得特别浓郁，这在相声

---

[1] 范宁.长沙这个"鬼"地方 [M].长沙：湖南人民出版社，2006：8.
[2] 曹晔晖，张岳.中国方言土话地图 [M].北京：中国时代经济出版社，2008：157.
[3] 刘智跃.论大兵的相声艺术 [J].创作与评论.2012，(8).

界就显得特立独行了。

方言的差异会造成观众接受欣赏的信息损耗，造成笑料和"包袱"效果减弱。有鉴于此，甚至有人提出给春晚加字幕的点子。四川著名的编剧、有"巴蜀鬼才"之称的魏明伦曾任1993年央视春晚总撰稿，关于方言小品，他认为"如果春晚能加字幕，用方言的局限性自然减少很多。不过，只要有好剧本，用普通话表演也是完全可行的，地方上缺明星演员，但不缺好演员"。魏明伦说，如果思维跳出了这个怪圈，方言小品的路自然越走越宽了。① 方言相声的观众同样具有强烈的地域色彩。观众认同演员的籍贯，熟悉他的语言，熟悉作品中的生活内容，能领会其中的妙处、"包袱"。或者是会心地微笑，或者是开怀大笑，或是热烈地鼓掌，因为他能理解欣赏这个作品。奇志、大兵在湖南的演出，不管是剧场还是电视台，其主要的观众是湖南人。奇志、大兵似乎注意到了方言给观众接受欣赏可能带来的信息损耗，他们不像一般的地方喜剧一味地用方言。大兵是土生土长的长沙人，连大学也是在长沙读的，他的长沙话十分地道。而奇志是沈阳人，在山西出生和长大，在相声中他说的基本是标准的普通话，但他在湖南呆了二十年，长沙话也说得有模有样。对于那些土得掉渣的词句，作为搭档的奇志会当场配合，给予巧妙的解释，使外地观众也不至于因方言障碍而影响理解。尽管如此，对于不懂长沙话的观众来说，要让长沙方言相声引起他们的共鸣是一件并不容易的事情。这也是方言相声乃至各种地方文艺走出本土时必

---

① 孙延洲．相声小品的地域特征［J］．改革与开放．2010，（4）．

须面对的一个现实。

双簧是民间曲艺的一种，多由相声演员兼演。由甲、乙二人表演：甲化妆在前，模拟动作口形，称"前脸儿"；藏在后面的乙或说或唱，称"后背"。两人互相配合，好像前面的甲在自演自唱一样。传统相声都是甲智乙愚，演双簧则反之，吃亏的多是甲。双簧演员上场，先用相声垫话铺场，甲找包袱，乙捧哏。在演双簧前，演员一般需要穿上大褂等服饰，在前面的演员需要梳理一个向上的辫子。演双簧开始，前脸儿坐在桌后椅子上，先向观众咧嘴眯缝眼不发声音地大笑，然后紧急收敛笑容，面目严肃，拍醒木给信号，后背说唱，前脸儿学其动作口型，术语称为"发托卖像"。再演一小段，故意露出破绽找笑料抓包袱，甲站起离桌露出乙。二人对口说几句，接着再学双簧。奇志、大兵演了不少堪称经典的令人捧腹大笑的长沙方言双簧。例如《傻女婿回娘家》便是一个湘土气息很浓的双簧，大兵把蠢包的特征演绎得活灵活现。其台词如下：

哈利油心里硬高兴得要死。我堂客_{老婆}要我去看那岳父老子，临走的时候她对我说："哈利油啊，你这个蠢包_{傻瓜}，你碰到我屋里爸爸你就要请安啊！我爸爸要是问你这个桌子是么子_{什么}做的咯，你就讲：'这个桌子我认得，它本是梨木做成的。本地的木匠做不得，那请来的木匠是广东的。'""晓得咯！""碰哒我屋里妈妈呢，你就要祝她身体健康啊！""何解_{为什么}啰？""我妈妈前阵子中了风，最近刚刚好啦。""哦。呵！中风就冇得中奖好啦！""莫乱讲咯！碰到我屋里姨妹子呢，你就要跟她道喜啦!""又何解咯?""姨妹子肚子里有了喜怀孕了啦!""呵呵，就是有了娃娃啦，呵呵!""把你两块钱，一块钱坐中巴，一块钱买甘蔗哦。""哦。一块钱坐中巴，一块钱买甘蔗。一块钱买甘蔗，一块钱买中巴……哎，不对吧？一块钱怎么买得个中巴啰？我屋里堂客硬是蠢得要死啊，一块钱使起我去买中巴。哎，到哒了呢。岳父老子哎，我跟您老人家请安啦。哈哈哈，听说您老人家最近又中了风，您老人家中风就没得中奖好啦，哈哈哈，岳母娘哎，我跟您老人家道喜啦，听说您老人家又有了毛毛小孩哒。哈哈哈。您老人家千万注意莫跌嘎哒啦！哈哈哈。姨妹子哎，你肚里那个细伢子我认得，他本是梨木做成的，本地的木匠做不得，那请来的木匠是广东的吧？哈哈哈……"

337

第六章　湖南方言与文学创作和方言电视节目

第一节　湖南方言与文学创作

王希杰教授在《汉语修辞学》中认为:"方言成分的适当采用,可增添作品的地方特色和乡土气息,有利于塑造人物形象,在文学作品中尤其如此。"[1] 正因如此,作家们无不有意识地从方言的宝库中提炼、采撷鲜活的、富有表现力的语汇进入文学作品,用生动的散发着泥土气息的语言创作带有浓厚乡土气息的文学作品。胡适曾在《〈海上花列传〉序》中说:"方言的文学所以可贵,正因为方言最能表现人的神理。古文里的人物是死人,通俗的白话固然远胜于古文,但终不如方言能表现说话的人的神情口气。古文里的人物是死人,通俗官话里的人物是做不自然的活人,方言土语里的人物是自然流露的人。"[2] 胡适认为能自然流露和传神的语言,代表着语言的最高水准,要让人物自然流露和传

---

[1] 王希杰.汉语修辞学[M].北京:作家出版社,2001:43.
[2] 转引自罗雪挥.拯救方言[J].新闻周刊.2004,(30).

神就要使用方言，可见他对方言的重视。鲁迅先生也曾说过："方言土语里，很有些意味深长的话，我们那里叫'炼话'，用起来是很有意思的，恰如文言的用典，听者也觉得趣味津津。"①

当年，楚国诗人屈原等在一个雅言的语境中有意识地"书楚语、作楚声、纪楚地、名楚物"（黄伯思《校定楚辞·序》），创作了《离骚》、《九歌》等"逸响伟辞，卓绝一世"的楚辞名篇。屈原在创作中自然而然地运用了许多楚地（特别是南楚江湘一带）的方言词语。约三百年之后，同是楚人的王逸给楚辞作注时，往往指出某即是南楚方言之某，等等。时至今日，人们仍惊奇地发现，王逸指出的楚辞中的楚方言词有不少仍能从今天的湘方言中找到印证。②

"湖湘地形多为山区丘陵，'七山一水两分田'的地貌造成了交流的困难，在文化上则表现为各个小区自成体系的封闭性。最能够说明这种小区体系性的则是那复杂多变的方言。有的两地不过距几十里，而语言迥异。这种封闭性表现在文学上，则是作家笔下的艺术世界多富于'桃花源'境界，具有遗世独立的意味"；"方言的自觉运用，也是湖湘文化对现代小说精神渗透的一种表现。从文化形态来看，方言也是其中的一种构件；从艺术生成来看，方言又是一种个性因素。《楚辞》就是'书楚语，作楚声'的创作。舍弃方言，无以突出不同地区的文化个性。对现代作家来说，方言的主要功能在于强化作品的地方色彩，突出作品的艺

---

① 鲁迅.门外文谈[M].鲁迅全集（六）[G].北京：人民文学出版社，1981：97.
② 刘晓南.屈辞湘方言小笺[J].古汉语研究.1994，(3)：95—96.

术特质；方言是地域文化的重要载体"。① 现代作家从叶紫、沈从文开始就有意识地将方言作为构成小说地方文化色彩的一个重要方面，使湖南的乡土小说从一开始就呈献出鲜明独特的个性与艺术特色。叶紫的乡土小说创作更多地继承了鲁迅先生"为人生"的乡土小说的特点。沈从文的创作具有开先河的意义与作用，是湖南乡土小说的杰出代表。

湖南的乡土文学是20世纪中国乡土文学的第一重镇。不论是20世纪上半叶的叶紫、沈从文也好，还是下半叶的周立波、康濯、谢璞、古华、孙健忠、韩少功、何立伟、蔡测海、彭见明、向本贵、邓宏顺也好，不仅在中国乡土文学方面，而且在中国现当代文学史上都有一度辉煌的地位。我们选择其中几位作家为代表，探讨湖南方言与文学创作的相关问题。

一、沈从文

沈从文（1902—1988），原名沈岳焕，湖南凤凰县人。他是中国现代文学史上一位颇富传奇色彩的作家。从20世纪20年代一个高小毕业"连标点符号都不会用"的文学青年，一个在文坛中籍籍无名的"乡下人"，到30年代北方文坛最为活跃的领军人物；从40年代末期作为"反动作家"、"落后作家"被尘封于历史，到80年代作为"出土文物"名声日隆，被海内外学者奉为"二十世纪仅次于鲁迅的文学大师"，沈从文的文学地位几经沉浮，但终于成为一代名家定格在人们的视野中。

---

① 颜雄．湖湘文化与现代小说创作 [J]．理论与创作．1998，(4)：17—21．

沈从文作品的语言具有某种独特的韵味，这种韵味很大程度上是其作品中的湘西方言成分生发出来的。这种韵味在同样出自湖南西南官话区的湘籍作家的丁玲、朱湘、刘梦苇等人的作品中难以寻到，这一方面和个人经历有关，丁玲、朱湘、刘梦苇等人都曾受过正规的学院式教育，都是在上大学之后才正式开始写作和发表文学作品的，这使得他们能在创作伊始就以共同语为语言标准而较少受到方言的影响。另一方面也与各自的身份认同有关。丁玲是临澧人，刘梦苇是安乡人，朱湘是沅陵人，三地与沈从文家乡较近，却是进出湘西的门户，比起凤凰来要开放得多，加之较早到大城市上学，使他们没有来自边地的沈从文那么强烈的"乡下人"的身份认定感。朱湘和刘梦苇还可能更多地与他们的诗人身份有关。方言入诗比方言入文更难，因为诗还涉及音调、节奏、押韵等，相对而言比文要求更严格，更难把握。朱湘就曾对徐志摩诗歌"土音入韵"的不妥之处提出过批评。[1]

讨论沈从文作品的方言问题，必然要从其早期创作（大致从1924年年底发表作品开始到1928年左右）入手，因为那时候他的作品是最"原生态"的，是乡土味最浓烈的。作品中就有这样的话语：

把两个手拐子搁到桌子上去。（《一封未曾付邮的信》[2]，《文集》[3]第十卷第2页）（注：手拐子指手肘）

---

[1] 颜同林. 方言与中国现代新诗［M］. 北京：中国社会科学出版社，2008：309.

[2] 《一封未曾付邮的信》是目前所见到的沈从文最早发表的文章，它于1924年12月22日发表在《晨报副刊》第306号上。

[3] 以下引文都出自花城出版社出版的《沈从文文集》，简称《文集》。

所以我不怕别人讨嫌,依然写了这信。(同上,第 3 页)(注:讨嫌是讨厌的意思)

脸上趋抹刺黑,肚板油刮得不剩什么时的情景……(《雨后》,《文集》第一卷第 3 页)(注:"趋抹刺黑"形容非常黑,"肚板油"、"刮"也都是方言词汇,后面这句话的意思是人变得很瘦。)

这些夹杂大量方言词语的早期作品带来了一种地道的乡土气息,却难掩它的原始、粗糙。这也是苏雪林说沈从文的文字"颇有疵病"的原因之一。就连沈从文自己也说最早五年"文字还掌握不住","早期的,我劝你不必注意了,一方面我对付生活,一方面练笔。我要找出路,要活下去"[1]。

1925 年夏天,也就是沈从文开始在刊物上发表文章没多久,他就在《京报》的《国语周刊》专栏中开始发表完全用方言写的诗,如《镇筸的歌》、《乡间的夏》等,其中不乏民间的许多粗言俚语。当时的《国语周刊》在大力提倡方言,沈从文向它投稿用意应该更多在于把湘西方言介绍给全国读者,因为他曾在一首歌的后记里指出,他害怕"我们语言的生命会从传说中消失",因为"云雀、夜莺、安琪儿、接吻、搂抱,这些东西在中国诗话中,已经随处可见"[2]。他认为建造新的"国语"不应该抛弃我们

---

[1] 王亚蓉编. 沈从文晚年口述 [M]. 西安:陕西师范大学出版社,2003:164—165.

[2] [美]金介甫著,符家钦译. 凤凰之子——沈从文传 [M]. 北京:中国友谊出版公司,2000:201.

原有的资源。对于刘半农首倡采集并身体力行写作的方言山歌，沈从文就有过极高的赞美："刘半农写的山歌，比他的其余诗歌美丽多了。"①

到 20 世纪 30 年代，沈从文的文学创作已经走向成熟，语言也已经不再像初期那样原始、粗糙了。在他这一时期创作的作品中，除了直接引用当地的歌谣外，方言元素最浓厚的就是笔下各色人物的语言。正是通过那地方上人所应当讲的地道方言，沈从文写活了他笔下的人物，也写活了他笔下的湘西世界。例如：

  一个水手说："金亭，你听你那妹子陪川东庄客喝酒唱曲子，我赌个手指，说这是她的声音！"另一个水手说："她陪他们喝酒唱曲子，心里可想我。她知道我在船上！"先前那一个又说："身体让别人玩着，心还想着你；你有什么凭据？"另一个说："有凭据。"于是这水手吹着唿哨，作出一个古怪的记号，一会儿，楼上歌声便停止了。歌声停止了，两个水手皆笑了。（《边城》）

1938 年沈从文创作了最后一部长篇小说《长河》，其中使用了大量的方言，并为它们加了注释，这对于沈从文来说是第一次，也是最后一次。为什么他在语言运用上已经得心应手之后又回到"原点"，在作品中大量使用方言呢？章敏认为其原因至少有两点：一是他害怕"我们语言的生命会从传说中消失"，于是

---

① 沈从文. 论刘半农《扬鞭集》[J]. 文艺月刊. 1931,（2）.

再一次有意识地为共同语贡献乡土语言的资源，借助方言"把这点近于历史陈迹的社会风景，用文字好好的保留下来"①。其二，这时的他已经对自己的创作有了一定的自信，更没有了早期"为稻粱谋"的考虑。②不同于早期作品文字的"把握不住"，沈从文在《长河》中方言的运用可谓妥帖自然。虽然所用方言成分在数量上空前地多，但因是长篇，相较之下频率并不算高，节奏得当，也不给人别扭生分的感觉，地域色彩却能悠肆洋溢。难怪他的表侄黄永玉说这是"他与故乡父老子弟秉烛夜谈的第一本知心的书"。③《长河》中人物对话以及地方上风物的描写运用方言自不必说，小说中一般的描述性文字也多有方言色彩，但是因糅合了文言的凝练，因而比起纯粹的方言来更显精致、通脱，更便于理解，如：

祠堂前老枫树下，摆摊子坐坳的，是个弄船老水手，好像在水上做鸭子飘厌了，方爬上岸来做干鸭子。其时正把籔箕中落叶除去。由东往西，来了两个赶路乡下人，看看天气还早，两个人就在那青石条子上坐下来了。各人取出个旱烟管，打火镰吸烟。

20世纪40年代，沈从文作品中湘西方言的元素更加淡化了，

---

① 沈从文.《〈长河〉题记》.沈从文文集第七卷[C].广州：花城出版社，1983：6.
② 章敏.论沈从文文学语言的蜕变[J].中国现代文学研究丛刊.2009，(3)：161—174.
③ 孙冰编.这些忧郁的碎屑[A]，黄永玉.沈从文印象[C].学林出版社，1991：203.

偶尔会用到个别方言词，基本不会影响整个句式或句调，不至于引起异地读者的隔膜和费解。如：

> 正值融雪，赶场人太多，田坎小路已踏得稀糊子烂，怪不好走。（《巧秀与冬生》）

"稀糊子烂"意思是稀巴烂；"怪"是副词，相当于很、非常。

> 杨大娘两脚全是雪泥，萎悴悴的，虚怯怯的，身子似乎缩小了许多，轻轻咒了自己一句："菩萨，我真是悖时！"（《传奇不奇》）

"菩萨"是一个抒发情绪的叹词，相当于"天啊"。"悖时"也作"背时"，意思是不走运、倒霉。

> 客人本意只是赞美房中温暖舒适，并未嫌太热，这时节见推开窗子，不好意思作声。（《看虹录》）

"时节"即时候，"作声"即说话。

> 傍公路那一列热带树林，树身高而长，在微风中摇曳生姿，树叶子被雨洗过后，绿浪翻银，俨然如敷上一层绿银粉。（《摘星录》）

"傍"即挨着,"树叶子"中"子"为方言中常用的名词后缀。

著名汉学家金介甫曾说过:"沈从文的用心是把湘西方言介绍给全国读者,作为地方对新起的民族文化的贡献,使新的民族语言能够在这个基础上建立起来。"[1] 从其作品的叙述与对话中我们可以搜罗出大量沅水、辰河一带人们所使用的湘西方言词语,例如:

> 大哥高兴的神气,像捡得八宝精似的。
> "不知大哥到哪个地方找得这些刺条子来,却还来扯谎妈是玫瑰花,"九妹说,"妈,你莫要信他话!"
> "你不信不要紧。到明年子四月间开出各种花时,我可不准你戴,……"
> "谁稀罕你的,我顾自不会跑到三姨家去折吗!妈,是罢?"
> "是!我宝宝不有几多,会稀罕他的?"(《玫瑰与九妹》)

这段对话中的"八宝精"(稀罕、宝贵的东西,有时带有讽刺意味)、"刺条子"(带刺的枝子)、"扯谎"(撒谎)、"莫要"(不要)、"明年子"(明年)、"顾自"(独自,一个人)、"几多"(许多)等都是地道的湘西方言词。再如:

---

[1] [美]金介甫著,符家钦译. 沈从文传[M]. 北京:国际文化出版公司,2005.

"爸爸已听了我的话，为我要城里的杨马兵做保山〔媒人〕，向划渡船说亲去了！"（《边城》）

不消〔不用〕说，这完全是笑话。可是那故事才把萧萧可乐坏了。（《萧萧》）

"听着没有，老东西！？赶快，莫让老子们生了气。灯笼子〔眼睛〕认不得人！"（《丈夫》）

四狗说："莫发我的气〔生气〕好了。"（《雨后》）

再到后，就听到那城里男人说："女孩子倒真俏皮，照你们乡下习惯，应当快放人〔这里指女子许配给别人〕了。"（《三三》）

"好，我不说了，不然有一个人眼中会有猫儿尿〔眼泪〕。"（《阿黑小史》）

一会儿有人急忙跑到围子里来报信，才知道桥头杂货铺烧了，同时贵生房子也走了水〔发生火灾〕。（《贵生》）

我们应该赶即〔立刻、赶紧〕写几个航空信到各方面去，……（《虎雏》）

满院坝〔大房子内的庭院、天井，或大门外宽敞的空坪〕散着红色土砂。（《玫瑰与九妹》）

工人回去后，老太太把搁在旁边一个细篾烘笼〔冬季用来烤手或烤脚取暖的小炉子〕提到手中，一面烘手，一面走出碾房，到坝上去看看。（《巧秀和冬生》）

办成功他们开张发财，我们这地方可该歪〔倒霉〕，怕不有二三十处油坊，都得关门大吉！（《长河》）

作品中有大量带后缀"子"的方言名词，如《边城》中的

347

"耳子"、"雀子"、"缸子"、"心子"、"帕子"、"条子"、"粮子"、"杠子"、"堡子"、"星子"、"桡子"、"升子",《柏子》中的"栀子"、"身子"、"舌子"、"板子"、"膀子"、"缆子"、"脸子"、"婆子",《神巫之爱》中的"腔子"、"厨子"、"哑子",《石子船》中的"铜子"、"旗子",等等。

湘西地区崇山连绵,峻岭起伏,河溪纵横,村寨多依山傍水而建,因而地名多冠以"坪"、"溪"、"洲"、"寨"、"坳"等字。这样的地名在沈从文作品中有许多,例如:茶峒、碧溪岨(《边城》)、吕家坪、萝卜溪、芦苇溪、金沙溪、青坪溪、鹌鹑洲、枫木坳(《长河》),浼口、黄罗寨(《巧秀与冬生》),青石冈、黄牛寨(《龙朱》),北溪(《七个野人与最后一个迎春节》)。

沈从文小说中很多人物没有具体姓名,而是用概括性较强的名词"妇人"、"男子"、"水手"、"女人"、"兵"、"男人"、"女孩"等代替。在不引起混淆的情况下,他不给人物取名字。即使取名字也都是"三三"、"顺顺"、"翠翠"、"夭夭"、"萧萧"、"贵生"、"柏子"之类,不带一点矫饰。这些极其质朴的称呼方式,使读者直观地感受到湘西的生活气息。

沈从文常会在作品中引用一些俚语、俗谚,这类句子语义精警,上口好记,具有很强的韵律美。例如《边城》中的"又要马儿不吃草,又要马儿走得好"、"八面山的豹子,地地溪的锦鸡"、"炒菜要人吃,唱歌要人听"。《贵生》中的"两手一肩,快乐神仙"、"牛肉炒韭菜,各人心里爱"、"婆娘婆娘,磨人大王,磨到三年,嘴尖毛长"。《长河·秋》中的"衙门八字开,有理无钱莫进来"。

沈从文还在作品中融入了大量的各类湘西方言文化要素。如《爹爹》中纤夫喊的"摇老和黑"、"咦老和黑"便是号子。《黎明》中讲述他在辰州常常去听人唱"咦来合吓！哟合吓！到了辰州不怕三洲险，哟呀！到了桃源不见滩，咦合呀！"这是摇橹号子。还有《油坊》等作品中描写的打油号子。在湘西，凡是有村落或开垦过田地的地方，有人居住或生产劳作的处所，不论早晚都可以听到各种美妙有情的山歌。民歌是湘西方言文化的重要组成部分。沈从文作品中有带有嬉戏性、诙谐性的山歌，如：

你歌没有我歌多，我歌共有三只牛毛多，唱了三年六个月，刚刚唱完一只牛耳朵。（《湘西苗族的艺术》）

山坳的团总烧炭，山脚的地保抓灰，抓灰红薯才肥，烧炭脸庞发黑。（《丈夫》）

过了一天又一天，心中好似滚油煎。（《一个多情水手和一个多情妇人》）

也有富有挑逗性的成人山歌，例如：

娇妹生得白又白，情哥生得黑又黑。黑墨写在白纸上，你看合色不合色？（《阿黑小史》）

天上起云云起花，包谷林里种豆荚，豆荚缠坏包谷树，娇妹缠坏后生家。（《萧萧》）

三株枫木一样高，枫木树下好恋娇，恋尽许多黄花女，佩烂无数花荷包。（《长河·秋》）

娇家门前一重坡,别人走少郎走多。铁打草鞋穿烂了,不是为你为哪个。(《长河·秋》)

"大姐走路笑笑底,一对奶子翘翘底,心想用手摩一摩,心子只是跳跳底"这首歌显然是沈从文最喜爱的歌谣之一,因为《雨后》中的四狗、《长河》中割草的青年和《雨》中五明对他的恋人阿黑都唱过这支歌。①

还有捉弄人的山歌,如《雨后》中七妹子知道山那边草棚下有阿姐与四狗在,就唱歌捉弄人:

天上起云云重云,地上埋坟坟重坟,娇妹洗碗碗重碗,娇妹床上人重人。

在沈从文的许多作品中也常能见到地方小调。较为典型的是《边城》中翠翠"轻轻的无所谓的唱着"的一首:"白鸡关出老虎咬人,不咬别人,团总的小姐排第一。……大姐戴副金簪子,二姐戴副银钏子,只有我三姐没得什么戴,耳朵上长年戴条豆芽菜。"

在湘西,娱神活动中伴有大量的小调歌曲,像作品《神巫之爱》中神巫的歌:

---

① 向嵘. 论沈从文乡土小说的言语风格[D]. 广州:暨南大学硕士学位论文,2008.

>你大仙,你大神,睁眼看看我们这里的人!
>……
>洪秀全,李鸿章,你们在先是霸王,
>杀人放火尽节尽忠各有道,今来坐席又何妨!
>慢慢吃,慢慢喝,月白风清好过河!
>醉时携手同归去,我当为你再唱歌!

沈从文1926年写的组诗《广楚辞》里有一首《还愿》诗,也是唯一公开发表的一首。全诗如下:

>锣鼓喧阗苗子老庚酹傩神,
>代帕阿妹花衣花裙正年轻,
>舞若凌锋一对奶子微微翘,
>唱罢苗歌背人独自微微笑。
>傩公傩母座前唢呐呜呜哭,
>在座百人举箸一吃两肥猪,
>师傅白头红衣绿帽刺公牛,
>大缸小缸舀来舀去苞谷酒。

在诗里,沈从文用当地的方言记载了自己幼年时亲眼目睹的神巫驱邪除妖、祭祀祖先的礼俗和傩祭活动狂欢的经过。诗中首句中"老庚"就是凤凰方言中对苗民的礼貌称呼,"酹傩神"即用酒来祭奠傩神。

尽管有人认为沈从文的小说"方言和成语太多"[①]，但是正如凌宇所说的："最能反映沈从文小说语言特色的，是他用来表现乡土人生的乡土语言。"[②]

二、周立波

周立波（1908—1979），原名周绍仪，字凤翔，又名奉悟，湖南益阳人。中国现代著名作家、编译家。

在文学创作的道路上，周立波始终坚持眼睛朝"下"，即重视运用民间话语形态的方言土语进行文学创作。1948年，周立波运用东北方言创作小说《暴风骤雨》。在小说出版后不久召开的东北文协组织的座谈会上，周立波坦率地谈到小说"语言不够"的问题，他说："农民语言却活泼生动，富有风趣。我想学习，但才开始，因此写起书来就不够用。""《暴风骤雨》是想用东北农民语言来写的，这在我是一种尝试，一个开始，毛病是多的。"[③] 1949年后，他积极响应党的号召，深入工厂、农村，扎根基层，用手中的笔反映新时代，歌颂新生活。1951年3月，周立波参加《文艺报》关于方言问题的讨论，发表了《谈方言问题》一文，系统阐述了他方言写作的主要观点："我以为我们在创作中应该继续采用各地的方言，继续使用地方性的土话。要是不采用在人民的口头上天天反复使用的生动活泼的、适宜于表现

[①] 贺玉波．沈从文作品批判．沈从文研究资料（上）[C]．广州：花城出版社，1991．

[②] 凌宇．从边城走向世界[M]．北京：生活·读书·新知三联书店，1985：318．

[③] 周立波．《暴风骤雨》是怎样写的[N]．东北日报，1948年5月29日．

实际生活的地方性的土话，我们的创作就不会精彩，而统一的民族语也将不过是空谈，或是只剩下干巴巴的几根筋。"1954年4月周立波写下了第一篇乡土小说作品《盖满爹》。小说有比较浓厚的地方气息，特别是人物的语言，更是地道的益阳湖区的方言土语。1955年到1965年，他回到故乡，在邓石桥、桃花仑、大海塘、迎风桥等乡村深入生活先后达十年之久。与当地农民群众同吃同住同劳动，进一步获取方言素材，提高驾驭方言的能力。在此期间，他创作了长篇小说《山乡巨变》和二十多篇乡土短篇小说，开创了乡土文学的新主题、新风格，与同时期的著名乡土作家赵树理享有"南周北赵"之美誉。在文学创作中，周立波等人成功地对农民口中鲜活的方言土语进行改造，自觉地系统地运用并且强化方言的艺术表现功能，使方言成为自己创作的重要艺术特色，形成了将方言作为小说艺术构成基本元素的传统。从周立波的小说起，湖南当代的乡土小说形成了"茶子花"派。周立波在建立起自己"温暖的山茶花"语体风格的同时，也建构起了属于自己的一方文学世界。

《山乡巨变》集中深入地描写了一个僻静的山乡，在农业合作化运动中引起的异常深广的变化，刻画了邓秀梅、李月辉、陈在春、盛佑亭等干部和农民的形象。这部作品在吸收资江下游益阳一带的方言并将其融入全民文学语言的实践上获得了成功。

周立波的家乡位于距湖南益阳市中心不到六公里的谢林港镇清溪冲，当地方言属湘方言。写作《山乡巨变》时，周立波回到了自己熟悉的母语环境，而且自觉地对方言写作进行了思考和总结。他在谈到《山乡巨变》方言话语的出场方式时说："一是节约使用过于冷僻的字眼;二是必须使用估计读者不懂的字眼时,就加注解;三是反复运用,使得读者一回生,二回熟,见面几次,就理解。"① 相比《暴风骤雨》,《山乡巨变》对方言土语的运用更加圆熟自如,一个明显的标志就是页下注数量的明显减少,零星的几个也是基于文本需要,使用更为恰当。

《山乡巨变》是周立波方言写作的成熟之作,文本中直接采撷、征用了大量的益阳方言土语。如写亭面糊算命的一段:

> 我婆婆要算,我说:"你有算八字的钱,何不把得给我去打酒吃?"她一定要算,要孩子把瞎子叫来,恭恭敬敬,请他坐在堂屋里,把我的生庚八字报给他。瞎子推算了一阵,就睁开眼白,对我婆婆说:"恭喜老太爷,好命,真是难得的好命。"把我婆婆喜仰了,连忙起身,又是装烟,又是筛茶,问他到底怎样的好法。瞎子抽了一壶烟,端起茶碗说:"老太爷这命大得不是的,这个屋装你不下了,你会去住高楼大瓦屋,你们大少爷还要带兵当军长。"我插嘴说:"我大息死了,得伤寒死的,他到阎王老子那里当军长去了。"瞎子听说,手颤起好高,端着的茶,泼一身一地。走江湖的,心里活泛,嘴巴又快,又热闹,他说:"老太爷,老太太,你们放心,包你的圝。瓦屋住定了,将来住不到,你来找我。"他自己连茅屋都没得住的,东飘西荡,你到哪里去找他?

---

① 周立波. 关于《山乡巨变》答记者问 [J]. 人民文学. 1958, (7).

这段话里,"算八字"、"把得"、"筛(酾)茶"、"喜仰了"、"大崽"、"阎王老子"、"活泛"、"包圜"、"没得"等方言词语,表现了农民生活和语言的原汁原味。

再看一段:

符贱庚听了这话,欢喜饱了,连忙站起身,把磨快的柴刀插在捆着围巾的腰杆子上,出后门一溜烟跑了。

她本来是位山村角落的、没有见过世面的姑娘,小时候,只读得一年书,平素街都怕上得,一下子要她当人暴众,讲起话来,把她的心都急烂了。

"欢喜饱了"的"饱"是与"饿"相对的,用这个表示人的生理感觉的形容词来说明"欢喜"之情,比说"欢喜得很"或"欢喜得不得了"更具体形象。人的心理活动本来是抽象的,但由于"心都急烂了"中用了一个表示具体变化的形容词"烂"来补充说明"急",就使心急之情变成可见的了。小说里这样富有浓厚"泥巴味"的词语还有不少。如小说中刘雨生追问符贱庚,受了秋丝瓜什么挑唆,符贱庚对刘雨生说:"你是说秋丝瓜么?他教我扎你的气门子,要我说你连堂客都团结不好。"("扎气门子"意思是说使人伤心的话或做使人痛心的事)当盛淑君等姑娘在宣传合作化时,就有人说闲话:"会出绿戏的,你看吧。"("绿戏"指坏事)符贱庚没有女子看得起他,他却"口口声声,说要娶个标致的姑娘,墨水差点的,还看不上"。("墨水"指女子的姿色)陈先晋入社时,李月辉怕是他家里人逼着他入社的,对陈先晋说:"我怕他们对你来了一点冒进,该没有吧?"陈先晋说:"我的耳朵又不是棉花做的,光听他们的?"("耳朵是棉花做的"形容耳根子软,立场不坚定)邓秀梅同李月辉从秋丝瓜家里出来,她对李月辉分析说:"他是不是想用离婚的手段,来挫折老刘的情绪?难说。秋丝瓜肚里是有绿麻鬼的。他们兄妹,又都爱吃松活饭,他平常说城里太没有脚路,说不定这回是想把他的老妹许给城里的买卖人。"("绿麻鬼"指鬼主意,"吃松活饭"指做轻松事,"脚路"指关系)这些方言词语为小说增添了亮丽的地域色彩。

周立波为许多小说人物取了颇具益阳方言特色的绰号,对于刻画人物形象起到了画龙点睛的作用。如《山乡巨变》中,李月辉叫"婆婆子",体现他"气性平和,小急小缓";张桂秋叫"秋丝瓜",比喻他像秋天的老丝瓜一样干瘪、结筋;王菊生叫"菊咬筋",形容他霸蛮五经,刁钻尖刻;符贱庚名"竹脑壳",意思是他头脑空空,没有主见,容易听人弄怂。

《山乡巨变》运用了不少方言成语来刻画人物性格,写景状物,既具体深刻,又形象生动。如写单干户菊咬筋横不讲理,用了"蛮攀五经";写亭面糊头脑不清醒,用了"云大雾地";写谢庆元堂客(妻子)说话粗俗、手舞足蹈的样子,用了"遮巴舞势"。此外,作品中还用"死呆八板"形容人死板,不灵活;用"共脚穿裤"形容两个朋友关系之好;用"唱歌俐哪"描写人轻松愉快的神态;用"墨漆大黑"形容天色或某处很黑暗;用"黑雾大光"描写天蒙蒙亮时的情景;用"灰尘络索"形容灰尘满布的样子;用"寂寂封音"形容寂静无声;等等。

周立波在小说中还不时引用民间俗语。《山乡巨变》中菊咬筋要借他老婆的金戒指："我想借你陪嫁的那对家伙,应应急,将来再赔你。""我不!"他堂客一口拒绝。她晓得他若拿到这对金戒指,便是野猫借公鸡,有借无还的。《一个星期天里》,写老农民李家大爷的"谈讲",用了不少方言,比如:"'作田这一行',老倌子开口,'要讲容易也容易,要说难,也真难。比方泡种跟育秧,会作田的,扶起篱笆就是墙,顺顺当当;不会的角色,就是瞎子跑进芋头田里,尽是门槛。'"[①] "野猫借公鸡,有借无还"、"瞎子跑进芋头田里,尽是门槛"这些方言歇后语,既传神,又有泥土气;既有民族气息,又有节奏感。《山乡巨变》中,秋丝瓜说"艄公多了打烂船","人多乱,龙多旱";陈先晋说"树大分权,人大分家"。《桐花没有开》中,"现在桐花没有开,我们的秧苗已经有了一拳深,再不怕烂了。'有一句老话',张雁秋模仿他三叔的口吻,笑着说道,'穷人不怕富人哄,桐花开花才下种。'"[②] 谚语的运用体现了当地人的生产、生活经验和内心世界。

民歌也不时出现在周立波的小说中。如《山那面人家》中的"旧式婚姻不自由,女的哭男的愁,哭得长江涨了水,愁得青山白了头"[③],《民兵》中的"七月望郎郎不来,姐在后花园中搭一

---

① 周立波.一个星期天里[A].周立波故乡生活短篇小说[C].长沙:湖南人民出版社,2006:84.
② 周立波.桐花没有开[A].周立波故乡生活短篇小说[C].长沙:湖南人民出版社,2006:25.
③ 周立波.山那面人家[A].周立波故乡生活短篇小说[C].长沙:湖南人民出版社,2006:53.

望郎台，一日望郎来望三转，三日望来望九遭，望郎不到砍台烧"①。

周立波特别善于运用对话来塑造人物形象。他讲求"书中人物是哪里人，就用哪里的话"。《禾场上》詹七和脚猪子老倌的对话让人捧腹大笑。詹七说："配种员，我家里的猪婆子发了草了，请你明朝来配种。"脚猪子老倌却十分上火，说詹七骂了他。"你刚才是如何说的？你说：'我家里的猪婆子发了草了，请你明朝来配种。'我本人就是脚猪子吗？混账东西！"

小说《山乡巨变》第一章中，外来的办社干部邓秀梅在入乡途中路遇盛佑亭，这位五十开外的老倌子滔滔不断地"混"自身家世，"混"乡里情况。当邓秀梅问他"你们那个组办得如何"，盛佑亭又打开了话匣子：

"不足为奇。"盛佑亭摇一摇头，"依我看，不如不办好，免得淘气。几家人家搞到一起，净扯皮。"

"扯些什么？"

"赶季节，抢火色，都是叫化子照火，只往自己怀里扒，哪一家都不肯放让。组长倒是一个好角色，放得让，吃得亏，堂客又挑精，天天跟他搞架子。"

……

"他堂客不能帮他一手吗？"

---

① 周立波. 民兵［A］. 周立波故乡生活短篇小说［C］. 长沙：湖南人民出版社，2006：36.

"靠她？她是娘屋里的那兜种，只想吃点松火饭。这号堂客，要是落到我手里，早拿楠竹丫枝抽死了。"

"你这样厉害？"邓秀梅笑着问他。

"对不住。不要看我这个样，我是惹发不得的，我一发起躁气来，哼，皇帝老子都会不认得。"

外来干部邓秀梅虽然年纪轻，但干部的身份以及一口普通话的话语权威使她本可以主导这段对话，但在具体对话中，有意无意间邓秀梅只能被动地贴着盛佑亭的话走，言说中甚至也夹杂"扯（皮）"、"堂客"等方言词语。盛佑亭则一口地道的益阳方言，"淘气"、"赶季节，抢火色"、"叫化子照火，只往自己怀里扒"、"放让"、"堂客"、"挑精"、"搞架子"、"娘屋里"、"那兜种"、"松火饭"、"楠竹丫枝"、"惹发"、"发躁气"等词语，自然而然地从其唇舌间流出，以一种近乎原生态的面貌直接出场，从中可体会到盛佑亭那饶舌的口吻、吹牛的腔调以及夸张的神情，神形兼备地彰显了盛佑亭这位乡下老农的身份和个性。

三、韩少功

韩少功，笔名少功、艄公等，1953年1月出生于湖南长沙。1968—1974年，韩少功到湖南省汨罗县天井公社当了一名知青。1974年任汨罗县文化馆干事，开始发表文学作品。他的文学创作大致分为三个阶段：（1）20世纪70年代末至80年代初以《月兰》、《西望茅草地》、《飞过蓝天》等为代表的"问题"小说创作；（2）1985年以《归去来》、《爸爸爸》、《女女女》等为代表的

"寻根"小说创作;(3)20世纪90年代后期至21世纪以长篇词典体小说《马桥词典》、长篇笔记体小说《暗示》为代表的文体探索。这三个阶段可以用现实主义—现代主义—语言学转向来约略地加以概括。

韩少功的母语是长沙话,到知青下放地之后接触到与长沙话大不相同的汨罗方言。他在20世纪80年代初开始关注方言,80年代中期推出"寻根"小说寻找文学的民间文化之根,又最终把"寻根"落实到了方言上,在90年代捧出第一部长篇小说《马桥词典》,直接把方言当成词条来结构小说。① 生活经验和对方言的感悟,使得乡土方言成了他最重要的文学语言资源。

在"问题"小说中,韩少功就常常使用诙谐幽默的乡土俗语,来活跃行文的气氛,表现农民的心声。比如《雨纷纷》中,妻子埋怨丈夫说:"赌咒发誓有什么用?寅时保证卯时就重犯,你是出窑的瓦罐,定了形了。"韩少功在小说中运用了一些方言词语,并加上引号,在上下文中直接解释,或加小括号解释,或加尾注,让读者不难理解,主要目的是为了营造一种忠于乡村的现实之感。例如《风吹唢呐声》中的"怪气"、"白话",《谷雨茶》中的"猩"(实为《马桥词典》里的词条"醒"),《吴四老馆》中的"现话"、"打讲"等。

在"寻根"小说中,韩少功引入方言时多了追问分析的内容,他开始关注方言的文化含义:

---

① 屈小会.韩少功:现代汉语的守望者[D].上海:华东师范大学硕士学位论文,2010.

> 我发现这里的话有些怪,看成了"视",安静成了"净办"。还有一个个"集",是起的意思?还是站立的意思?(《归去来》)

> 不知道那里的女人名字里为什么大多带有"婆"字;不知道家乡人平时为什么对妻女姐妹姑嫂都统称为"婆"而不区分伦常秩序——有学者说这是原始群婚制在语言中留下的痕迹,这令我暗暗惊恐。(《女女女》)

在《马桥词典》中韩少功显示出他对方言语音的高度敏感,不少词条中都标明了一些字词在马桥的特殊发音。例如"江"、"吃"、"觉"、"浆"、"归元"(归完)、"嗯"等。他写道:"蛮人们,说到'吃'字,总是用最强度的发音,用上古的 qia(恰)音,而不用中古的 qi(契),不用近代以来的 chi。这个 qia 作去声,以奔放浩大的开口音节,配上斩决干脆的去声调,最能表现言语者的激情。"[①] 韩少功试图从方言词语的发音折射出马桥人饥饿、苦难的历史,例如他据史料考察马桥的历史,《平绥厅志》中曾记载有"莲匪"之乱,马桥从此衰落,明朝末年又有张献忠之乱等,到了现代则是大跃进时期经济盲动带来的饥饿。他认为马桥人在语音上有着本能的对吃的激情,这是历史的遗留,只有饥饿过的人才能对吃这么富有激情。普通话统一发音标准之后,首先在发音上就会造成对方言丰富意义的遮蔽。

在词汇方面,韩少功在《马桥词典》的《编者说明》里指

[①] 韩少功. 马桥词典 [M]·老表. 上海:上海文艺出版社,1997:14.

出:"每一个词都有一定的流传范围。"他在书中用两种不同的符号明确标明"流传范围不限于马桥"的词语和"流传范围限于马桥,甚至只为马桥个别人使用"的词语。

在《马桥词典》中,"散发"是"死"的意思。人的生命终结,即是各种生命元素的分解与溃散。"哩咯啷"这一颇具胡琴小调韵味的拟声词指代"情人",也指代游戏性质的谈情说爱活动。"话份"顾名思义,即为具有特权色彩的话语权。

张惠英指出:韩少功的《马桥词典》"给我们提供了研究马桥方言以及整个湘语极为宝贵的丰富资料"。[1]例如:

> 黑相公红了脸,"他这个鳖要流氓!"
> 老鳖,你要如何搞?
> 他破口大骂:"妈妈的,这个鳖地方,这些鳖人!讲话跟放屁一样,把老子骗得岭上到处转。"

长沙等地方言称女阴为"鳖","鳖"、"老鳖"、"鳖地方"、"鳖人"等都是骂人的粗话。用女阴来骂人,和用男阴"鸟"、"卵"、"蛋"等来骂人是同样的道理。

> 他们眼睛红红的憋了半天,说彭世恩(龙家湾的一个大恶霸)杀得,为什么他(按:指希大杆子)就杀不得?他比

---

[1] 张惠英.《马桥词典》方俗口语词例释[J].海南师院学报.1997,(2):38—41,53.

彭世恩拐得多，拐到哪里去了！彭世恩哪有他那样拐？把自己的老子当孙子！

本义咳了一声，宣告他的到场。煌宝不大明白咳嗽的意思。"煌拐子！"志煌看了他一眼，没有搭理。

"拐"形容坏、不善良。"拐子"相当于坏小子、混蛋。本义把志煌叫做"煌拐子"，是因为志煌不服从本义的领导，狠心拆屋。

（万玉）大为不解，"肩锄头？那不像个看水老倌？丑绝了！丑绝了！"

肩着一把锄头，独自在田垄里游转。

"肩"在这里用作动词，表示用肩扛的意思。

摆渡的不是以前那个老倌子了，换成了一个年轻些的中年人。

天下还有王法么？他本义好歹也是她们老倌，好歹是个书记。

一个小孩问他叫什么号？他说他叫野老倌。

"老倌（子）"在《马桥词典》中有两种意思：一是指老年男子，相当于老头儿；二是指丈夫。"野老倌"意思是野汉子，难怪后来"他"遭人笑骂，遭狗来咬。

最不可思议的是本义他爹，叫马梓元，担着上百皮瓦出城，累得大口喘气。

他满意地说，他家不缺盐米，也不缺衣，就是砌猪栏屋时少了几十皮瓦。

这里的"皮"用作量词，相当于"片"。

哪怕最普通的什么东西，萝卜、犁头、扁担、山洞、水井、山头、飞鸟、春白、草地、火炉……无一不可以引起他们下的联想，成为他们下的借口或比拟。

他晚上在街上游荡，看见一些女学生从面前跑过，穿得真是下，短裤下霉出了大腿和脚。

我们问牟到底是怎么回事。"什么事？他要老子搞下的。""怎么个下法？""同他婆娘睡觉！"

（公社何部长说）"这是什么？穿山镜望远镜！有了这个东西，你们不管做什么下事，我都看得见！"

"下"在《马桥词典》中常泛指男女之事（包括夫妇间的合法交合）以及与此相关的下流、下贱、下作的行为。

但是，如果我们只是把《马桥词典》当作方言学学术研究的语料，那就与韩少功的写作初衷大相径庭了。韩少功在《文学的根》中申明说："这大概不是出于一种廉价的恋旧情绪和地方观念，不是对方言歇后语之类浅薄地爱好；而是一种对民族的重新认识，一种审美意识中潜在历史因素的苏醒，一种追求和把握人世无限感和永恒感的对象化表现。"[1] 事实上,"《马桥词典》是中国第一部以大批量的方言来阐释文化魅力的文学作品",它"写出的不止是风土人情,历史变迁,更是一部透视出中国人社会、文化、思想、精神世界的百科全书"。[2]

韩少功在知青生活经验中发现民间的文化与方言的存在,猛然发现现代汉语的分层——现代汉民族共同语即普通话与各个方言,并发现普通话作为一种公共性交际用语,其工具性在不断加强:"我多年来一直学习普通话。我明白这是必要的,是我被邻居、同事、售货员、警察、官吏接受的必需,是我与电视、报纸沟通的必需,是我进入现代的必需",而"我记忆中的故乡也普通话化了,正在一天天被异生的语言虑洗"。[3] 2002年,韩少功在苏州大学与王尧的对话《语言的工具性与文化性》中,对这一问题作了进一步的思考:"就像英语在世界上的扩张,普通话也在中国境内扩张,而且像英语一样曾经借助国家权力的推动。这样做的好处是交流更方便了,国家在语言上统一了,但就普通话本身而言,它出现了跨方言、跨地域、跨文化现象,在很多地方有文化性削弱和工具性加强的趋势。"他对现代汉语出现的"单一和同质"化充满警惕。他强调:"文学语言不仅仅是工具,更重要的是文化";"语言的文化性本身具有非逻辑、非公共的等等

---

[1] 韩少功. 文学的根 [J]. 作家. 1985,(6).
[2] 彭红亮. 从《马桥词典》看方言文化魅力 [J]. 时代文学. 2011,(3月下半月):14.
[3] 韩少功. 马桥词典 [M]·后记. 上海:上海文艺出版社,1997:350.

特点"。① 这些观点可以帮助我们理解他当初于 1995 年创作《马桥词典》的动机。正如董正宇说的那样:"20 世纪 90 年代创作的《马桥词典》完全把一个弱势地位的方言作为文本的表现对象,可以视为一个弱势地位的方言受到冲击的文学隐喻。"② 全球化,或者说"世界的一体化,意味着本有特征的消失,方言的死亡,差异的寿终正寝……作为对'世界一体化'的某种抗议,韩少功杜撰了一个想象中的'马桥弓'",他的《马桥词典》是对方言,更"是对特殊性、差异性的一种捍卫"。③ 他在《马桥词典》的后记中说:"马桥是我虚构的一个地方","我是依据上述这些词目来虚构的。因此,与其说是这些词目是马桥的产物,倒不如说马桥在更大程度上是这些词的产物"。④

1996 年 5 月 8 日韩少功在《中华读书报》上发表了他为长篇小说《马桥词典》撰写的后记《我的词典》。他认为,人是有语言能力的生物,但人说话其实很难。方言当然不是唯一的语言障碍,地域性也不是语言的唯一属性。在地域性之外,语言起码还有时代性的维度。在不久的将来,文化的地域差别可能被基本上铲除和融化,倒是时代差别可能会进一步扩大和加剧。事实上,这个过程已经开始。在同一种方言内,所谓"代沟"不仅表现在音乐、文学、服装、从业、政治等方面的观念上,也开始表现在

---

① 韩少功,王尧. 语言的工具性与文化性 [A],朱竞. 汉语的危机 [C]. 北京:文化艺术出版社,2005:252—254.
② 董正宇. 方言视域中的文学湘军——现代湘籍作家"泛方言写作"现象研究 [M]. 北京:中国社会科学出版社,2008:64.
③ 敬文东. 方言及方言的流变——韩少功启示录 [J]. 当代作家评论.1997,(2):39—44.
④ 韩少功. 马桥词典 [M]. 北京:作家出版社,1996.

语言上。不是地域而是时代，不是空间而是时间，正在造就出各种新的语言群落。这个问题还可以再往深里说。即便人们超越了地域和时代的障碍，是否可以就找到一种共同的语言呢？韩少功认为，从严格的意义上来说，所谓"共同的语言"，永远是人类一个遥远的目标。如果我们不希望交流成为一种互相抵消、互相磨灭，我们就必须对交流保持警觉和抗拒，在妥协中守护自己某种顽强的表达——这正是一种良性交流的前提。这就意味着，人们在说话的时候，如果可能的话，每个人都需要一本自己的词典。韩少功认为，词是有生命的东西。它们密密繁殖，频频蜕变，聚散无常，沉浮不定，有迁移和混合，有疾病和遗传，有性格和情感，有兴旺有衰竭还有死亡。它们在特定的事实情境里度过或长或短的生命。一段时间以来，他的笔记本里就捕捉和囚禁了这样一些词。他反复端详和揣度，审讯和调查，力图像一个侦探，发现隐藏在这些词后面的故事，于是就有了《马桥词典》。可见，方言俨然成了韩少功借以观察社会、思考人生的一架显微镜。

四、何立伟

何立伟1954年出生于湖南长沙，他的作品大多数是以长沙的社会生活、人生百态、风土人情、风俗民情等为题材。何立伟将他在生活中积累起来的丰富的方言素材等写进作品中，字里行间的乡土气息扑面而来。[①] 例如《像那八九点钟的太阳》中的两

---

① 王力如. 何立伟小说语言艺术研究［D］. 长沙：中南大学硕士学位论文，2008.

个例子:

(1) 李小二扭头一望,就见从竖着高高冷凝塔的冷冻车间林荫道上<u>飙</u>出来了一条人影,后头又紧跟着追来一条人影,相隔不到十米,二人速度相等,于是距离始终相等。

(2) "你就是喜欢跟我<u>打顶板</u>,我讲什么是黑的,你就要讲什么是白的,你这个人嗳!"五八年的郭兰英气愤道。

"飙"在普通话中是"暴风"或"迅速"的意思,而长沙人用为动词,表示极迅速的动作。"打顶板"意思是抬杠、对着干。

何立伟小说中使用了大量的"XA(的)"式状态形容词。如:

肖结巴说话,颈根上的筋必定群舞。固然他一身<u>寡瘦</u>,却是勇敢非凡打一赤膊,将众排骨展览。(《一夕三逝·老街》)

只需三五个日头,他们就晒得通身<u>蔻黑</u>,青春的皮肤渗出橄榄油来,水珠像在荷叶上滚动,滴落到身边的沙砾里,迅速蒸发掉,如青春期许多一闪即逝的念头。(《像那八九点钟的太阳》)

小二说:"这是他的一封信,你看看吧。"曼姐姐说:"我的手<u>津湿的</u>。"(《像那八九点钟的太阳》)

五八年的郭兰英把左手的袖子挽起很高,故意亮出她的上海女式表,引来女同事们惊羡的目光。小二说:"咦呀,

炫亮的唻。"(《像那八九点钟的太阳》)

作品中也有颇具地方色彩的副词。例如：

小二就怂怂地想，他妈的看施技师同贺技师打架<u>几多</u>有味，现在看陈干部同军代表的样子<u>几多</u>没趣。(《像那八九点钟的太阳》)

小二说："莫以为老子<u>蛮蠢</u>，老子还是听得懂的老子，你不就是讲你为何要写诗给田报幕员，为何又不敢拢他的边啵？"(《像那八九点钟的太阳》)

徐元元说，你怎么不吃蛋？小二说我<u>连</u>不喜欢吃蛋。(《像那八九点钟的太阳》)

"正是，正是，出去打。这里<u>净</u>是坛坛罐罐。出去打。"五八年的郭兰英附和道。(《像那八九点钟的太阳》)

何立伟作品中方言名词俯拾皆是，体现了当地人的用语习惯，既生动形象又地道朴实，亲切可感。例如：

后来小关就跟陈干部献计，建议打迂回战，说这个猴子啊有个玩得要好的叫李小二，两个人是<u>油盐坛子</u>，结在一块，猴子的事小二肯定晓得，现在猴子不肯说，我们诈一诈李小二，或许能够诈出来。(《像那八九点钟的太阳》)

蔡副主任对夫人说，你看看我们小军，危险！夫人说，我哪世造了孽呵，养了这么个<u>报应息</u>呵。(《这些那些》)

"油盐坛子"本来是一种由两个小罐连在一起的陶器，多有提梁，分别存放油盐。在这里是用来比喻"李小二"和"猴子"之间亲密无间、形影不离的好友关系。"报应崽"在长沙话中是指不听话、没出息的子女，意思是父母不积德，儿子遭报应。

何立伟作品中"子"尾词的大量使用符合长沙人的用语习惯，乡土味十足。例如：

"嗳，真是一个蠢伢子。长不大的蠢伢子咧！"(《搬家》)
下午的来客，是个古怪的老倌子。天还很热，却戴了鸭舌帽。(《这些那些》)
"你到底是后生子啊小二师傅。"苏福生侧脸望着小二道。(《像那八九点钟的太阳》)
"汉子，你好霸蛮，你晓得我是哪个么？"(《荷灯》)

何立伟在作品中记载了大量的湘方言区域独特的事物，有些甚至还作了详尽的描写。例如：

荷叶粑粑：将糯米黄豆与包谷，磨成粉，和在一起又加些糖，拿荷叶扁扁地包成三角形放在笼里蒸，荷叶的绿香又浸到里面去，因此那粑粑极好吃。(《小城无故事》)
抱盐鱼：长沙人喜欢把两三斤以上重的大鱼切成大坨大块，然后敷上一层盐，放在大蒸钵里腌上一两天，鱼的肉腌得紧紧的、一丝一丝的，这就叫做抱盐鱼。(《天堂之歌》)

在何立伟的作品中，人物之间的言谈交际所使用的称谓语往往是"伯"、"叔"、"你郎家"、"哥"、"妹"、"兄弟"、"嫂"、"伢子"、"妹子"之类的拟亲属称谓语，浸润了一种浓浓的乡情。例如《一夕三逝》中年轻人称年纪大的老妇女为"婆婆子"、"娭毑"，称老年男子叫"大爹"、"大伯"用的就是拟亲属称谓语。这些拟亲属称谓语有的在前面加上"老"、"细"以区分年龄，如：

还是城门口那个<u>婆婆子</u>的荷叶粑粑，以及那个驼背的<u>老爹</u>的葱花米豆腐，好吃得很。(《小城无故事》)

一边说一边用手拈着吃起来。这<u>老婆子</u>做的菜，味总是那么地好，完全不如同这日子。(《苍狗》)

然而他所取的仅仅是一种荣誉，那竹排上的吃食并不要，全分给跟在屁股后头吃喝的<u>细伢崽们</u>。(《荷灯》)

有一回广播的<u>细妹子</u>感冒了，发烧，想吃荷包蛋，广播都没弄给她吃，可见鸡蛋于钟家的重要。(《龙岩坡》)

有的拟亲属称谓语带有后缀"子"等。如：

宣传队里有一对双胞胎妹<u>子</u>。长得一模一样很有味。(《苍狗》)

何立伟作品中拟亲属称谓语最普遍、最典型的结构方式是"姓/名＋亲属称谓"，作品中非血缘关系的人物之间互相称呼时直接使用，以此互表亲近。也可用于叙述用语。例如：

"喂，那边宏哥，这一回要看你的呐！"(《荷灯》)

一曲罢了，却互相诘责："惠妹子你永远抢拍子！"(《单身汉轶事》)

那天早上谢婆婆抓着吴师娘的手说："哎呀呀，了不得呐，原来蒋娱驰，是地主婆咧！"(《苍狗》)

只有戴大爹跟她搭腔，余剩人便拿起报纸来看。(《花非花》)

此外，在何立伟的作品中，"你郎家"是常用的称谓语。"你郎家"是长沙方言"你老人家"的合音形式，用于表示对对方的尊敬。例如：

贺技师反而得了胜利似的叫起来："武书记你郎家看到哪，当着你郎家的面他都敢动手啊！"(《像那八九点钟的太阳》)

"我一张一张都清理了的，你郎家放心。"(《苍狗》)

何立伟作品中人物的命名具有湖南尤其是长沙的特色，积淀着丰富的地域文化内涵，散发着浓郁的乡土气息。"姓氏＋特征"这类命名方式在何立伟的作品中最具有普遍性，不但生动地反映了人物性格、形态特征，而且反映了当地盛行的根据人物特征给人取绰号的习俗。如：

后来有一个人跟他打了招呼，他才定了定神，朝那人望过去。原来此人也是一个老街坊，绰号叫做吴叫鸡。(《老何的女人》)

余眯子就把老何请到家里，叫堂客泡了芝麻豆子茶，说，稀客稀客，难得难得。(《老何的女人》)

"吴叫鸡"因其说起话来，声音很怪，像叫鸡（雄鸡）的叫声而得名；"余眯子"的眼睛很小，长沙人习惯把小眼睛的人统称"眯子"。

何立伟在地名的选择和处理上主要有两个来源：一是来自生活，且尽量符合当地地名的习惯和地域环境，二是就地取材，使用了很多当地的实际地名，从而使其作品更加自然地体现出浓郁的乡土气息和地域特色，增加了文学作品的真实性。例如：

那麂子，还是去冬大雪封山时，爹在鹰嘴岩打的。(《石匠留下的歌》)

那杉木河委委屈屈为夹岸高山挤成好窄，只好七弯八拐细细流，到桐子寨上头二十余里，方才舒宽壮大；在一颗石子用力摔不过河的地方，于是渐渐有了涛声，有了放排人悠远苍渺的号子。(《荷灯》)

李光辉在湘西龙岩坡搞工作队的时候才二十一岁。龙岩坡过去是土匪出没的地方。(《龙岩坡》)

工作队员小马，一个日头怎么也晒他不黑的青年，夜饭后正蹲在腊子山脚下一条愉快的溪流旁从头到脚洗他白白净

净的身子。(《明月明月》)

这些地名中的通名"岩"、"河"、"坡"、"山"以及"寨"、"潭"、"洞"、"冲"、"坪"等，说明这些地方山高坡陡，水秀山明，与湖南尤其是湘西地区的地理环境十分吻合，也符合当地人们命名的习惯。再如：

弘沁科从纵横公司出来，拐过府后街街角，朝这个城市最宽敞的那条大马路走去时，他心里并不明白他在接近一种什么东西。(《你在哪里》)

十多年前，老何发表过一部名叫《府右街》的小说，他在那部小说里写到过长沙城里一条名叫府右街的老街，当然还有那老街上的一些人。(《老何的女人》)

叶胖子以前在黄泥街做书生意，有段时间他专门做"黑脑壳书"，也就是盗版书。(《天堂之歌》)

不过话说回来，自从他在下河街的生意越做越冷清，他就莫名其妙地不愿意同有钱的朋友在一起玩了。(《天堂之歌》)

他路过五一路新华书店的时候不由自主地朝里面望了一望，人还是蛮多的。(《你在哪里》)

这些几乎都是湖南长沙市区的实地名，营造了一种市井氛围。

何立伟作品中使用了比较多的谚语，使其作品的语言风格朴实淳厚，新鲜活泼，乡土气息浓厚。

> 黄亮说："搞吧，先搞起来再说。好多事都是<u>草鞋没样，边打边像</u>。"(《你在哪里》)
>
> <u>听话听声，锣鼓听音</u>，我当然晓得他们是来干什么的，于是就掏出随身带的仅有的两百块钱给了他，说小店才开张，这点小意思请你给弟兄们买几包烟。(《你在哪里》)
>
> 王胖子师傅还说，赵丽萍患得患失，将来<u>扁担无扎，两头失踏</u>，命不会很好。结果不久他的话又被验证了。(《像那八九点钟的太阳》)
>
> 五八年的郭兰英附在小二耳边轻声说："<u>恶狗服粗棍</u>。你看他望王胖子，眼睛里头都是怕。"(《像那八九点钟的太阳》)
>
> 小城中人，尽安安稳稳守住自己的本分。正应得一句老话：<u>黄牛角，水牛角，角（各）管角（各）</u>。(《小城无故事》)

这些方言谚语是在一方百姓口语的基础上产生的，大多是用一些浅显易懂的话语说明某种道理或生产、生活经验，通俗简练而含义深刻，而且音韵和谐，琅琅上口。

也有歇后语。如：

> 人生太复杂了。我们是<u>粮店里的烂红薯——够削（学）</u>。(《像那八九点钟的太阳》)
>
> 就是说，马五谷很懂得通过什么手段树立自己治人的威

信。他这么做，不事声张，只有当事人**瞎子吃汤圆，心中有数**；吃过一回，就不想吃第二回。(《龙岩坡》)

"粮店里的烂红薯——够削（学）"利用"削"、"学"在方言中谐音的特点构成歇后语。"瞎子吃汤圆，心中有数"生动形象地表达出老实木讷的龙岩坡农民被做事阴险的队长马五谷惩罚后有苦难言的心态。

歌谣是最能体现地域民情风俗的方言材料。何立伟在作品中引用了一些童谣和山歌。这些歌谣不仅透露出浓郁的地域风情和乡土气息，而且烘托出作品的艺术特点和审美效应。如：

> 谢谢你的茶，
> 谢谢你的烟，
> 谢谢你的板凳坐半天。
> 板凳一跷，打了我的腰；
> 板凳一脱，打了我的脚。
> 我问板凳要膏药……（《像那八九点钟的太阳》）

童谣形象生动，琅琅上口。用在小说中，不仅使作品充满童趣，也强化了作品的地域特色。

> 因为牛二是对着桃花唱的，所以后者就从女人堆里站了起来，仰面和道：
> 姐姐唱歌走四方，

姐姐心中有情郎；

你是懒汉无人睬，

莫嫌姐姐硬心肠。（《龙岩坡》）

这里描写的是湘西百姓对唱山歌的情景。歌词就地取材、信手拈来，随口唱出，因而非常口语化、土俗化，富有生活情趣。

粗俗语（指脏话、粗话、痞话）具有独特的功能，如发泄怒气，发泄不满情绪，表达愤怒，平衡心理，自我安慰，展示性格，等等。[①] 粗俗语是现实生活中的人们，尤其是社会底层的小人物普遍使用的语言现象。从这个意义上说，在文学作品中，粗俗语的使用对塑造人物形象有着独特的作用。在何立伟的早期作品中很少出现粗俗语，最多也仅限于"卵"、"鸡巴"、"蠢"等几个词，而后期随着创作风格的转变，在反映工人和小市民人生百态的长篇与中篇小说作品中，几乎每一部作品甚至每一个章节都有意地使用了大量粗俗语。在其作品中大量出现的粗俗语有的是人们所熟悉的"他妈的"、"畜生"、"鸟"、"操"、"老子"、"娘子"、"日你娘"，等等，与普通话中的粗俗语区别不大；有的则具有方言特色。较多使用的是"卵"字，"卵"指男阴，在何立伟小说中由"卵"字组成的粗俗语主要有"蠢卵"、"卵泡"、"卵用都没有"、"搞卵"、"卵事"、"怕个卵"，等等。粗俗语大多用于骂人和发泄情绪的语境中。如：

---

① 黄涛．语言民俗与中国文化［M］．北京：人民出版社，2002：215.

你不就是发了一点财啵？你不就是做了个电器行的老板啵？刘罗锅你狗娘养的！（《天堂之歌》）

"捅你的娘咧，走资派的崽！"上头也站起来一个人，也是把手叉在腰上。（《我们都是没有疤痕的人》）

我们从家里把弹弓拿来，和平说："追出去打，他妈妈的鳖！"（《我们都是没有疤痕的人》）

"你妈妈的，逼样子！"小二在心里头骂了陈干部一句，弯腰拣块石子，正准备射一棵停满了麻雀的梧桐树，却看到有个人朝他肉颤颤地走过来。（《像那八九点钟的太阳》）

他想你妈妈的，把老子当靶子练了那么久，打我一眼睛的星星，结果你是这个鸟样子！结果你卵泡都没长出来！（《像那八九点钟的太阳》）

"你这个婊子，骚婆娘，臭不要脸，你在广播室里被人操，操得全世界都听见，跟猫一样地嚎叫你还以为别人不晓得！"马脸当众揭对手的丑事，毫不留情。（《像那八九点钟的太阳》）

有的粗俗语用来充当代词，有概指意义，常用于否定句，大致相当于"什么"，如：

王胖子师傅笑得肚子痛，指着大汉道："看他那逼样子，卵（什么）用都没有。"（《像那八九点钟的太阳》）

有的粗俗语没有具体意义，或是口头禅，没有骂人之类的意

思,或是用来加强语气。如:

> 弘沁科想他妈的,知道吃虾算一门什么本事?(《你在哪里》)
> "废了他们这帮鸟人,他妈的!"(《你在哪里》)
> "好说个什么鸟?他们侮辱了我妹妹,我要废了他们!——跪下!"拿大刀的那个小子这么吼着。(《你在哪里》)

从以上例子可以看出,粗俗语大多出现于作品中人物的语言。到了叙述性语言中,作者却似乎有意识地回避这些粗俗语,如应小说故事情节的需要,必须描述性事或男女人物的生殖部位,作者往往以"那东西"、"小东西"、"那个地方"、"那些个事情"等指称性或暗示性的方式表述。例如:

> 想着想着,他就不止是圈心跳,而且胯裆里的小东西亦蓬蓬勃勃斩头露角了。(《像那八九点钟的太阳》)
> 小二就见大汉爬起来,一手从口里扯出士林蓝短裤,一手捂住被女人左左右右拨过的东西,朝天上喊:"好啊好啊好啊!老子捅你的娘啊!"好像他的敌人藏在云朵里。(《像那八九点钟的太阳》)
> 难就难在,一个无依无傍的女人,与一群蛮野汉子之间,竟就没有横生一些意外枝丫,竟就没有干下为生命之火烈烈烧着时,必定要干下的那些个事情。(《淘金人》)

在其后期的作品中，也有很多直白大胆描写性事和男女生殖部位的语言，在此就不列举。

粗俗语的使用者在性别和阶层上具有一定的限定性。首先粗俗语（特别是指称性器官和性事的那些脏话）大多是男人骂人的语言，或者是男人说话的"口头禅"，在男性人群或男性语境中使用脏话是很普遍的现象。女性则自有一套话语系统用于骂人或表达厌恶的情绪，但多为"剁脑壳的"、"天杀的"、"不得好死的"、"死鬼""没良心的"之类的诅咒语言。另一方面，粗俗语的使用者大多是社会较低层的"小人物"。文化水平和道德素养越低，用语越不文明，说粗俗语的概率就越高，如《像那八九点钟的太阳》中，小二、猴子、王胖子师傅之类就是文化修养和道德素质不高的人物形象，所以经常粗话连篇。文化水平和道德素养越高的人，则使用脏话的现象越少。像《你在哪里》中的弘沁科是一个作家，脏话就使用得较少，只用过"他妈的"、"算么子鸟"、"省骂"等粗俗语。

粗俗语具有浓厚地方特色，是方言语汇的重要组成部分。粗俗语的使用使何立伟的小说作品凸现出粗朴而淳厚的原生态语言特点，增强了作品的乡土性和生活性。但是，粗俗语在文学作品中的运用应该讲究度，滥用粗俗语有可能使作品沦为低级趣味的东西，造成语言污染。

五、何顿

何顿原名何斌，1958年生于湖南长沙。1977年高中毕业后，下至长沙县开慧公社开明大队插队务农。1979年考入湖南师范学院（今湖南师范大学）美术系，学油画；1983年毕业后分配到韶光电工厂子弟学校教书，后停薪留职写小说。1989年发表中篇小说处女作《古镇》，从此走上文坛。他被评论界视为"新生代"和"新现实主义"的代表作家之一。

何顿是个地地道道的长沙人。他在作品中为人们呈现了生活在以长沙为中心的湘湖大地上一个又一个普通而鲜活的人，演绎了一个又一个发生在他们身上的平凡而生动的故事。据说长沙几个小老板，看了何顿的小说后，唏嘘不已，觉得就是在写他们，甚至还有人费尽心思找到何顿，很激动地跟他谈小说中的冯建军、李跃进、刘建国。

何顿是自觉运用方言创作的作家中的一员。随意翻开他的作品，浓厚的方言土语所带来的特有韵味与气息扑面而来。葛红兵曾指出："何顿的语言是一种平民化的口语体，有些粗俗，有些赤裸，用词简朴却有一种如火如荼的生活味。"黄伟林则在《欲望化形式中的精神深度》中从另一个角度对何顿小说语言进行了评价："何顿对语言的讲究不仅在于唤起读者的视觉形象，而且还尽可能展示口语的潇洒自然。何顿小说中的人物采用的是长沙方言，它不仅带给读者一种颇为新鲜的听觉体验，而且可以充分体现人物的心情和个性。"洪治纲甚至在《缱绻与决绝》中将何顿小说的语言和结构同其世俗化叙事法则联系起来，说："为了配合这种世俗化的叙事法则，何顿把话语全面渗透到平庸的生活底层，以没有任何超拔和提升的言语来表达那种生机勃勃却混乱不堪的生存现实。所以，呈现在何顿小说中的都是一种没有经过任何雕琢的口语，一种近似非文学化的交际语言，最为突出的就是其中夹杂了大量的长沙方言俚语。"[1]

何顿小说里运用了大量的方言土语词汇，表现出长沙话特有的神韵。

豪爽、粗犷，充满激情，却易冲动，这是湖南人的个性。那些长期生活在社会底层的小市民更是如此。当情绪不佳时，他们用自己方式加以宣泄，最突出的表现就是大量粗俗语的运用，尤其是"鳖"、"卵"及"宝"这类字眼的高频使用。以"鳖"为例，在长沙话里这个词指的是女阴，常被人用来骂人，何顿小说中的小市民更是张口即来。如：

曲刚火道："一把鳖嘴，管起老子来了，老子堂客都不管我。你听不得就把耳朵塞起来。"（《生活无罪》）

"你这是讲鳖话，冯建军鳖。"王向阳说，将手中的烟蒂按灭在西瓜皮上。（《我们像葵花》）

被讨厌的人，嘴巴是"鳖嘴"，说出来的话是"鳖话"，连名字也被加上个"鳖"字，仿佛这样才能释放出心中的不快。

《我不想事》中的桔子竟把自己的哑巴父亲叫做"老鳖"，就连疼她、她也疼的哥哥，她也一会儿是"哥哥鳖"，一会儿又是"鳖哥哥"：

---

[1] 黎治娥. 论何顿小说的两套话语［D］. 福州：福建师范大学硕士学位论文，2004.

"哥哥鳖，"桔子生气道，"你到底要我做什么？"

她的目光像网一样撒在大毛身上：有你监视，我那鳖哥哥也放得心些。

更有趣的是，他们竟也用"鳖"来描述自己。如：

柚子……把他在外面的壮举如数家珍般的说给大毛和罗雄听。"我扔下牌，走过来往老板身前一站，我那鳖眼神把他们吸引住了。"(《我不想事》)

虽然"鳖"字极其粗俗，但长沙街头的年轻人总会以××鳖来你呼我应，不伤和气，反显熟络和亲密。如《弟弟你好》中"弟弟"他们就是这样随便打招呼的：当弟弟买了一辆崭新的漂亮迷人的本田王摩托时，他的朋友羡慕地说"你这鳖好过啰"或者说"你这鳖真的有狠"，弟弟就掩饰不住一脸的得意说"还可以啰"。

可见，他们沉浸于恣意运用这些粗俗词汇的快感中，并不限于用来宣泄恶劣的情绪。这种集爱与憎、亲与疏于一个粗俗语词的表达方式恐怕只有在长沙人的语言经验里才能驾轻就熟吧？

长沙人习惯用贬义色彩很浓的比喻为某类人命名，如：

"你这人说话好没觉悟，开口就要枪毙别人的爸爸。我看你应该枪毙，你这个脑膜炎！"(《我们像葵花》)

他折身啐口痰，"你不晓得她上课讲梦，误人子弟？你

383

还指望这个脑膜炎能把学生教好"?（《真寐假寐》）

"脑膜炎"这个词在何顿的小说中频繁出现。它直接用疾病名称比喻那些糊涂、愚蠢的人，含有蔑视、厌恶的意味。

"阿笋脑壳"（比喻头脑不开窍的人。"阿"当为"芮"）、"芋头脑壳"（比喻头脑不开窍的人）、"猪脑壳"（比喻不爱动脑筋的人）、"教脑壳"（性子犟，不怕事，喜欢称王称霸的人）等更是组成了一个"××脑壳"词族，例如：

> 长沙人要是对你说：你这个阿笋脑壳。那是骂你呆头呆脑，有点蠢气。（《荒芜之旅》）
> 何斌看一眼龙医生，深感这个医生的脑壳是不进油盐的，是那种思想不开窍的芋头脑壳。（《我们像葵花》）
> 在我看来他其实是个猪脑壳。（《只要你过得比我好》）
> 张逊望着这个长沙人，看他说话的情形，就是一个长沙教脑壳。（《荒芜之旅》）

"剁"在普通话里是用刀向下砍的意思，在长沙话里却被赋予了宰人、占人便宜的含义，让人仿佛看见一把利刀直指而来，何等形象。

> 狗子接过金印菜单点了四个菜，把菜单递给身边的姑娘，"兰妹，捡贵的点，剁他几刀。"（《生活无罪》）

"绵"在普通话中是"绵延"的意思，长沙话里用来表示欺骗行为。例如：

　　罗雄一啤酒瓶掷过去，柚子闪开了，瓶子砸在墙上嘭的巨响，粉碎成一地。"未必老子干一白天加半个晚上，三百块钱都没有？你'绵'老子的钱是这样'绵'。"
　　但大毛想"绵"他几十块钱。在这个世界上，不绵傻瓜就没人可以绵了。

一个"绵"字把欺骗这样一个慢慢地、不愠不火地暗中操作的过程，一个抽象的动态过程极其形象地描述了出来。

长沙人还用"吓白菜"来讽刺那种毫无力量的威胁。

　　"你做出一副这号样子吓白菜哦？"表妹不在乎地指出道。（《就这么回事》）
　　"强硬措施是一句吓白菜的屁话。"刘建国不怕地判断道。（《我们像葵花》）

"吓"的对象不是人而是"白菜"，在语义上呈现出让人叫绝、极富幽默感的荒谬性，形象地表现了被"吓"的人面对威胁时不服输、不怕事的牛犊子形象。

何顿小说里采用了不少具有长沙方言特色的述补结构，例如：

当编辑部的同事个个都在议论纷纷，眼红张逊赚了很多钱的时候，何炬代替大家说出了心声："他们说你这套书赚肿了。"(《荒芜之旅》)

表示病理现象的"肿"被用作表抽象行为的"赚"的补语，在给人强烈视觉冲击的意境中极度夸张地传递了"很多、非常多"的意思，令人拍案叫绝。

在中国人的经验系统里，猪被赋予蠢笨的特性，它们在受到侵害、屠宰时会发出恐怖的嘶叫。

这鳖乡里伢子蠢得做猪叫！(《弟弟你好》)

"你是要我打得你做猪叫？"他说，目光又如同铁棍一样杵在她脸上了。(《我们像葵花》)

"蠢得做猪叫"不仅形容人如猪那样"蠢笨"，还将与"蠢"并无关联的"嘶叫"也一并联系起来，夸张得野性十足。当冯建军见到妻子彭嫦娥在吃早餐，但没帮他买时，他发怒了，竟威胁着要打得她做猪叫，凶残的特性彰显无疑。

与湖南乡土文学作家钟情于乡村地区的方言不同，何顿将长沙的市井方言作为其小说创作的第一艺术特征，试图充分发掘方言的审美潜能，这是一种有意的尝试。刘仲国曾评价说："何顿的语言是一种真正的民间语言，它定位于长沙这一特定地域、个体户这一特定社会群体，鲜活、生动、粗疮而充满日常生活气息。"但同时也指出："应该说，何顿作品的结构模式和语言模式在过分迎合读者的阅读期待，消除不适感的同时，在另一方面也使其显得单调和贫乏。"[1] 城市题材的方言文学创作任重道远。

六、现当代湘籍作家方言话语的出场方式

董正宇认为，现代湘籍作家大量运用方言土语进行文学创作，其话语改造及文本出场方式主要有三种：[2]

1. 方言话语的原生态出场

在方言写作中，让方言话语以一种最为接近其本真状态的自然言语的方式直接出现在文本中。这种方式简便易行，言语效用强，因此在现代湘籍作家方言写作中频频出现。

文本中大量湖南方言话语的出现，使现代湘籍作家方言作品中呈现出浓烈的湖南风情和韵味。其中最冲击读者眼球的无疑是那些带着特殊语音形式和意义意蕴的方言语汇。例如作家蒋牧良的小说大量使用了湘中一带的方言土语，如《古记》中的"古记"指的就是父代传给子代的纪念品；用"香炉腿"指延续香火、传宗接代的后裔；"打计告"是指商量事情；《强行军》中的"打起发"意思是抢东西；《从端午到中秋》中用"水都过了三丘田，你还在寻水路"来形容事情已经过去很久了，为时已晚的意思。

许多现代湘籍作家在作品中采用了体现方言语法特色的表达形式。如：

---

[1] 刘仲国. 论何顿的都市题材小说 [J]. 当代文坛. 1998,（1）.
[2] 董正宇. 话语改造与方言出场——现代湘籍作家方言写作形式论 [J]. 中南大学学报（社会科学版）. 2007,（3）：331—338.

> 说完打了自己的手一下，嘿嘿笑起来。（韩少功《月兰》）
>
> 如今，他正跪在这个汽车司机面前……说不定，会有一顿饱的打！（谭谈《空镜》）
>
> 但他强压下心头的怒火，怕吵闹开去，叫隔壁邻居听了去，不好收场。（古华《芙蓉镇》）

"打了自己的手一下"语序是宾语在前补语在后，普通话正好倒过来，要说成"打了一下自己的手"。"有一顿饱的打"语序是"有"＋定语"一顿饱的"＋宾语"打"，普通话则要说成"被狠狠地打一顿"。普通话中"来"、"去"做趋向补语时紧跟在动词后，如"听去了"，湘方言则往往于动补之间插入助词"了"（哒）或"起"，说成"听了去"、"提了来"、"送起去"、"带起来"。

2. 方言话语的间接性再现

注释是一种最为明显的方言话语间接出场形式。注释的方式又分好几种。一种是文本中加括号。如何顿在《我们像葵花》中就多次采用括号的形式解释长沙方言词语：[①]

> 从事个体经济的人，十之八九是年轻人，而且均是坐在办公室里的人看不起的调皮下家（长沙土话，二流子的意思）。（145页）
>
> 社会上流传着一些"带笼子"（长沙话：骗你的意思）的故事。（273页）

[①] 何顿. 我们像葵花［M］. 北京：作家出版社，1995.

有的年轻人把缴用（钱）贴在脸上，穿金利来的衬衣、老爷车的西装和老人头皮鞋……（317 页）

"吃'撂难'（长沙黑话：解决麻烦的意思）饭的。"王向阳说。（395 页）

另一种是页下注，大多比较简明扼要。例如《山乡巨变》[①]第 10 页页下注："诨，即聊天，也有吹牛的意思。"第 18 页页下注："四海即大方。"第 26 页页下注："夜摆子是最厉害的一种疟疾，夜里发病，不能安眠，到白天寒热退了，又不能休息。"也有比较详细的页下注。如《山乡巨变》上卷第六节标题为"菊咬"。"菊咬"是一个地方色彩十分浓厚的词语，共同语几乎找不到合适的对应词，在小说中又是重要人物王菊生的绰号，于是第 62 页下作了一番详细的注释："自己利益看得重，难以讲话的人，叫做咬筋，又叫咬筋人。上面冠以本人名字的一个字，下面简称咬，或咬咬，也可以，如菊咬就是。"

当然，方言话语进入文学作品，面临的最大困难就是读者能否理解和接受，注释是解决这一困难的途径之一。注释得当，不仅有助于读者理解方言词语，而且可以深化读者对方言文化背景的认知。但是，过多的注释会干扰阅读进程，甚至会进一步增加理解的难度。因此，注释是一种不得已而为之的语用策略。如何尽量减少注释又不影响读者的理解和接受，是方言写作中必须解决的难题。周立波在谈到《山乡巨变》方言问题时曾说："一是

---

① 周立波. 山乡巨变［M］. 北京：人民文学出版社，2002.

节约使用过于冷僻的字眼；二是必须使用估计读者不懂的字眼时，就加注解；三是反复运用，使得读者一回生，二回熟，见面几次，就理解。"[1] 这些经验之谈很有启发意义。

在现代湘籍作家方言作品中，引号也被作为方言语汇身份的特殊标志。如1929年沈从文创作的著名短篇小说《萧萧》中有这样一段话：

> 女学生这东西，在乡下的确永远是奇闻。每年一到六月天，据说放"水假"日子一到，照例便有三三五五女学生，由一个荒谬不经的热闹地方来，到另一个远地方去，取道从本地过身。

"水假"一词被引号特别标注。在湘西方言中，"水假"就是暑假的意思。因为在当地"暑"与"水"都读音 xu，在"乡下人"口中，两者没有分别，难以分辨，也懒得分辨。其次，从认知语言学的角度来说，对湘西乡下人而言，水与生活、农事密不可分，在他们的生活环境中，河流、湖泊、池沼触目皆是，因此，在这些几乎没有新式教育经历，不知"暑假"为何物的"乡下人"的头脑中，"暑假"一词就被自然而然地置换成了"水假"。但是，沈从文清楚地知道"暑假"不能写成"水假"，因而在作品中特意用引号标注。

一些作家还采用同义复现的方式来解决方言出场的问题，即

---

[1] 周立波.关于《山乡巨变》答记者问 [J].人民文学.1958，(7).

文中前面出现方言语汇，后面紧接相应的普通话话语，两者之间不仅构成句法关系，也构成语义诠释关系。如古华在小说《芙蓉镇》中写吊脚楼主王秋赦：从小住祠堂的他只习惯了"吃活饭"：跑脚，打锣，扫地；而没有学会"做死事"：犁田，整土，种五谷。① 这里"吃活饭"、"做死事"都被加上引号，标明语汇的方言身份，紧接着的叙述话语对这些语汇进一步诠释。再如周立波短篇小说《翻古》："断黑时节，李二爹带着满崽和长孙在堂屋里头选茶籽。按照传统，小把戏们喜欢要求老年人翻古讲汉，用普通话来说，就是讲故事。"② "翻古讲汉"是一个方言语词，后文用了一个对应的普通话语词"讲故事"来加以解释和说明。同义复现是一种很巧妙的方言话语出场方式，但是需要作家的精心营构。

3. 方言成为文本表现对象

在文学作品中，方言话语有时候会成为故事的讲述对象。例如周立波小说《山那边人家》写一群乡村姑娘去参加婚礼：

> 按照传统，到了办喜事的人家，她们有种流传悠久的特权。从前，我们这带的红花姑娘们，在同伴新婚的初夜，总要偷偷跑到新房的窗子外面、板壁下边去听壁脚，要是听到类似这样的私房话："喂，困着了吗？"她们就会跑开去，哈哈大笑；第二天，还要笑几回。

---

① 古华．芙蓉镇［M］．北京：人民文学出版社，1981：21．
② 周立波．周立波选集（一）［C］．长沙：湖南人民出版社，1983：273．

"喂，困着了吗？"就是新婚夫妇说的一句方言，"困"本字为"睏"，是睡觉的意思。

在韩少功的作品中，方言成了文学言说的范畴，文本表现的对象，成了他文化寻根的出发基点。如在小说《女女女》中，韩少功追问："我不知道为什么家乡人总说我们的祖先是一只蜘蛛，不知道那里的女人名字里为什么大多带有'嫛'字，不知道家乡人平时为什么对妻女姐妹姑嫂都统称为'嫛'而不区分伦常秩序——有学者说这是原始群婚制在语言中留下的痕迹，这令我暗暗吃惊。"① 在《爸爸爸》中他写道：这些村寨不知来自何处。有的说来自陕西，有的说来自广东，说不太清楚。他们的语言和山下的千家坪的就很不相同。比如把"看"说成"视"，把"说"说成"话"，把"站立"说成"踦"，把"睡觉"说成"卧"，把指代近处的"他"换成"渠"，频有点古风。人际称呼也有些特别的习惯，好像是很讲究大团结，故意混淆远近和亲疏，把父亲称为"叔叔"，把叔叔称为"爹爹"，把姐姐称为"哥哥"，把嫂嫂则称为"姐姐"，等等。爸爸一词，是人们从千家坪带进山来的，还并不怎么流行。所以照旧规矩，丙崽家那个跑到山外去杳无音信的人，应该是他的"叔叔"。② 正如韩少功所说，方言"虽然是有地域性的，但常常是我们认识人类的切入口，有时甚至是很宝贵的化石标本"。③

---

① 韩少功. 韩少功中篇小说选 [C]. 上海：上海社会科学出版社，2004：99.
② 韩少功. 韩少功中篇小说选 [C]. 上海：上海社会科学出版社，2004：9—10.
③ 韩少功，崔卫平. 关于《马桥词典》的对话 [J]. 作家. 2000，(4).

韩少功的《马桥词典》更是将方言作为整部小说的表现对象。小说选择了流行于湖南省汨罗县一个名叫"马桥"的村子的115个日常用词,文本以对词条的释义和注解的方式展开。作者在《后记》中说:"词是有生命的东西。我反复端详和揣度,审讯和调查,力图像一个侦探,发现隐藏在这些词后面的故事,于是就有了这本书。"[1] 这样,方言话语成了小说的主角,成了用共同语言来说、诠释的对象。《马桥词典》借助"词典"这一特殊的文本结构方式,通过对马桥方言词语的释义,来挖掘或"释放"马桥方言的"文化潜能"[2]。

七、方言写作的优点与缺憾

1. 方言写作的优点

莫言曾经说过,"一个作家难以逃脱自己的经历,而最难逃脱的是故乡经历",尤其是"故乡的方言土语,从喧哗的海洋深处传来,在我耳边缭绕"。[3] 不少作家尤其是乡土文学作家无不有意识地从方言中提炼出富有表现力的语汇进入文学作品,创作出优秀的乡土文学作品。

顾城曾在香港中文大学的一次演讲中说:"语言就像钞票一样,在流通的过程中已被使用得又脏又旧。"郑敏也发表过类似的看法:"当代汉语正承受着来自多方面的干扰、污染和挤压,一是来自多年意识形态灌输所形成的套话,一派官腔,内容空洞

---

[1] 韩少功. 马桥词典 [M]. 北京:作家出版社,1995:389.
[2] 韩少功. 即此即彼,文学的根 [C]. 济南:山东文艺出版社,2001.
[3] 莫言. 我的故乡和童年 [J]. 新华文摘.1995,(1).

令人生厌,另一是来自拙劣的翻译,以弯弯绕为深奥,另一派是浑身沾满脂粉气的广告、流行歌曲、片头歌的滥美温情的庸俗。"① 在文学创作中,方言的运用能够一定程度上激发作品的语言活力,增强作品的可读性,使我们的母语得以焕发青春;同时也有助于文学作品从形式到内容走向多元化发展的道路。湖湘作家通过自身的创作实践,在用方言丰富全民族的文学语言,加强汉语的艺术表达功能方面作出了积极的尝试。

方言有助于展现某一特定区域的风俗民情,也有助于作家在作品中融入对地域历史文化的回味和对社会万象的思考。如《马桥词典》中展现了马桥独有的地域风俗——"发歌",这是一种男人三两相聚,呈"密谋"状小声唱歌的有趣仪式。再如何立伟在《苍狗》中的一段描写:

> 喝老伍的喜酒,府后街上人摆了流水席。老伍说不要摆不要摆,结果却不过众人情意,也就摆了。个个醉得面如重枣,个个又都喷着酒气说:不易得呐老伍,四十好几你才讨了老婆,啧啧,祖坟开了坼咧!

这段文字描写了长沙街巷结婚摆"流水席"的风俗,"流水席"即连续地开席,一批客人吃完离席,另一批客人又入座上席。方言既反映了地方特有的风俗风物,当地人特有的生活方式

---

① 王玉屏.海男的语言魔法——读《女人传》和《男人传》[J].当代文坛.2002,(1).

和语言风格,同时也反映出民族和地方文化心理积淀。如长沙方言的"家爷"媳妇对公公的称呼、"家娘"媳妇对婆婆的称呼、"家娘屋里"丈夫的家等词语就是封建宗族文化、礼教文化的反映。

文学作品中,人物的口头语言是最接近方言的。① 方言在人物语言描写中的恰当运用,能摹声拟态,随声传形,使读者如闻其声,如见其人。例如何立伟《苍狗》中叙述了谢婆婆的一段话:

  人呐,今日不晓得明日,讲不定我哪一天把脚一伸,去了呐!

短短几句话,模拟出了长沙人说话的语气、神态。再如在周立波《山乡巨变》中,盛佑亭要他儿子照他口授的内容写一份加入农业合作社的申请书。他儿子说"不想申请",不写。盛佑亭说:

  你写不写?你这个鬼崽子,唧了几年牛屁眼,连爷老子的话都不听了?这号书有么子读手?还不如干脆,回来住农业大学算了。

盛佑亭的家长作风,他对读书的认识,他那诙谐、幽默的喜

---

① 田中阳.论方言在当代小说中的修辞功能[J].中国文学研究.1995,(3):86—92.

剧性格，通过满带方言词眼的一串话语生动传神地表现了出来。

在方言语境中，各种修辞格的运用往往更显得鲜活且富于个性化。如《山乡巨变》写刘雨生给几十户农民作加入农业合作社的动员报告，由于陈大春和符贱庚吵架，农民走掉了许多，最后只剩下八户。刘雨生微带讥嘲地说："今天，互助组员唱大戏了，嗓子都不错，都是好角色。"他又对陈大春和符贱庚说："你们两位算是替组里争了不少的面子！"接着又对大家说："你们打了我一个响耳巴。你们真好，真对得住人。"这里刘雨生就用了反语修辞格，就是说反话，他的牢骚表现得更充分，性格也更鲜明地凸现出来。

方言在文学作品中的运用，有助于作家语言风格的形成。如周立波小说幽默风趣的语言风格的形成与他采用故乡益阳等地的方言写作关系密切。益阳方言属于湘方言长益片，本身就富含夸张、戏谑的因子。《山乡巨变》中，盛佑亭向儿子口授入社申请书时说到他与婆婆的矛盾：

> 我婆婆讲："搭帮共产党，好不容易分了几亩田，还没有作得热，又要归公了？"我开导她说："这不叫归公，这叫入社。我问你，我们单干了一世，发财没有？还不是年年是个现路子，今年指望明年好，明年还是一件破棉袄。"她一默神，晓得我说的，确是实情。就不做声了。

盛佑亭的话，如"（田）还没有作得热，又要归公了"，"今年指望明年好，明年还是一件破棉袄"等，颇具夸张、戏谑的意味。周立波小说的叙述语言同样具有这样的风格,例如"姑娘成了堆,总是爱笑。她们嘻嘻哈哈地笑个不断纤"(《山那面人家》),"他是公社的武装部长,长得武高武大,黑皮黑草;大家已经知道的,他的嘴巴子很冲,讲出话来往往牛都踩不烂"(《张满贞》)。其他作家如古华、孙健忠、何立伟、蔡测海、彭见明、向本贵、邓宏顺等,都各有各的方言俗语领域并形成了自己的风格特点。①

2. 方言写作的缺憾

首先,并不是说在文学作品中方言土语使用得越多越完全就越好。有很多的方言土语,因其来自于特定地域人民的语言实践,使用的地域、表达的内容均限于当地,对于该方言区外的人来说是非常陌生的,因而作家在行文中使用这类方言土语,可能会造成阅读障碍而影响文学作品的传播面和读者面。例如:

>　　槽头肉骂骂咧咧地嫌贵,……还火飙飙地说广佬就是喜欢辵贵贵,什么卵"麦菜",原来就是莴笋叶。(北方《一天一日》,《芙蓉》2001年第3期第7页)

"辵贵贵"是长沙话中的惯用语,指欺骗那些没有经验见识的人。"辵"是"骗"的意思。它源于一个口耳相传的典故,据说从前长沙有一个叫贵宝的傻瓜,"贵贵"即贵宝,"辵贵贵"是

---

① 邓立平.湖南当代乡土小说特色论[J].湖南科技学院学报.2008,(5):46—48.

骗傻瓜的意思。

　　另外,过多或不恰当地使用方言土语也不利于普通话的推广和规范化。这个问题的实质是文学作品怎样合理吸收方言土语的问题。文学作品中使用方言的问题是随着"五四"新文学运动而产生的,新文学要求文学用语口语化,"怎样说就怎样写",20世纪30年代的大众语运动推动了文学用语的真正口语化,这样,方言自然而然地进入了文学语言,有关讨论也随之而产生。20世纪40年代,徐中玉先生在其《关于文学上的方言问题》、《论方言文学的倡导》、《论文学方言的使用》等论文中提出过自己的看法,旗帜鲜明地反对倡导方言文学(指完全用方言写文学作品),赞成以普通话为重心和基础,在文学中有选择地使用方言。在《论文学方言的使用》一文中,他认为使用方言的目的有三:其一,要考虑到于文学的意义,即为加强作品的表现力;其二,要考虑到于语言的意义,即为创作更有活力的文学语言;其三,通过以文学语言为表现基础的语言艺术的创造,促进民族长远的统一和发展。关于选用方言的标准,徐先生在荃麟先生意见的基础上指出,"首先要看这句方言是否'形象,精密,明确,美',如果不是,就不必用;如果是了,当然可以用,但亦不必一定用,因为其次还要看这句方言在普通话里是否没有更好的说法可以代替它。如果可以代替,就不必用,如果不能代替,则是一时难懂,也该加注使用,求其普通"。[①] 茅盾在谈到文学语言问题时也

[①] 徐中玉. 写作与语言[M]. 上海:上海教育出版社,1984:312,318—319.

曾说："被采纳为文学语言的方言土语一定是新鲜、生动、简练而意义深长的。"①

其次，方言中的一些愚昧、迷信、粗俗的成分也随着方言的运用难免进入文学作品。

周立波明确提出"在创作上，使用任何地方的方言土语，我们都得有所删除，有所增益，换句话说：都得要经过洗练。"② 此话言之有理，不过如何增删洗练还需进一步在创作实践中去探索。

第二节　湖南本土方言电视节目

1990年的中央电视台元旦晚会上，黄宏和宋丹丹表演的方言小品《超生游击队》瞬间定格为经典之作，在电视荧屏上掀起一股方言的热潮。从此以后，愈来愈多的小品演员使用方言，一时间，用方言进行小品创作和表演似乎成了杀手锏。奇志、大兵使用长沙方言和带着湖南味道的长沙普通话表演的节目，为湖南各大电视台赚足了观众的眼球。

21世纪初，一些地方电视台陆续推出自己的方言电视节目，方言新闻播报、方言栏目剧、情景剧、方言娱乐类节目，各种形态层出不穷。杭州电视台西湖明珠频道《阿六头说新闻》，四川

---

① 茅盾. 关于艺术的技巧 [A]. 鼓吹集 [C]. 北京：人民文学出版社，1954：111.
② 周立波. 周立波文集（第6卷）[C]. 长沙：湖南人民出版社，1984：440—445.

电视台《经济麻辣烫》、《天府食坊》，湖南经济电视台《越策越开心》，北京电视台《第七日》，浙江钱江都市频道《杭州佬》，齐鲁电视台《拉呱》，上海电视台《新老娘舅》等竞相登台，掀起了一场"方言节目大狂欢"。伴随着方言节目浪潮的出现，部分节目主持人也开始在特定的场合采用方言主持，从湖南卫视的明星主持人汪涵主持节目时即兴蹦出的长沙话，到齐鲁电视台《拉呱》节目的主持人小么哥满口济南味的山东话，方言主持大有和普通话主持"对阵"的阵势。① 在这个过程中，湖南的方言广播电视节目尤其做得有声有色。

在这里，我们不得不再次提到杨志淳。1996年杨志淳开始琢磨：能不能把湖南方言搬上电视荧屏呢？他意识到，居委会工作是一个不可多得的好题材，他想写这么一个人物，一个"居委会脚下的委员"，一个没有级别的、不是干部的干部，不是居民的居民，从无大事干，但又事事缠身，有工资就拿，没有工资回去吃的人。他甚至想好了，就把这个人物取名为"杨五六"。"杨五六"是长沙方言，意思是什么闲事都管，一天到晚不晓得在干些什么，但又一天到晚总是忙个不停。他希望能够与一家电视台合作，把这个人物推上荧屏。杨志淳把自己的创作意图与湖南经济电视台编导一说，双方一拍即合。就这样，年过半百的他毅然决定到湖南经济电视台打工，成了该台年龄最大的"打工仔"。几个月后，湖南经济电视台名牌栏目《故事酒吧》诞生了。杨志淳

---

① 姚必鲜,王绍曦.方言电视节目的功能与反思[J].新闻爱好者. 2009,(24).

一共创作了近30集电视小品,并且亲自担纲主演。节目播出后,立即轰动了三湘,旋即又在全国引起反响。据权威机构调查,其收视率创下了白天档综艺节目全国之最,达20%。"杨五六"这个人物,几乎家喻户晓,成了社会公正人物的代表,"杨五六"这个词也一度成了长沙街上出现频率最高的词之一。

电视市场的大获成功给了杨志淳极大的信心,他又作出了一个大胆的决定——进军电影市场,把湘方言小品这种独特的曲艺形式搬上电影屏幕,让"杨五六"走向全国、走向世界!

杨志淳找到了潇湘电影制片厂的编导李约,向他说了自己的构想。李约十分赞同。在他的鼓励下,杨志淳仅用了两个月时间,几乎是一气呵成,拿出了一部原名叫《女人村》的初稿。后来几经修改,最后易名为《辣妹子辣》,并顺利封镜。这是我国第一部起用本土笑星用湘方言演出的喜剧片。其后,在湖南文娱频道播放的由他编创并主演的《新一千零一夜的故事》再度火爆了三湘荧屏。只可惜他英年早逝了。

2002年5月24日湖南经济电视台开播了一档娱乐性脱口秀节目——《越策越开心》,该节目开播以后连续多年雄踞湖南本土电视收视率之冠,连年获得全国电视百佳及全国电视节目评比综艺类一等奖的殊荣,被《新周刊》评为2006年最具民间智慧的电视脱口秀节目。主持人汪涵被评为2005年度全国最佳综艺节目主持人、2006年最佳选秀节目主持人。2006年5月8日起《越策越开心》由于在省内不俗的表现正式登陆湖南卫视晚间档面向全国观众。

2004年2月2日9:30,湖南经视都市频道,湖南观众喜爱的笑星奇志一身马褂端坐在镜头前,这次可不是说相声,但听"啪"的一声,奇志拍下惊堂木,响亮地喊出"市井寻常事,街坊好文章"。湖南第一个栏目剧《故事会》正式与观众见面。在开播之初,《故事会》走的多是方言版路线,长沙话、常德话基本是该栏目的节目用语。短剧中"老百姓自己演自己"的表演形式让《故事会》一炮走红。湖南观众乐了:演员就是身边的街坊邻居,故事来自于寻常生活,就连短剧中的语言,都是咱老百姓最常听到的方言。

2004年4月,作为方言电视剧一大全新尝试的《一家老小向前冲》正式开播,受到观众热烈追捧,成为湖南经视又一品牌节目。节目还被卖到湖北、安徽、贵州等多地,配上当地方言,改名为《经视人家》、《我爱范美丽》等播出。据说有一次,湖北那边电视台搞活动,主办方把严婶请过去,严婶一开口,很多观众很诧异:怎么是湖南口音?

随后湖南娱乐频道的《欲望都市》、《婆媳一本经》和《农家乐》,湖南影视频道的《红胖子哈哈秀》、《生活口味虾》和《阳光的哥》,湖南公共频道的《我来说新闻》,湖南政法频道的《爱上十点半》,湖南卫视《爱情魔方》等方言电视节目纷纷涌现。

长沙方言电视节目如此红火,主要是因为这些节目轻松搞笑,娱乐性强,与正襟危坐、字正腔圆的普通话节目比较,让人有一种耳目一新的感觉。这些节目老少皆宜,雅俗共赏,又大都是当地老百姓身边的家长里短,也是他们最熟悉和最想知道的事情,所以具有极高的亲切感与认同感。人们对方言节目的追捧,实质上是对家乡和自我的一种认同,一种对本土文化的自豪感。

接下来，我们以《越策越开心》节目为例，探讨广播电影电视节目中的方言问题。

《越策越开心》并非传统的纯方言节目，而是在普通话的基础上辅之以方言形式。《越策越开心》对方言的运用从节目名称就可略见一斑。"策"是一个湖南方言词，是《越策越开心》节目名称中的关键词，在长沙方言里，"策"有扯谈、神侃、瞎聊的意思。"策"所追求的是诙谐搞笑的气氛和开心快乐的效果。随着《越策越开心》的红火，"策"的含义又多了一个义项：调侃。

本土化是《越策越开心》节目最大的特色，从主持人的选定到节目的编排，台词的敲定，无不具有浓郁的湖南特色，淋漓尽致地表现了湖南民众幽默、乐观、开朗而又时尚的性格。《越策越开心》主要设置了开场、歌舞秀、越播越开心、嘉宾访谈四个环节。通常以方言短剧、笑话作为节目的开场。越播越开心环节将用长沙方言配音的影片片段剪辑组合成一段段无厘头式的"新闻"。

方言是该节目的重要特点，因为方言是表现南方市井文化的重要工具，又是无厘头文化的基本源泉。《越策越开心》属于方言节目，具有普通话没有的韵味。方言以长沙话为主，适当夹杂一些常德话以及其他地方方言。

一些湖南人耳熟能详的词语，如"堂客"（妻子）、"妹砣"（女青年）、"满哥"（男青年）、"鬼崽子"、"结巴子"、"后脑壳"（后脑勺儿）、"喫饭"（吃饭）、"何解"（怎么了）、"勩胖的"（很胖）、"刮瘦的"（很瘦）、"透鲜的"（很鲜）、"簸箩"（质量不好)、"七里八里"(啰唆)、"虱婆子"(虱子)、"兰花干子"、"油门杆子"、"晓得"(知道)等,频繁出现在《越策越开心》的台词里。如节目中为电影《断背山》桥段改编配音的一段中就用了不少很有特色的长沙方言词语:

甲:小明哥,我今天就要离开断胳膊山了,虽然我很舍不得你,但是我还是决定一个人去流浪,你保重!

乙:你真的要走吗?你欠隔壁炸<u>糖油粑粑</u>的<u>六娭毑</u>的四块钱还了吗?不然她会缠着我吵的,那样我会<u>亏醉</u>的。

甲:放心,一切我都已经<u>搞定</u>了。如果有一个叫桂香的<u>妹砣</u>来找我,告诉她我要浪迹天涯,记得把我的电话号码留给她。

在《越策越开心》中,如果上台来的嘉宾或观众是一位长沙老太太,主持人就会很自然地喊她叫做"娭毑",而老太太也会很高兴地配合主持人接下来要进行的环节。尤其是在做访谈性节目时,主持人使用方言会让被访者轻松、豁达起来,这样的沟通就会随着语码的变换,而更加亲切和生动起来。①

《越策越开心》营造的是无厘头的脱口秀文化和方言语境中的南方现代市井文化。南方现代市井文化是无厘头文化的基本源泉,而方言则既是南方现代市井文化的组成部分,也是表现南方市井文化的重要工具。下面一段台词从内容到表达无不显示了节目的市井平民化和无厘头倾向:

---

① 李萍. 浅谈方言在电视节目中的正面效应 [J]. 当代电视. 2011,(7).

YOYO：而且你知道吗，他（丈夫）在街上只看这长腿高个的美眉，气死我了！

汪涵：（轻声自语）这个爱好我也有。

汪涵：不能这么说，太过分了！罚款了！喜欢长腿的，你怎么要找她呢？

YOYO：（生气地）我腿也不短呀。

保剑锋：我当年以为它还会长嘛。

YOYO：你要不喜欢我的话，咱们就离婚。

汪涵：我支持。

YOYO：反正离了之后你肯定会很快忘记我的。

保剑锋：不会的。我永远也不会忘记你的。

汪涵：为什么？

保剑锋：你帮我买了那么多东西，都是分期付款的。

YOYO：哼！

这是在公路上由汪涵扮演的交通协管员与YOYO和表演嘉宾保剑锋扮演的一对年轻夫妻之间的对话。从人物身份上讲，都是小市民阶层，对话的内容也显示出典型的小市民意识，从台词所运用的词语如"美眉"、"罚款"、"离婚"、"分期付款"等我们可以感受到浓浓的市井风情，而话里行间所带的功能各异的语气词"了"（极不耐烦）、"嘛"（自以为是）、"呀"（骄傲）、"呢"（故意调侃）、"哼"（目中无人）等，把小市民的内心暴露无遗。

还有一些惯用语的使用，如"出西西"（出问题）、"欠不得子"（不能吃亏）、"晓得不啰"（知道吗）、"有点宝气"（有点傻

405

气),语气随意自然,就让人觉得这就是朋友间的玩笑打闹,自然可以拉近节目和观众之间的距离。再看一段节目内容:

陈英俊:(扮成滑稽妇女)碰哒你的鬼咧!

汪　涵:大姐,在这个时候看到你,还真有碰哒鬼的感觉。

陈英俊:我在家里搞卫生搞得好好的,你们一锤子擂起过来,把我家的吊灯都擂下来了,幸亏我躲得快,要不然我就破了相了咧。

马　可:大姐,搞了半天,你还没有破相的。我觉得是不是破了相会更好一些。

汪　涵:我砸的墙何解(怎么)啰?

汪　涵:说话就说话咯,你抖什么啰,真是!

"碰哒鬼"、"碰哒你的鬼"是湖南方言中贬损、斥责别人的常用语,是"见鬼"的意思,但是比"见鬼"更显粗俗。《越策越开心》中的演员们都不是乡野之人,但都是地道的湖南本土人,日常使用的就是方言土语。在电视这个标准语占据主流的大环境下,方言土语从他们嘴里蹦跶出来,本身就让人感到有一种不协调的幽默味道。

据陈芳统计,光是 2007 年 9 月 27 日的那一期《越策越开心》节目中出现的方言词语就有:[1]

---

[1] 陈芳.《越策越开心》语言艺术研究[D].湘潭:湘潭大学硕士学位论文,2010:4—5.略有改动。

名词类：脑壳（脑袋）、我屋里（我家）、背头（头发向后梳的发型）、老实话（实话）、乡里乡亲（乡亲）、伢子（男孩）、爹爹娭毑（爷爷奶奶）、沙痱子（痱子）；

形容词类：背时（倒霉）、灵泛（聪明）、韵味（值得享受）、霸蛮（硬撑着，固执）、搞笑（幽默）、拽味（掉味）、连不清白（一点都不明白，糊涂）；

副词类：蛮（很、非常）、莫（别）、冇（没有）；

动词类：搞不清楚（弄不清楚）、匀点地方（留点地方）、砣死（压死）、提［tia13］、翻白眼（死了）、唆（吸）、□［lia24］（麻烦，劳驾）、逗把（不认真，不正经，故意打岔）、策（调侃）、得路（占便宜）、醒门子（揭伤疤、出丑）；

代词类：么子（什么）、别个（别人）；

数量词：一垛（一堆）；

语气词：咯、哒、噻、咧、嘞、呐、喔、啰。

在某种程度上，正是这些极具幽默感的方言词的运用，将湖南本土的观众牢牢吸引住，并且影响着湖南以外的观众。

节目的插曲《长沙策长沙》的歌词将时尚的英文与长沙本地的地名、建筑、古迹、名吃、风物之类的词语巧妙地融合在一起，既有地域特色，又不乏时代气息：

我从细到大，住得长沙河西，喫的水，喫的鱼，哈是湘江河的，河东到河西，那里到咯里，公车线我哈熟，万一不懂就打的。我不是只满哥也不是老口子，但是槟榔不选别的，只喫老口子。你晓得白沙井，白沙烟，白沙酒，不晓得红花坡，黄土岭，黑石渡。马王堆的辛追娭毑现在住得博物馆里，省图书馆从周一到周日都是满的，古迹现在只有走马楼和天心阁，爱晚亭和岳麓书院你要清白。你听过弹词，不一定听过 c-block。你晓得练地，不一定晓得 hip-hop，我们住得长沙，所以用长沙话说唱，你要懂味，举哒手摇，就像我咯范。爹爹六十岁还要去五一广场玩板，驮哒崽要喫辣椒，她讲不会难产。喫得亏，霸得蛮，咯叫长沙态度，湘楚的古老文化，长沙才有。我在附中读书，咯里有条堕落街，小吃尽是，妹子一个比一个 high。一车过桥步行街，还搞点别的。药王街的四合一，那硬是要吃热的。记住长沙有花鼓戏和湘绣，听哒《刘海砍樵》就不想走。c-block，欢迎大家来到长沙，长沙人伸出你的手，再莫讲哒。长沙 city 长沙 show，长沙 c-block 长沙 flow，长沙妹坨叫长沙 girl，我从南门口，走到河边头。月亮粑粑，肚里坐个爹爹，爹爹出来买菜，肚里坐个奶奶。跟你讲，我是长沙伢子，地道的长沙娃，所以长沙的说唱我用长沙话，从小到大，从细到老，0731 时刻子让你觉得骄傲，南门口，河边头，变化得很大。以前稀烂的北正街，现在已经不在，从东塘、清水塘到扫把塘，还有长岭、瑶岭到伍家岭，长沙飞快发展，城市越来越屌，就像长沙的 hip-hop 越来越屌。长沙电视厉害，收视飞上天，想法走在别个前面，你们莫拢我的边。老一辈的长沙里手，创建美丽星城，告诉我们喫苦耐劳是长沙精神，长沙好多靓姐星姐倾国倾城，我爱长沙，要讲出我的心声。每次演出，爹爹娭毑跟哒我吼，要喫好喫的，细伢子哈跟哒我走。四姨娭，杨裕兴，火宫殿，饭前白沙井水，饭后点一根白沙烟，不仅喫得饱，味道好，还很便宜，实在不行还可以吃圆的吃扁的。咯里除开月亮粑粑还有糖油粑粑，肚里坐的不是爹爹，但是真的很好喫，还有南门口最香的臭干子，哪个讲不好喫，就是只乏把子。我爱长沙，她就像我的姆妈，我们都是策神，叫做 c-block 不是挟多利多，也不是结精咣精，只是代表长沙，向大家表示欢迎。

唱响这支歌的高中生组合后来成为颇有名气的 hip-hop 乐队。老湖南人讲话都有一个习惯，就是善于随时随境编说顺口溜、民谣等，既便于流传，又有很浓的人情味儿。面对湖南观众，《越策越开心》节目中经常能听到类似顺口溜的段子，形成表达和韵律上的突出特征。如：

（1）陈英俊：唉……老板，你看我<u>辛辛苦苦几十年，混来混去还只是个小职员</u>，嘿呀，<u>人人都说男人好，男人苦难真不少。低三下四为女人，男人没钱女人跑。</u>

汪　涵：哎……<u>人人都说男人好，男人苦难真不少，常年在外心长草，看见美女就像花，看见老婆，嗨！像大嫂！</u>

陈英俊、汪　涵：做男人真难哪。

（2）陈英俊：汪老板，你看我都跟了你几十年了，你么子时候能够提拔我？

汪　涵：不是我不提拔你，是你这个人一到关键时候就出西西。

陈英俊：我么子时候出西西啰。

汪　涵：我一夹菜，你就转桌；我一听牌，你就自摸；还有几个美女来做陪，你就作死的起吆喝，你这个人真的是。

这两个语段押韵和谐，语气流畅，上口易诵，很快成为湖南街头巷尾的取乐段子，许多观众在看完这期节目之后就能脱口而出。又如：

汪涵：各位来宾，各位上亲，欢迎参加贤弟与YOYO的婚礼！新郎新娘一鞠躬，感谢改革开放的浩大东风；新郎新娘二鞠躬，感谢领袖毛泽东；新郎新娘三鞠躬，耽误了各位的麻将工；新郎新娘四鞠躬，感谢各位的红包封；新郎新娘五鞠躬，生个细伢子带个把把根；新郎新娘六鞠躬……

马可：鞠咯多躬搞么子咯？

YOYO：还有啊？

汪涵：鞠噻！联系初吻十分钟；新郎新娘七鞠躬，再搞下去有点脑壳晕。接下来请新郎新娘公开一下，分别跟我谈恋爱的经过。哦，不，分享你们自己谈恋爱的经过啊。

这些押韵的台词经汪涵脱口念出来，令观众忍不住捧腹大笑，一经《越策越开心》播出，马上成为湖南婚礼上的热门段子。

《越策越开心》的节目主持人能语随境出，并以湖南人说话的方言腔调说出口，惟妙惟肖，绘声绘色，极具逗乐的效果。如汪涵的一段台词：

所以一般喊人嘛，小时候啊，我记得住在一个小村子里，我有很多小伙伴，特别调皮，到了吃饭时候呢，不按点回家，（随意地）所有的妈妈们都往阳台上一站，就开始叫自己的小孩，而且是一长串的。（高声喊）小马呀——你咯这个剁脑壳的死脑壳的砍脑壳的切脑壳的挂脑壳的（语速越来越快），（音调提高）你给老子回来吃饭啰——

语调这样一个专业性很强的概念，能够被主持人以如此具有趣味性的方式说出来，使观众在开心一笑的同时获得了学术知识，相信这样的节目并不多见。

《越策越开心》节目中常会运用一些修辞手段。例如：

陈英俊：大家好，我是超人，superman。
汪涵：扫把 man，扫把，再说一遍。

由于陈英俊发英语单词"super"的音不标准，将 [suːpə] 读成 [sɔpo]，正好与长沙方言"扫把"（扫帚）的读音相近，好莱坞电影里超人的英雄形象被以无厘头的方式"策"成了扫把，真是好笑。这里运用了"飞白"的修辞格。飞白是指明知错误，还故意仿效其错误以达到滑稽、增趣的目的。飞白可以是援用他人的语言错误，也可以是自己有意识地说错或写错一些话，以求得幽默效果。再如：

嘉宾（某韩国明星）：我是满哥[manko]青年男子。

马可：你是满哥还是芒果。

外国人说中国话，很多时候会因念不准声调而显得滑稽。这位嘉宾就是将长沙方言中声调念阴平33的"哥"读成了55，主持人马可就在这怪怪的声调上做文章，把嘉宾学到的长沙方言词"满哥"策成了"芒果"。

《越策越开心》的节目主持人有时甚至会利用湖南方言与普通话的语音差异，故意读错某些字音，如湘方言中常常h、f不分，主持人便故意在"飞机"一词上夸张地表现这种发音上的差别，念成"灰机"，甚至还会把这种语音面貌带到英语单词发音上，如fashion，造成笑料。①

汪涵等在主持《越策越开心》时并不仅仅只说普通话和湘方言，上星后更是在节目中融入了更多地域方言，四川话、粤语、东北话、河南话、天津话等在他的主持中也是手到擒来，而且节目中还有同期字幕配合，给予更多地区的观众"老乡"的感觉，让观众觉得亲切备至。他们的语言面貌是和当日邀请到的嘉宾保持一致的。也就是说，请到的嘉宾是哪里人，节目中就有哪里的方言看点。作为一名节目主持人，汪涵充分表现出自己的语言天赋，为

---

① 姜舒文. 方言类电视节目存在的合理性及其主持风格探析——以湖南卫视方言娱乐节目《越策越开心》为例[J]. 电影文学. 2009, (20).

节目增色不少。如情景剧中机场候车室来了一位东北客人：

> 客人：我投诉你们机场餐厅！这牛肉疙瘩我都嚼了半个钟头了，这不烂和，咋整的你！
>
> 汪涵：你着急啥你呀，反正你飞机都晚点两个小时了，你慢慢使劲嚼着吧你。

《越策越开心》之类的方言电视节目在各地纷纷推出，引起了国家有关部门的关注。2004年10月，国家广电总局发布《关于加强译制境外广播电视节目播出管理的通知》，要求停播用地方方言译制的境外广播电视节目。2005年国家广电总局要求电视节目主持人一律使用普通话，不模仿港台腔以及夹杂外语、方言；当年10月8日，国家广电总局又针对电视剧语言使用上存在的一些问题出台《广电总局关于进一步重申电视剧使用规范语言的通知》，发出电视剧不得使用方言的禁令。2006年3月31日，国家广电总局副局长胡占凡在教育部、国家语委举行的纪念国务院《关于公布〈汉语简化方案〉的决议》和《关于推广普通话的指示》发布50周年座谈会上发言，又强调指出：广播影视是通过声音和图像传播的媒体，规范的语言文字和普通话是最重要的信息载体，广播的"声情并茂"和影视的"声画和谐"都离不开规范的语言文字。几次禁令引发各方讨论，反响褒贬不一。[①] 一

[①] 周紫燕. 长沙地区广播电视方言节目受众语言态度研究[D]. 广州：暨南大学硕士学位论文，2007.

时间，关于如何看待这类节目的争议声四起，支持者有之，反对者也有之，而且似乎都言之有理。

对于方言电视节目，我们应该秉持冷静、客观、公平的态度，既要看到它在某些方面表现出来的长处，也要看到它的弱点。

各地奇异多彩的方言是民族语言和民族文化多样性的表现。"正是因为有了方言，我们的语言文化才这样的五彩缤纷，正是有了这样五彩缤纷的方言文化才给我们的电视节目注入了新的活力"，反过来，"方言电视节目在某种程度上起着保护与传承着地域文化的作用"。这表现在如下几个方面：[①]

（1）方言电视节目展示了方言的语言特指和表达方式。

长沙方言中"哥哥"的发音是 $ko^{33} ko^0$，"到了"说成 $tau^{55} ta^0$，长沙方言称奶奶为"娭毑"，称头为"脑壳"，这些独特的发音、语词和表达方式都成了方言的外在标志，也是生活在这一地域的群体观察世界、表达感情的独特形式。以《越策越开心》中汪涵经常使用的湘方言为例，指人不精明为"不清白"，纠缠不清叫"扯不清麻纱"，说人不务正业、不争气是"化生子"，指人一根筋、倔强叫"霸蛮"，形容可怜样子是"造孽巴煞"，被吓着了说成"吓得你一滚"，碰上倒霉事或指人运气不好说成"背时"等，如果用普通话的相关词语将它们替换，可能并不影响观众的理解，但由于普通话尚未成为长沙市民的主要交际工具、思维工

[①] 李欣. 我国方言电视节目得失分析——以 eTV 湖南经视综合频道《越策越开心》为例 [D]. 北京：中国传媒大学硕士学位论文，2008：17.

具和文化运载工具，与湖南的历史文化背景存在距离，难以精确地反映人物的心态变化和情绪，更难以体现长沙方言使用者所追求的那种韵味。例如随着《越策越开心》的播出，"那确实"[la^{55}tɕ^{h}io^{24}sŋ^{24}]这句普通的长沙话在全国观众口中流行了起来。这句话乍一听有些霸蛮和夸张，但在一定情况下，总有一种亲昵的、让旁人觉得说这句话的人爽快、值得相信的感觉，如果将其换作普通话的表达方式，如"的确如此"，能否表现出这样复杂的意义很值得人怀疑。曾几何时，深受湖南人喜欢的著名湖南笑星奇志和大兵在1999年中央电视台春节联欢晚会上亮相，考虑到全国多数观众接受的程度，他们把一些经典段子中的长沙方言换作普通话，结果使他们的节目丧失了方言相声的独特韵味。方言电视节目中适时适当地使用一些方言成分实际上有助于维护和彰显地域文化的丰富内涵和独特韵味。

（2）方言电视节目有助于挖掘和展示民俗风情。

中国自古就有通过调查方言和方言文化来体察民情的传统。要了解一个地方的民俗，就必须要弄清某些方言词语的含义。方言电视对地域民俗风情的挖掘和展示，为现代人充分了解地域文化提供了一个重要的文化窗口。比如臭豆腐曾经是湖南人钟爱的开胃小吃，虽说闻起来臭、看起来丑，却是吃起来香，但是随着人们饮食选择的日渐增多，这种传统美食渐渐被人忽视，多把它当成一种路边摊上售卖的上不了桌面的东西。《越策越开心》通过与已经做了几十年臭豆腐的五娭毑的对话，重新展现了臭豆腐的魅力，为观众展示了这道极具湖南特色的美食的极为讲究的制作过程。

（3）方言电视节目为地方文艺开辟了新的舞台。

新媒体技术的出现，在抢夺了民间歌谣、戏曲、曲艺的受众的同时，也给民间文艺带来了新的发展机遇。《越策越开心》等方言电视节目为民间文艺提供了展示自己的舞台和重新接近受众的途径，也在为传播、弘扬和发展古老的地方文艺作着贡献。比如《越策越开心》2005年春节贺岁节目邀请了湖南花鼓戏四大天后齐聚一堂，艺术家们重现了湖南花鼓戏的经典选段，展现了湖南花鼓戏的魅力。节目播出后，受到许多观众的好评，网友"唱起来"就在湘音社区论坛表扬"湖南经视做了一件有意义的事情"，其他网友则纷纷跟帖支持这种保护地方戏曲的做法。

（4）方言电视节目为一方百姓提供了一种独特的消闲娱乐方式，丰富了他们的文化生活。

近年来，电视文化经历着从高高在上的精英文化逐步走向贴近大众的通俗文化的转型，电视文化早已进入了寻常百姓的日常生活，而大众也开始参与电视文化的生产消费。电视观众的消费目的是通过收看自己喜欢的电视节目获取信息，放松身心，打发紧张工作之余的闲暇时光，而不是为了聆听节目主持人或演员高高在上、一本正经的说教。方言电视节目以一种平民化的形象出现在电视屏幕上，内容贴近百姓日常生活，节目方式轻松随意、娱乐性强，有利于营造宽松融洽的气氛，让观众在消费心理上获得一种平等的满足感。

（5）方言电视节目有助于保护语言文化多样性。

在全球化和民族标准语普及所带来的双重压力下，方言的使用人口正在大幅度地减少，方言之间差异性正在缩小，方言的地域色彩正在淡化，一些方言面临着濒危的境地。一种方言的消失并不仅仅是这种方言本体的消亡，更意味着这种方言千百年来运载的地域文化的泯灭，汉民族语言文化的多样性受到日益严重的威胁。在这种情况下，方言电视节目的勃兴在一定程度上展示了区域方言的魅力，有助于区域方言的保护和传承。例如，收看《越策越开心》之后，许多人感受到了自己家乡话的韵味，不再觉得母语土了，而是觉得好听了，愿意说家乡话了；也有许多开始关注起自己母语之外的其他方言，那句经典的常德话"你搞么的噢？"（你干什么呀？）就是这样流行起来的。

（6）方言电视节目能给身在异乡为异客的游子们带来家乡的慰藉。

如今地球都已成了"村"，人口的流动性变得越来越快捷方便。当身在异乡为异客的他乡游子收看到家乡方言电视节目，从电视上听到节目主持人口中蹦出一些从小耳熟能详但生疏已久的家乡方言词句的时候，那是一种怎样的心灵慰藉。当听到节目中传出"我跟你讲（gang）嘞"、"是我咧"、"又有么子事啰"、"架场_{开始}架场，准备吃饭哒"这样的句末带着夸张传神的语气词的话语声和"爹爹（dia dia）_{爷爷}"、"爷老倌_{爸爸}"、"堂客_{老婆}"之类的称呼声，让游子们不由得有了置身家乡街头巷尾，或是与亲朋好友、街坊邻居随意攀谈的感觉。方言电视节目利用方言这座身份认同的桥梁，为观众创造了一种体验的空间。俗话说："老乡见老乡，两眼泪汪汪。"家乡的方言电视节目把众多的老乡带到了观众的眼前，令他们油然而生亲切感，这样的节目能不被他们接受、认同吗？"《越策越开心》的成功上星，最高兴的莫过于我们这些身在异乡的家乡客了。以前每次从湖南回到北京,众人聚在一起津津乐道的话题里总缺少不了《越策越开心》,也常常为北京收不到湖南经视而顿足惋惜。……2006年成功登陆湖南卫视后,虽然长沙味道渐渐淡了,但在节目间偶尔出现的方言包袱还是让我们闻到了臭豆腐的香味,剁辣椒的辣味,瞬间开始神清气爽。"①

但是,方言电视节目的存在和发展受到许多因素的局限,主要有:

(1) 方言电视节目注定只能是小众化传播。

从传播学的角度来看,方言电视节目的制作、播放和收看也是一个符号化和符号解读的过程。"符号化即人们在进行传播之际,将自己要表达的意思(意义)转换成语言、音声、文字或其他形式的符号;而符号解读指的是信息接受者对传来的符号加以阐释、理解其意义的活动。共通的意义空间,意味着传受双方必须对符号意义拥有共通的理解,否则传播过程本身就不能成立,或传而不通,或导致误解。"② 方言作为方言电视节目的传播符号,在面对不懂方言的观众时难免遭遇不能建立传受双方对方言的共通理解的问题。对于不懂该方言的受众来说,方言无异于一道无形却有声的障碍,大大降低了他们选择观看这类节目的几率。外地观众就算能大致听懂方言电视节目中的方言,由于对它们的文化内涵和当地民俗并不一定熟悉,往往很难体会到个中的

---

① 李欣. 我国方言电视节目得失分析——以 eTV 湖南经视综合频道《越策越开心》为例 [D]. 北京: 中国传媒大学硕士学位论文, 2008: 31.
② 尹鸿. 世纪转折时期的中国影视文化 [M]. 北京: 北京出版社, 1998.

韵味，致使节目制作方想通过方言传递的某些信息难以实现完整、准确的传递。

因此，与普通话节目相比，方言电视节目难以实现大众化的传播，其受众注定是小众化的，主要是使用该方言的本地民众，以及身在异乡却乡音未改的游子们。

在经济全球化的影响下，普通话的作用日益凸显，越来越多的本土年轻人使用普通话的熟练程度远远超过方言，能熟练使用方言的人越来越少，一部分人只能大致听懂，有一部分人连听懂都困难。因此，方言电视节目不得不面对本土观众日益流失的现实。

其实，既然方言电视节目为自己贴上了地域文化的标志，那就应该直面小众化传播的现实，准确地定位自己的受众群体，为他们提供优质的节目。方言电视节目不必刻意追求大众化的传播，但可以通过某些方式把那些随着人口流动和城市化步伐的加快而大量涌入本地城镇的外来人口和部分外地受众争取过来。例如《越策越开心》早期几乎全部使用湖南方言，上星后逐渐改为以普通话为主，方言为辅，节目全程配备字幕。这种转变，与其说是节目制片方向全国观众伸出的友谊之手，不如说是节目为了赢得收视率而不得不向非本地方言使用者作出的妥协，是力图提高传播的大众化程度而付出的代价。事实上，《越策越开心》进入卫视后，并没能成为湖南卫视的热点栏目[1]，个中缘由值得进一步探究。

---

① 陈驹.《越策越开心》墙内开花墙外香？[J]. 声屏世界. 2007,（11）.

（2）方言电视节目成也因其俗，败也因其俗。

方言电视节目采用"俗"的语言，表现"俗人们"的生活，这是其在地方上收到追捧的重要原因。但是，方言电视节目浓厚的地方特色和乡土气息决定其更适合表现"俗"，屈居于非主流的地位。它给人的印象是只适合做一些轻松活泼或具有讽刺意味的社会题材，不能用于传播一些重大题材，如政府会议、决议、公告以及其他具有强制力和公信力的信息。《越策越开心》同样多以日常生活和凡人趣事为背景和题材，即便呈现重大事件也多属娱乐之类。

有的方言电视节目为了渲染气氛，刻意追求幽默效果，往往堆砌大量的褒贬词、形容词、感叹句，滥用方言词句。垃圾信息和低俗语言的大量存在不仅污染了电视屏幕，也容易误导观众。《越策越开心》在这方面也未能完全避免，如在第一期节目中，汪涵采访长沙著名特色小吃口味虾的店老板时的一段对话：

主持人：不妨透露一下一年大概能够搞多少？

老板：那我也告诉你啰，你问我赚多少，说出来给你们听啰会吓死一片！

主持人：就是非洲老头子跳高——吓老子一跳？

"老子"一词用在这里就很不恰当，既对嘉宾不敬，又透着流氓气息。

更有甚者，有些方言新闻节目倾向于报道车祸、凶杀、市民纠纷等事件，强化事件的戏剧悬念或刺激方面，越来越多地把新闻作情绪化处理，不重视客观冷静地报道。有些方言栏目剧倾向于以犯罪、家庭暴力、两性纠纷为题材，竭尽所能满足一些受众的猎奇、窥私心理。有的方言影视剧热衷于追求娱乐卖点，题材褊狭，内容上跳不出世俗琐碎的圈子，形式上总是斗斗嘴，说点俏皮话。有的节目甚至以人的生理缺陷来搞笑取乐。

　　湖南方言电视节目在获得高收视率的同时，某些节目内容的低俗倾向和对白的粗痞化也引起了观众的反感和主管部门的重视。《欲望都市》和《故事会》都曾被有关部门勒令停播整顿。但是，把节目的"俗"归罪于方言合适吗？问题的根源恐怕更应从人身上去寻找吧？